大展好書　好書大展
品嘗好書　冠群可期

大展好書　好書大展
品嘗好書　冠群可期

武當道教醫藥：1

武當道醫

內科臨證靈方妙法

尚儒彪／編著

品冠文化出版社

《武當道醫臨證靈方妙法系列叢書》
編委會

主　任：李光富

副主任：李光輝　盧家亮　徐增林　范學鋒　呂允嬌

武当灵方济世救民

十年艰辛潜心

挖掘丛书问世无穷

法永存

贺尚儒先生名著"武当灵方济世救民"出版

中国共产党好

社会主义好

伟大祖国好

病贺八十八岁 姜蒋荣 题

二○○二年十一月十六日

弘扬道家医学，待求悬壶济世。

罗钧

中國印刷集團公司總經理

武當道醫內科臨證靈方妙法

崇尚武當道醫
臨証靈方妙法

賀尚儒先教授武當道醫臨証靈方妙法出版發行

壬辰年秋月
襄陽市湖北醫院院長吳祖斌敬書

· 4 ·

祝尚儒彩先生

武當書道傳承諸法是古

妙法 出版 乙丑深冬 陸建庭書古

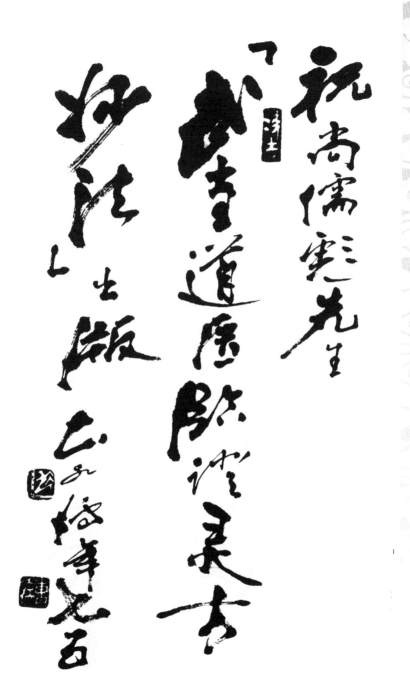

武當道醫內科臨證靈方妙法

儕心如佛

醫術勝仙

祝尚儒麗同志武當道醫臨證靈方妙法發行

壬辰年孟冬襄陽寒山人書賀

內容簡介
introduction

　　本書是以武當道教醫藥的理論及方法為指導，以辨證與辨病相結合的方法治療臨床內科病的專著。書中首先介紹了武當道教醫藥與中華傳統醫藥的關係，使讀者明白武當道教醫藥與中華傳統醫藥異中有同。它又以武當道教的理論講述了人體的生理、病理、病因、基本病症、診斷、治療等基本知識。在診斷與治療方面，全書著重介紹了症狀辨治 26 個和疾病辨治 31 個，基本上都是採用武當道教醫藥的一些特效方藥、特效針法，也吸取了現代先進的診斷方法與筆者常用而有效的現代治療法，體現了取其諸長、補其少短的與時俱進精神。

　　全書突出了臨床實用，因此每個病症先點出症狀特點，再細述病因病理、辨證分型、治療方法，並介紹了簡易方及針刺、艾灸、水針注射和其他特色療法。最後介紹了一些道教的養生祛病功法。

　　本書適合中醫工作者和中醫藥愛好者閱讀。

序 言

foreword

　　我雖然沒有專門研究過武當山道教醫藥，但長期在武當山地區生活工作，長期閱讀道教史志及《正統道藏》，長期接觸道教界人士，耳濡目染，能感受到道教與中醫學的密切關聯，對民間流傳的「醫道同源」「十道九醫」等習慣說法也有幾分體悟和認知。

　　道教與其他宗教相比，其教義思想的最大特色是「貴生」。生，是指生命存在和延續，「貴生」，即珍惜生命、善待生命之意。「貴生」的教義主要反映在三個層面：一是對自己；二是對他人；三是對其他有生命的物體。從這三個層面都可以看出「醫道同源」的軌跡。

　　對自己，道教追求修道成仙、長生久視，所以特別重視「生」。《道德經》說：「深根固柢，長生久視之道。」《太平經》說，天地之間，「壽最為善」，生命長久存在本身就意味著是最高的善。與生命存在相比，富貴功名都算不得什麼。《抱朴子》說：「『天地之大德曰生。』生好物者也，是以道家之所至秘而重者，莫過於長生之方也。」《抱朴子》說：「百病不癒，安得長生？」「古之初為道者，莫不兼修醫術」。

　　道教修道成仙的信仰和理論促使其信奉者孜孜不倦地

追求長生不老之藥，並伴隨「內以養己」的炁功，透過導引、辟穀、清心寡慾以達到袪病延年、強健體魄的目的。歷代道士在修練過程中積累了大量有關醫藥衛生、袪病延年、保健強身的知識與方術，它包括服餌外用、內丹導引等方法。

醫學治病要研究人的身體，道教養生也要研究人的身體，所以我們在道教《黃庭內景經》中可以看到《黃帝內經》的影響。南朝道醫陶弘景《養性延命錄》高舉「我命在我不在天」的道教生命哲學大旗，強調修道之人如果平時能加強身心修養，注重合理飲食和房中衛生，善於調理，就能保持身心健康，防止疾病萌生。該書強調的「生道合一」的宗旨是「醫道同源」的典型案例。

對他人，道教宣揚重人貴生，濟世度人，所以特別重視「生」。《太平經》說：天地之性，萬千事物中「人命最重」。《三天內解經》說：「真道好生而惡殺。長生者，道也。死壞者，非道也。死王乃不如生鼠。故聖人教化，使民慈心於眾生，生可貴也」。在被道教奉為萬法之宗、群經之首的《度人經》中，開卷即宣揚「仙道貴生，無量度人」的教義。道教有以醫傳道的傳統，如東漢張陵創「五斗米道」是從為百姓治療疫病開始的，張角的「太平道」也是透過為民治病吸引了信眾。

道教認為修練成仙必須做到功行雙全，道士們將各種

武當道醫 內科臨證 靈方妙法

修練養生的法門統稱為「功」，並認為在練功的同時還必須行善積德，濟世度人，即所謂「行」，只有做到「功行圓滿」，才能得道成仙。而行醫施藥是濟世度人的一大功德，這無疑也會促使教門中人自覺研習醫術，透過治病救人來行善立功德。

對其他有生命的物體，道教宣揚齊同慈愛，萬物遂生，所以特別重視「生」。

道教尊重生命、寶貴生命的思想並不僅僅是針對人的，天地日月、草木鳥獸等萬物的生命都是寶貴的，都需要人們憐憫善待，不可隨意傷害。武當道教敬奉的主神——玄天上帝是主宰天一之神，是水神。《敕建大岳太和山志》說：「其精氣所變曰雨露、曰江河湖海；應感變化，物之能飛能聲者，皆天一之所化也」；「玄帝有潤澤發生、至柔上善、滌穢蕩氣、平靜之德，上極重霄，下及飛潛，動植莫不資焉。」因此，武當道教的玄帝信仰也充分體現了「貴生」的教義精神。古代道醫不僅為人治病，遇到動物有病也會積極施救，民間傳說道醫孫思邈為小蛇治傷的故事就反映道教齊同慈愛的「貴生」教義。

民間「十道九醫」之說，也不是空穴來風。翻閱道教史志就會發現，歷代道士中兼通醫術者不在少數。以武當山為例，宋代以來山志對通醫術為民治病的道士多有記載。元代《武當福地總真集》云：田蓑衣「人有疾厄叩之

者，摘衣草吹氣與之，服者即癒。」孫寂然「以符水禳禱為民除疾，眾皆歸之，數年之間，殿宇悉備。高宗詔赴闕庭，以符水稱旨，敕度道士十人。」鄧真官「遠邇疾患，皆奔趨之。」魯洞云「年八十餘，以道著遠，點墨片紙，可療民疾」。葉雲萊「至元乙酉，應詔赴闕，止風息霆，禱雨卻疾，悉皆稱旨。」明代《大岳太和山志》云：王一中（？～1416 年）「符水濟人，禦災捍患，事多靈驗。」張道賢「奉命採藥於名山大川」。雷普明「御馬監馬大疫，檄普明治之，遂息」。《續修大岳太和山志》卷四《仙真》云：黃清一（？～1900 年）「識藥性，苦修煉。晝則入山採藥，和丸濟世」。黃承元（1785～1876 年）「性慈祥，甘淡泊。日以採藥濟世為事」，治癒病人甚多。該志卷一記載：「紫霄宮楊來旺知醫，纂有《妙囊心法》；周府庵鄭信學、蒲高衡、饒崇印知醫；紫陽庵王太玉知外科；自在庵高明達外科。」20 世紀 90 年代初，我在蒐集武當山道教歷史資料時，聽說清末民初武當山坤道胡合貞知醫術、識藥性，曾為武當山周圍許多民眾治癒過疾病；20 世紀 70 年代，我曾見過沖虛庵趙元量道長為民推拿療傷，不取分文，頗受民眾尊敬。所以我和王光德會長合著《武當道教史略》時，專門為胡合貞、趙元量道長立傳，以表彰他們懸壺濟世之功。

　　尚儒彪先生，道名信德，是武當道教龍門派第 25 代

俗家弟子。20世紀70年代初，因開展「一把草運動」進入武當山採挖中草藥，認識了在廟道醫朱誠德，遂拜其為師，學習道教醫藥。經過長期的臨床實踐，他總結整理出武當山道教醫藥的「四個一」療法，即「一爐丹、一雙手、一根針、一把草」，並發表多篇文章介紹武當道教醫藥。尚醫生退休前為湖北省丹江口市第一醫院主任醫師，2002年被十堰市衛生局評為「十堰十大名中醫」之一。他曾參與編寫《中國武當中草藥志》，著有《傷科方術秘笈》《古傳回春延命術》《中國武當醫藥秘方》《武當道教醫藥》等醫書。

《武當道醫臨證靈方妙法系列叢書》是尚儒彪先生總結研究武當道教醫藥的最新成果，該叢書由內科、兒科、婦科、男科、傷科、外科、方藥7個部分組成。作者長期從事中醫藥工作，除本人家傳及師授秘方外，還注意蒐集、整理武當山歷代道醫治療各種疾病的靈方妙法，並將其應用於臨床實踐，積累了大量的成功經驗。古人云：「施藥不如施方。」現在，作者將自己長期收集的靈方妙法全部公開地介紹給讀者，由讀者斟酌選用，這種做法完全符合道教重人貴生、濟世度人的教義，故樂為之序。

湖北省武當文化研究會會長　楊立志

武當道醫 內科臨證 靈方妙法

自 序

preface

　　壬辰孟春，當我校完新作《武當道醫臨證靈方妙法系列叢書》，真有新產婦視嬰之感。產婦只需十月懷胎，吾作此書，積累資料數十載，辛苦撰寫近十年。雖經精雕細琢，修改數遍，書中仍有不盡如人意處，但慈母看嬌兒，雖醜亦舒坦。

　　余幼承家技，自幼受百草香氣薰染，從記事起，常見將死者復活，危重者轉安，常與家人共享患者康復之快樂，亦常為不治者而心酸，遂立志：長大學醫，為人解苦救難。

　　1961 年我拜名醫齊正本為師學習中醫外傷科，1963年參加工作進入醫院，曾拜數位名醫為師，有湖北當陽縣的朱家楷，宜昌許三友，襄陽鐵路醫院的鄧鴻儒，襄陽中醫院的陳東陽和馬玉田。參加工作後，我堅持在工作第一線，數年沒有休過節假日，工作沒有黑夜與白天，玩命地工作，換來的是歷屆領導信任，患者喜歡。組織上曾派我到湖北洪湖中醫院學習治類風濕，赴山西省稷山縣楊文水處學習治療骨髓炎，在襄陽鐵路醫院學習治療白癜風，去北京參加「全國中草藥，新醫療法交流會」，使我增長了見識，大開了眼界。

　　1971 年至 1973 年曾進修於武漢體育學院附屬醫院，成都體育學院附屬醫院，拜鄭懷賢教授為師，學習骨傷科。1980 年進修於遼寧中醫學院附屬醫院，拜王樂善、田淑琴為師，學習中醫外科、皮膚科共 1 年。

　　20 世紀 80 年代初，我考入湖北中醫學院中醫系，經 4 年系統學習，以優異的成績完成學業。

　　20 世紀 70 年代初，因當時開展「一根針、一把草運動」，我多次進入武當山採挖中草藥，與在廟道醫朱誠德結緣，遂拜朱誠德為師，學習武當道教醫藥，這一拜，學習便是 40 年。

　　誰知我越學越覺得自己所知甚少，臨床窮技乏術常遇到疑難，得天時、地利之優勢，有困難即向恩師朱誠德求教，無數次地進入武當山，他每次總能為我釋疑解惑，用樸素的語言和形象的比喻，能使我通曉醫書之理，並語重心長地告訴我，在行醫的道路上要不斷地學習，學醫沒有終點站。

　　遵師訓，我發憤攻讀醫書，雖未懸樑刺股，但也是手不釋卷，讀《內經》忘了寒暑，背藥性午夜不眠。深山採藥，常拜師於道友，問方於民間，輒嘗盡人間辛勞與苦甜，我曾數次嘗毒，幾經風險，初衷不改，苦而無怨。經數十年努力，現在我稍有所學，也有了一些臨床工作經驗。飲水思源，朱誠德恩師無私地傳授我道醫真學。

我第二任恩師李光富為我的工作亦給了很多方便。在他的安排下，我拜讀到《正統道藏》，並安排數位道友協助我採挖中草藥標本，收集醫藥文獻，為我撰寫此書作出了很大貢獻。受武當之恩惠比山還重，弘揚武當道教醫藥，義不容辭，我應勇挑重擔，可用什麼形式傳承，吾甚是為難。

　　武當道教醫藥文化深厚，源遠流長，發掘之、提高之，確為重要。但泥古不化，無以進步，執今斥古，難以繼承，以中拒外，有礙發展，化中為洋，有失根本。細思之，詳考之，本著博眾家之長，理當世精英，與道教醫藥融會貫通，講究臨床實用，為人類健康做一份貢獻之初衷，我不顧年老多病，十年來上午接診病人，下午至午夜書寫書稿，從未間斷。雖然因用眼過度視力不斷減退，書寫時間太長，累得我頸僵背痛，手困腕酸。只覺得晝夜苦短，甚感艱辛，方信「文章千古事，甘苦寸心知」不是謬言。現書已完稿，我心中歡喜，不能忘我恩師朱誠德毫不保留地傳授道教醫術，亦不能忘武當山的道友，時常與我朝夕相伴，不能忘那些幫助過我，為我提供過資料，為我講述過武當道教醫藥人物或傳奇故事的均州城裡數位知情老人，在此我再次謝過！

　　我還應感謝丹江口市的很多領導，對我研究武當道教醫藥給予的大力支持，感謝丹江口市第一醫院諸位領導，

在我工作期間，為我研究武當道教醫藥營造了寬鬆的環境，並給予充分時間，更要感謝山西科學技術出版的領導和郝志崗編輯的大力支持，才使此書能順利地與讀者見面。書中不足，是作者水準有限，敬請諒解，並請提寶貴意見。

尚儒彪

前　言
foreword

　　武當道教醫藥經過兩千多年的發展，累積了豐富的實踐和理論成果，形成了一套獨特的體系，而內科學在醫學理論和臨床應用上都具有重要地位，其內容涉及病因、病理、辨證論治、方藥等基礎知識，是在辨證的基礎上，系統地闡述理、法、方、藥在內科臨床應用上的一門學科。它包括了人體的各個系統和臟器的各種疾病，武當道醫臨床各科都同內科學有密切的聯繫。因此，有了內科學的理論知識，不僅能解決佔疾病中為數最多的內科病的治療，而且對理解和掌握其他臨床各科治療也有幫助。

　　由於內科疾病的範圍極為廣泛，其發生和發展也十分複雜。因此武當道教醫藥從臨床實踐出發，歸納了兩種總的分類方法：病因總分類和辨證總分類。

　　一、病因總分類

　　按武當道教醫藥的傳統，內科疾病可分為外感病和內傷（雜）病兩大類，這是從病因的角度分類。外感病是因外界氣候影響而發生的疾病；內傷（雜）病則包括了如生活、精神刺激、體質等等各種因素所致的疾病，也就是包括了一切不是外感病的病。這種分類法起源很早，漢代張仲景就把《傷寒論》作為論述外感病的專著，而《金匱要

略》則作為論述雜病的專著。

把疾病分為外感病和內傷（雜）病的病因分類，是有其臨床意義的。由於兩者的病因不同，使得它們的發展和轉變也各有不同的規律，因而各種致病因素以及病人機體反應和體質情況（即病證）也各有差異，所以各有其病因、病證以及病位的不同，這些都是武當道教醫藥辨證的基本內容。因為有以上的這些差異，所以在治療上述兩大類疾病也有所側重和差異。外感病是因外邪這個致病條件而引起疾病的，所以在治療中祛邪是主要的方法，而內傷（雜）病則不然；另外，外感病的外邪常從體表侵入人體，所以解表又是它的早期治療主要方法，而內傷（雜）病則不需此法。

二、辨證總分類

根據臨床應用的情況來看，內科疾病按辨證的角度可分為症狀辨治和疾病辨治兩大類。

武當道教醫藥的辨證是透過四診來進行資料調查，並將這些資料加以分析，其中特別是問診。因為，這些資料是在問診過程中病人主訴最痛苦的症狀開始的，所以症狀辨治是武當道教醫藥最普通而最經常應用的辨證方法。雖然疾病的症狀通常都是多個存在，但其中必有較突出的主要症狀。另一方面，病人的主訴又多是表達他最覺痛苦之處，因此，這較突出的病人主訴的症狀，一般都是疾病中

矛盾的主要方面，可見按症狀辨治是有可取之處的。此外，按症狀辨治還可解決某些病因診斷未明的現代醫學無法解決的疾病辨證治療問題。

關於疾病辨治，武當道教醫藥過去也是經常使用的，但是由於受歷史條件的限制，某些疾病的概念很不統一，而且以疾病命名的也為數不多，因此，如果按武當道教醫藥的疾病病名來分類意義不大。

隨著現代醫學科學的發展，為疾病辨治開闢了新的途徑。按現代醫學疾病病名分類，進行武當道教醫藥辨證治療，看來是有利於臨床實踐的總結，有利於探討武當道教醫藥理論和疾病中諸病證間的內在聯繫，有利於發揚和提高武當道教醫藥的可操作性。

總之，從目前我國醫療衛生發展的情況來看，將武當道教醫藥內科的辨證分為症狀辨治和疾病辨治，仍具有臨床的實際意義。因此，本書在各論分兩個部分來敘述，雖然某些內容有點重複，但可保留武當道教醫藥理論的系統性，且有利於現代醫學與武當道教醫藥相結合。讀者可在症狀辨治和疾病辨治中互相印證，對照參考。

症狀辨治和疾病辨治都是按武當道教醫藥理論辨證論治的，它始終貫徹著武當道教醫藥理、法、方、藥的原則。疾病辨治中基本上按現代醫學疾病分類，其中僅「溫病」和「虛損」是按武當道教醫藥的疾病名稱，由於「溫

病」概括了現代醫學中多數的急性感染性疾病，武當道教醫藥辨證內容中的「虛損」是以正虛為主要矛盾的內傷（雜）病的總稱，對內科來說，瞭解和掌握這兩個病的內容是具有提綱挈領的意義，因此，將之編入疾病辨治中，供讀者參考。

最後介紹了道教一些很有實用價值的養生祛病功法，對一些內科疾病，既可起預防疾病的發生，又可鞏固治癒後效果。不管身體健康狀況如何，不管年齡大小，只要能堅持依法練功，就可以享受健康的快樂。

作者水準有限，不足之處請同道大賢賜教。

尚儒彪

目　錄

contents

第一篇

總　論

武當道醫**內科臨證**靈方妙法

第一章
武當道教醫藥與中華傳統醫學的關係

　　武當山位於中華腹地，與世界著名原始森林神農架緊緊相連，是中華始祖炎帝神農氏生長活動的重要場所。據《史記‧補三皇本記》載：「神農嚐百草，始有醫藥。」神農氏在神農架及武當山遺留有豐富的醫藥基礎，這個地區自古就崇尚醫藥。

　　武當山作為該地區的門戶，層峰疊嶂，標奇孕秀，杉松蓊鬱，翳目清幽，很早就成為華中地區「神仙窟宅，是「方仙道」「黃老道」、巫覡及煉丹家開展宗教活動的重要場所，在此隱居的宗教之人和修道之士，無不精究醫術、窮習藥性，探求人生長壽奧秘。

　　陳櫻寧在《道教與養生》一書中說：「方仙道，是中國早期道教的前身，它的發展變化產生了中國道教。……黃老道也就是中國早期道教的開始。」因為有上述條件，武當山當然也成為中國道教發祥地之一。

　　從宗教與醫藥的關係內在邏輯上分析，生死問題是道教和醫藥面臨的一個共同課題，有人認為：「許多人出於對生的渴望而求助於醫藥，出於對死的恐懼而信奉道教」。可見醫藥與道教的關係就是這種渴望與恐懼的統一。道教追求的是長生不死，修道成仙，這正迎合了人們求生的慾望和對死的恐懼。

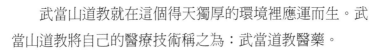

　　武當山道教就在這個得天獨厚的環境裡應運而生。武當山道教將自己的醫療技術稱之為：武當道教醫藥。

　　數千年來，歷代道醫們不斷充實、完善、整理提高自己的醫療技術，他們的不懈努力使武當山道教醫藥成為一個理論與醫技均有特色的宗教醫療體系。筆者經歷 40 多年的學習、挖掘、研究、整理發現，武當道教醫藥與中華傳統醫藥有密切關係。現代宗教學家、博士生導師、四川大學教授卿希泰先生曾指出：「中醫學是中華傳統文化瑰寶，它與中國土生土長的傳統宗教 ──道教的關係十分密切。」仙道貴生，道門中普遍肯定現世人生之生命價值，高揚「生為第一」的道理。

　　道教出於習醫自救、濟世利人之目的宗教情懷，自創立之日起就重視研習醫藥方技，故形成了崇尚醫藥的傳統。葛洪曾明確指出「古之初為道者，莫不兼修醫術。」民間歷來也有「醫道通仙道」「十道九醫」之說。

　　道教醫家對中國傳統醫學發展曾做出巨大貢獻，然而過去學術界受形而上學思維方式的影響和束縛，在論及中醫藥學發展的史實時，往往有意無意地迴避，掩蓋道教對中醫發展的影響和積極作用，更有甚者，乾脆一筆抹殺道教醫學的存在，這種狀況不能說不是中國醫學文化史研究中的一大缺憾。為此，筆者就武當道教醫藥與中華傳統醫學的關係，談幾點認識。

一、同根、同祖、同目的

（一）同根

　　武當山所處位置與神農架緊緊相連，神農氏稱為中華

醫藥始祖，正如《史記‧補三皇本記》所載：「神農始嚐百草，始有醫藥。」明確指出，中華醫學是神農氏透過自己嚐百草才開始有的，武當山是神農氏在位時的所轄地，它自然會繼承神農氏衣鉢，自武當道教創立之日起，就精究方術，究習藥性，追求長生不死之術。

成書於周武帝方邕時的《無上秘要》中說：「戴孟，本姓燕，名濟，字仲微⋯⋯入⋯⋯武當山受裴君王佩金璫經⋯⋯行此者不死，非仙人。」南朝的道教學家、醫學家、藥學家陶弘景在所著的《真誥》中說：「武當山道士戴孟，乃姓燕，名濟，字仲微⋯⋯服食大黃及黃精，種雲母、雄黃、丹砂、芝草⋯⋯得不死之道⋯⋯遂能輕身健行，周旋名山，日行七百里。」

從以上二書中均記載，在漢代武當山道教的修道之士在服藥健身和藥物種植方面，均已達到較高水準。也可以說，武當山道教這些研究成果是神農氏在這個地區醫藥研究的繼續。中華傳統醫學與武當道教醫藥均為炎帝神農氏所創，因此說二者同根。

（二）同祖

武當山雄居漢江中上游，漢江是中華漢族的發祥地。因為人們生活在漢江兩岸，故稱漢族，所用的文字，稱為漢字；漢族的醫學被國外稱為漢方醫學和漢方。中華傳統醫學則是以漢族醫學為主導，並用漢字記載流傳至今。

武當山道教身居楚漢之地，楚漢文化為其母系文化，吸收接納了大量漢族醫學知識，更準確一點說，武當山道教醫藥是將漢族醫學經過宗教改革而形成的一種社會醫學

和宗教醫學，因此說二者同祖。

（三）同目的

中華傳統醫學的經典《黃帝內經》經多數學者考證，公認為此書為春秋戰國時期多人所著，《黃帝內經》是上古乃至太古時代人民智慧在醫學和養生學方面的總結和體現。武當山道教醫藥也是以治病療傷，尋求長壽、不死成仙而為最終目的。

《中國道教大辭典》在「道教醫藥」條目中云：「道教醫藥學是以長生成仙為最高目標的醫學。」中華傳統醫學最高目標，漢代張仲景在《傷寒論・自序》中說得非常清楚：「……上以療君親之疾，下以救貧賤之厄，中以保身長全，以養其身。」由此可見二者目的相同。

二、與巫有緣，二者相近

中華傳統醫學有個逐步發展成熟的過程。在原始社會及上古、太古時期，醫藥技術極其落後，許多疾病不能醫治，許多病因無法解釋，因此很長一段時間裡，醫藥知識與原始宗教──巫術結合在一起，以巫醫的形式出現在患者面前。

正如明代醫家徐春甫在《古今醫統》一書中說：「以巫而替醫，故曰巫醫也。」巫醫是中華傳統醫學發展產過不容忽視的影響，武當道教醫藥的成熟與發展，更是與巫醫有直接關係。卿希泰在《道教產生的歷史條件與思想淵源》一文中指出：「道教醫藥的歷史源頭可以追溯到原始社會的巫術醫學。為什麼這樣說呢？因為道教醫藥的宗教主體──道教，它的思想淵源，可以追溯到古代奴隸社

會的原始宗教形態—巫術。」他把道教醫學與巫術的淵源關係說得非常清楚。

後來以《黃帝內經》為標誌性理論基礎建立起來的中華傳統醫學，逐漸與巫醫分開，形成以醫技與醫藥及養生為主體的專門學科。可是在《黃帝內經》裡還是時常可以看到，它曾受巫醫深刻影響的痕跡。

如《黃帝內經》載有：「黃帝問曰，余聞古之治病，惟移精變氣，可祝由而已。」祝由即是透過向神明敘說疾病產生的原因，取得神明諒解、保佑，病從而向癒也，它是巫醫們慣用的醫療方法。而由巫術醫學發展成熟的武當道教醫藥，至今仍保持著祝由、祝祭、祈禱、畫符等有宗教特色的巫醫醫術。

可是道教醫藥界早在晉代，著名道醫葛洪曾對巫醫醫術作過嚴厲的批判。如他在《抱朴子·內篇》中說：「療病之術，又不能返其大迷，不務藥石之救，惟專祝祭之謬，祈禱無已，問卜不倦，巫祝小人，妄說禍祟，疾病危急。」從以上所述，中華傳統醫學及武當道教醫藥在與巫醫的關係上非常接近，均有借其體得以發展、批判其核心而得以提高的那段經歷。

三、理論互融互攝，相互促動，共同發展

中華傳統醫學是以《黃帝內經》《神農本草經》《傷寒論》為其標誌性理論依據。而武當山道教醫藥則以《道德經》《太平經》《黃庭內景玉經》為其標誌性理論依據。道門出於宗教信仰和目的的需要，以醫傳教，借醫弘道，不斷「援醫入道」，中華傳統醫學在不斷汲取、借鑑道教

醫藥養生思想和成就，許多醫生也常「援仙入醫」。

如《黃帝內經》載有：「上古之人其得道者，法於陰陽，和於術數……」「……余聞上古有真人者，提挈天地，把握陰陽，呼吸精氣，肌肉若一，故能壽敝天地，無有終時，此道生也。」

漢代名醫張仲景，出生於現河南省南陽市。南陽市在漢代稱為南陽郡，當時武當山地區隸屬南陽郡管轄，仲景深受武當道教醫藥的影響。在他撰寫《傷寒雜病論》時借用了武當道教醫藥所藏的大量寶貴資料《陰陽大論》《胎臚藥錄》。

在《傷寒論》中可以看到如「真武湯」即是以武當山道教所信奉的「真武大帝」的名字命名為方名，還有「白虎湯」「青龍湯」，「白虎」「青龍」即是武當山兩座山峰的山名，也是武當道教的神名。

明代醫藥學家李時珍，也深受武當山道教醫藥的影響，他多次上武當山採藥、訪友、問道，與武當山道醫們結下深厚友誼，在他撰寫《本草綱目》時引用了武當山道教醫藥很多文獻，據《本草綱目・卷一》《序例・引據古今醫家書目》中《曜仙乾坤秘韞》《曜仙乾坤生意》《曜仙壽域神方》《曜仙神隱書》《張三豐仙傳方》《神仙感應篇》《太清石壁記》《遁甲書》《真誥》《修真指南》等，均為武當山道教醫藥必藏之書。

有些書乃為本山道醫親自撰著。「曜仙」乃為明朝開國皇帝朱元璋的第十七子朱權，他晚年學道，在武當山隱居，自號「曜仙」玄洲道人，後在道教醫學上造詣甚深，

著有較多道教醫藥專著。張三豐亦是武當山著名道士，著名武當道教醫學家，人稱「七針先生」。

當然，武當山道教醫藥也汲取了中華傳統醫學中很多寶貴知識，才使它能更好發展至今。如道教醫藥標誌性理論經典之一《太平經》，成書於西漢年間，是武當山道教醫藥認定的最早道書，《太平經》中載有：「灸刺者，所以調安三百六十脈，通陰陽之氣而除害者也。……灸者，太陽之精，公正之明也，所以察奸除惡害也。針者，少陰之精也，太白之光，所以義斬伐也。」此為當時盛行針灸療法。《太平經》中還有應用動、植物藥物的方劑來治療疾病的記載。如：「草木有德有道有官位者，乃能驅使也，名為草木方，此謂草木神也，生物行精，謂禽飛獸步跂行之屬，能立治病。」

在《老子道德經河上公章句·成象第六》中對人體五臟所藏之神有明確表達：「谷，養也，人能養神則不死，神謂五臟之神，肝藏魂，肺藏魄，心藏神，脾藏意，腎藏精與志，五臟盡傷，則五神去矣。」顯然，《老子道德經河上公章句》運用了《黃帝內經》的醫理闡發《道德經》中「谷神不死」思想。

武當道教醫藥另一部經典《黃庭經》，更汲取了中華傳統醫學中很多精華來充實自己的理論，達到以醫傳教、以醫助道的目的。如《黃庭經·心典章第三十一》言心之功能時曰：「心部之宮蓮含華，下有童子丹元家，主適寒熱榮衛和……調血理命身不枯，外應口舌吐五華」；「心典一體五臟王，動靜念之道德行，清潔善氣自明光，從起

吾俱共棟樑，晝日曜景幕閉藏，通利華精調陰陽。」

從以上《黃庭經》所載經文可以看出，它依據《黃帝內經》傳統醫學臟腑理論為基礎，結合宗教特點，封以道教所信奉神靈名號，將其宗教化。此類例子很多。一千多年來，醫道兩家在互融互攝、互相促進中得以共同發展。

筆者認為，道教有其宗教特點，受外界干擾相對較少，武當道教醫藥不管是吸收古今名醫的經驗，還是自己在臨床的習醫心得，均能較好保存，很少外傳，所以武當道教醫藥存有很多寶貴資料。這些內容有待我們整理，許多好的方技有待我們來驗證。

四、討論

道教是中華漢族宗教，武當山是道教發祥地之一，武當道教醫藥代表了道教文化重要組成部分。從歷史發展和思想淵源上分析，武當山道教醫藥的創興與中華傳統醫學的起源、目的和思想體系的建立，均有共通之處，二者均繼承原始祖先——炎帝神農氏的衣缽，利用了太古及上古時代先民們在醫藥及養生的科研成果，汲取了先秦諸子百家的哲學思想。

古代的巫醫、方仙道、黃老道的宗教活動實踐，為武當山道教醫藥和中華傳統醫學的萌芽、生長、發展提供了肥沃的土壤，為二者日後的關係打下了基礎。

筆者就二者關係作了同根、同祖、同目的，與巫有緣、二者相近、理論互融互攝、相互促動、共同發展的討論。其實二者關係遠不止這些，「醫道同源」的真正含義，是醫、道兩家有著共同的思想淵源。其中易學思想、

陰陽五行學說、老子的哲學思想都是中華傳統醫學和武當道教醫藥的各自理論體系建立的活水源頭。

關於易學與中華傳統醫學的關係，古代醫生論及頗多。孫思邈有「不知易，不足以言太醫」之說。張介賓早年曾認為，醫有《內經》何借於《易》？中年以後「學到知羞，方克漸悟」，發出了「可以醫而不知易乎」的感慨。傳統醫學界歷來有「醫易相通」這說，「易具醫之理，醫得易為用之」。

《易經》是論述天地萬物陰陽動靜變化之理的專著，傳統醫學旨在研究人體陰陽盈虛消長的機制，兩者在認識論和方法論上有共通之處，都源於對事物陰陽變化的認識。

武當道教醫藥和易學的關係更是密切，武當山道教有「無易不成道」之說，在武當風景區各殿堂、道院，均能見到「八卦」「太極」圖案。武當山道士陳摶，是唐代亳州真源人，在武當山煉睡功 12 年，悟出《易經》中天地方位、五行所屬、陰陽交感、四時運轉的道理，寫出了《指玄篇》《無極圖》《觀空篇》《陰真君還丹歌》，將《易經》的理論與道教煉丹及武當道教醫藥的臨床使用作了有機的結合。

陰陽五行學說是中國古代重要哲學思想，戰國末年至兩漢，陰陽五行學說流傳甚廣，被傳統醫學及武當道教醫藥吸收，在醫、道兩家標誌性理論著作中都作為最重要的資料使用。

老子是道教鼻祖，他的哲學思想是武當道教醫藥重要

思想淵源。而老子的哲學思想對以《黃帝內經》為代表的傳統醫學理論體系也有著重要的影響和貢獻。歷史上黃帝、老子被尊為道家之祖，《內經》的作者們為表示自己學說的思想淵源，故以黃帝名為書名，並運用黃帝與臣子歧伯問答的文體來闡述醫理，以老子哲學為核心的道家思想廣泛影響並滲透到《黃帝內經》醫學理論體系中。

　　《靈樞·歲露論》曰：「人與天地相參，與日月相應也。」這種人與自然統一的思想與老子《道德經》中「人法地、地法天、天法道、道法自然」的自然哲學思想是一脈相承的。

武當道教醫藥有關內科的生理、病理以臟腑學說為理論基礎。臟腑學說是從長期的醫療實踐中創立的,為武當道教醫藥基本理論的重要組成部分。這一學說認為,臟腑是人體生命活動的中心。

臟腑即五臟(心、肝、脾、肺、腎)六腑(小腸、大腸、膽、胃、膀胱、三焦)。五臟之外,還有心包,但心包是心的外圍,病證與心一致,一般包括在心的範圍內。

臟腑以氣血、精、津液為其功能活動的物質基礎,通過血脈和經絡主宰全身組織器官,結合成一個既有分工又互相配合的有機的統一體。

✳ 第一節　臟腑的生理病理

臟腑各有其特殊的生理活動和病理變化,這些活動和變化還充分地表現了臟腑與其他器官組織之間的密切關係。

一、心與小腸

心是臟腑中最重要的器官,是人體生命活動的主宰。

(一)心藏神

心是精神、意識、思維的中樞,心藏神的功能正常時,則神志清,精神好,如果這方面的功能受損,則出現

有關精神、意識、思維方面的各種障礙。

（二）心主血脈

心氣推動血液在脈管裡運行全身，心氣強弱，影響著血的運行，心氣失常則脈率不整，心主血脈的另一意義是心和血的形成有關。因此，心有病往往反映在血的病理變化。

（三）汗為心液

出汗情況反映出心功能的狀態，出汗過多又會損傷心血及心氣。心病每見多汗。

（四）其華在面，開竅於舌

其華在面，開竅於舌：面部和舌是心的生理病理最先反映的部位。心功能正常時，面色紅潤而有光澤，舌質淡紅。心有病時，面、舌部會發生變化。

小腸主化物、分清濁：小腸接受來自胃的飲食，繼續進行消化，並開始進行分別清濁，把精華部分轉輸於脾，把其糟粕部分中的水分由腎注入膀胱，把糟粕中的渣滓下送大腸。小腸有病時主要表現消化吸收功能障礙，清濁不分，大小便異常如腹疼、腹瀉、尿少等症。

心與小腸通過經絡系統構成表裏關係（心屬裡、小腸屬表）。

二、肝與膽

（一）肝主疏洩

肝具有升發透洩全身氣機的生理功能。正常時肝氣條達，全身氣機舒暢。肝氣鬱結，則出現兩脅脹滿，肝氣過盛，則出現性躁易怒。

人的精神情緒與肝的關係十分密切，精神情緒的變化（如大怒、憂鬱）能傷肝氣，影響肝的疏洩功能；而肝氣受病，又常出現精神情緒改變的症狀。

（二）肝藏血

肝是貯藏人體血液的器官，具有調節供應血量於全身器官組織的功能，以適應人體生理活動的需要。在病理上，肝和血的關係甚為密切。如果肝藏血功能受到障礙，便會引起身體各部位出血和月經過多。此外，肝雖然不是造血器官，但由於它要負責供應血液於全身，而本體又特別需要血的滋養，故而發病時易致血虛。

（三）肝主筋

筋是和全身（主要是四肢）肌肉關節運動有關的組織，它要有肝血的滋養才能進行功能活動。肝有病（如肝風內動）時，就會發生筋的活動失常。

肝開竅於目：肝與眼睛的關係很密切，眼睛靠肝血的滋養，肝的病理變化經常反映到眼睛。

（四）肝主風

內風在生理的情況下是不存在的，它是肝的病理改變的產物，這種產物反過來又成為肝的致病因素，所以內風的形成與危害，總與肝有關。此外，外風的侵襲也經常影響到肝。內風病證屬肝病的一部分，其見症以抽搐、震顫、麻木等為主。

（五）膽主排泄膽汁

膽的主要功能是貯藏和排泄膽汁，以助脾胃消化飲食。膽與肝透過經絡系統構成表裏關係（膽屬表，肝屬

裡）。膽排泄膽汁的功能受肝氣支配，所以膽的排泄功能正常，也是肝氣疏洩作用的反映。肝病時膽亦受病，膽病也多累及於肝。

三、脾與胃

脾主運化：包括運化水穀精微和運化水濕。運化水穀精微，主要是指脾有消化飲食和吸收運輸營養物質的功能。食物經過胃的受納和消化後，脾再進行消化，把食物中的精微（營養）部分加以吸收，在心、肺、腎的參與作用下輸送到全身器官組織，供應它們的需要。因此，脾的功能直接影響到其他臟腑的功能活動。脾運化水穀精微的功能發生障礙時會出現食入不化、腹脹、腸鳴、大便泄瀉等症狀。

脾運化水濕主要是指脾有促進水液代謝的作用。脾在肺、腎的參與下，維持和調節著體液的代謝平衡。脾運化水濕的功能不好，體液的形成和運化便發生障礙，因而形成內濕、痰邪、水（飲）邪等病理產物。

脾統血：脾具有使血液在脈管中循著正常軌道運行的統攝功能，如果這一功能發生障礙，血液就會溢出脈管之外而出血，這種病因稱作「脾不統血」「（脾）氣不攝血」。

另外，脾與生血也很有關係。生血的原料來自飲食中精微部分，這要靠脾對食物的消化和對精微的吸收與運送，因此，脾的功能情況對生血有重大的影響。

脾為臟氣之源：各臟腑之氣均來自飲食精微之氣，飲食精微之氣是由脾所運化的，臟腑的一切功能活動的物質基礎離不開氣和血，而脾不僅是生血之源，又是臟氣之

源，因此脾被稱為「後天之本」。久病脾虛則四肢無力、肌肉消瘦。

胃主受納：胃的主要生理功能是受納食物和消化食物。胃有病便會出現食慾的異常和消化障礙。

脾與胃由經絡系統構成表裏關係（脾屬裏，胃屬表）。脾與胃的關係極其密切，胃主受納，脾主運化，它們之間互相配合，共同完成對飲食的消化、吸收和運送。但是脾與胃又各有特性，脾主升，胃主降，脾不宜濕，胃不宜燥，相反相成，成為矛盾的統一體。

四、肺與大腸

肺主氣：肺是個司管呼吸的器官，肺功能障礙，便會出現呼吸系統方面的症狀如氣喘、少氣、咳嗽等。同時，來源於飲食精微之氣由脾輸送到肺，經肺的功能活動，與外界空氣結合，再輸送到全身，在臟腑中形成臟氣。

肺主肅降：肺氣以清肅下降為順，參與了體液代謝平衡的工作，體液的排泄，不僅要靠脾和腎的功能，還有賴於肺氣的下降，才能通調水道，下輸膀胱。如果肅降功能障礙，則可影響體液代謝的平衡，導致水濕停留，肺氣上逆。

肺主皮毛，開竅於鼻：皮膚肌表與肺的關係密切。皮膚是衛氣（具有固護肌表、抵禦外邪侵犯功能）敷布的地方，起著護衛作用，受肺氣所主管。肺氣充足則衛氣充足，皮膚便緻密，外邪不易傷犯，如果肺、衛氣虛則皮毛疏，外邪易於侵襲。同時，因為肺與皮毛的關係，外感病邪的侵入膚表，首先傳入肺臟。

鼻是呼吸出入的門戶，與肺相通，肺有病變每每影響到鼻。

大腸主傳瀉糟粕：大腸的生理功能是排泄糟粕，它把小腸傳來的糟粕轉變為大便並排出體外。大腸有病則排便異常，如大便秘結，腹痛泄瀉等。

大腸與肺由經絡系統構成表裏關係（大腸屬表，肺屬裏）。大腸的排便功能與肺氣有一定關係，肺氣肅降則大便通暢，肺若受病易致便秘。

五、腎與膀胱

腎主藏精，藏命門之火：腎貯藏五臟六腑的精氣和本身固有的具有生殖功能促進人體生長發育的腎精，腎精的這種機能活動叫做腎氣。人體發育成長直至衰老死亡的過程，便是腎氣盛衰的過程。

命門附著於腎，是人體重要器官，內具「真」火，稱為命門之火。由於它是腎的一部分，所以腎又藏命火，在腎臟內，腎精與命火，一陰一陽，相制相合，體現了腎的生理功能。如果腎精與命火不調，則出現病態。命火不足時會發生陽痿、早洩、性慾減退；命火偏盛時則出現陽強，性慾亢進。

所謂腎精與命火，實質是腎陰腎陽的主要表現形式，腎的病理變化是腎陰腎陽兩者失調的反映。在腎的病證中，不是腎陰（精）虛，就是腎陽（火）衰，或是陰虛陽亢，更嚴重時則會出現陰陽兩虛的現象。

腎的陰陽與其他臟腑的陰陽關係也是密切的，如脾陽對水穀的運化，要有腎陽的參與，腎陽不足（命門火

衰），則脾失健運而出現腹瀉，另一方面，脾病日久，陽氣受損，終必影響到腎陽遭受損害。又如，心陽與腎陰在生理上是相交相濟的，這一關係失調，就會出現心火亢，腎陰虛，而呈現常見的「心腎不交」等等。

腎主骨：骨的形成和生長與腎的關係密切。

腎生髓：髓是腎精所生，而「腦為髓海」，所以腎和人的腦力活動很有關係。腎精充足則智力良好，神經健全。腎精衰弱，腦髓不足則可出現智力減退，甚至痴呆，或見精神不足、嗜睡，或有健忘、頭昏、耳鳴等。

腎主水：腎在體內水液的調節和排泄中佔有重要地位。腎具有控制尿的形成和排泄作用，它由這種功能來調節體液的平衡，腎的機能衰減會出現排尿異常的情況。

腎主納氣：腎與肺互相協調進行呼吸動作，呼出屬肺，吸入屬腎；另外腎還幫助肺氣的肅降作用，這都是腎的納氣功能。如果腎受損或年老腎衰則「腎不納氣」而出現呼多吸少的呼吸困難（虛喘、少氣等）。

納氣的另一含義是：腎的臟氣只宜於固納而不宜於散泄。

如果腎氣虛，不能固納，則腎氣上逆而出現如「戴陽」（面紅得像化了妝一樣）和奔豚氣（氣從小腹上沖）等病證。

膀胱主小便：膀胱的生理功能是儲留和排泄尿液。膀胱有病則出現排尿障礙，如尿頻、尿少、尿閉、尿痛和尿血等症狀。

膀胱與腎由經絡系統構成表裏關係（膀胱屬表，腎屬

裏）。膀胱的排尿功能要受腎的影響，而尿的形成要靠腎的氣化作用，所以腎有病時也常有排尿異常現象。

六、三焦

三焦屬六腑之一，包括上焦、中焦、下焦。但三焦的形態和功能，至今仍無定論，故從略。

✳ 第二節　五臟的關係

人體是個既對立又統一的有機體，臟腑間和臟腑與其他器官組織之間存在著互相作用互相影響的密切關係，臟與臟之間也同樣地存在著這種關係。

一、心與肝

心主血，肝藏血，在血的關係上，心與肝互相作用互相影響。肝血不足，心就失去血的滋養，心血虛也影響肝的藏血功能。臨床常見心肝血虛證。

二、心與脾

脾氣運化需有心陽推動，心血形成又要依賴脾輸送的水穀精微。臨床常見為心脾兩虛證。

三、心與腎

心為陽，腎為陰，兩者互為制約和協調，心腎這個平衡被打破，則出現「心腎不交」「心腎陽虛」等證。

四、肝與脾

脾為臟氣之源，肝為藏血之所，它們之間互靠氣血滋養。肝血虛常導致脾氣亦虛，脾氣虛又常易引起肝血不足，臨床常見「肝脾兩虛」證。肝失條達，可橫逆犯脾而致脾失健運，稱作「肝氣犯脾」。

五、肝與腎

肝陰賴腎陰滋助，腎陰虛則肝陰不足，肝陰虛亦常導致腎陰虧損。臨床常見「肝腎陰虛」「虛陽上亢」證。

六、脾與肺

肺主氣，脾為臟氣之源，所以臟氣之強弱與脾，肺關係密切，而脾氣和肺氣又互為影響，所以臨床上的氣虛病證，多屬「脾肺兩虛」。

七、脾與腎

脾陽與腎陽彼此互相影響，所以，臨床常見「脾腎陽虛」。

八、肺與腎

肺與腎共同管理呼吸，因此，腎氣虛則影響肺，而致「肺腎氣虛」證。

✳ 第三節　經絡

經絡是人體內運行氣血的通路，將人體所有的內臟、器官、孔竅以及皮毛、筋肉、骨骼等組織緊密地聯結成一個統一的整體。因此經絡在人體的生理功能、病理變化、症狀表現、診斷依據等方面都有一定關係。

「經」是指縱行的大幹經，「絡」指細小的分支。經是經絡的主體，又稱經脈，主要有十二條，稱作「十二經脈」，每一條經脈臟腑有特定「屬」「絡」聯繫。它們是：手太陰肺經，手厥陰心包經，手少陰心經，手陽明大腸經，手少陽三焦經，手太陽小腸經，足太陰脾經，足厥陰肝經，足少陰腎經，足陽明胃經，足少陽膽經，足太陽膀

胱經。十二經脈中可以分為陰經與陽經，陰經屬臟絡腑，多循行於胸腹及四肢內側；陽經屬腑絡臟，多循行於頭面、背及四肢外側。

由於所屬臟（腑）及循行部位（內外表裏）不同，十二經分為手三陰經、手三陽經、足三陰經、足三陽經，這些陰經與陽經互相銜接聯絡又成為表裏關係。而經穴則是散佈在經絡上的點，是經氣貫注交合的部位。

臟與腑互相密切聯繫和經與經之間又由支脈互相連接，從而使各個臟腑器官、肢體聯成一個有機的統一體。經絡的作用除與針灸治療方面有密切關係外，對於指導臨床用藥也有重要意義。服進的藥物到胃後，也是由經絡轉輸到有關臟腑而生效的，這種作用稱為「歸經」。

✳ 第四節
臟腑生理活動、病理變化的物質基礎

人體生命活動的維持，主要依靠臟腑的功能活動，而臟腑的功能活動又依賴氣、血、精、津液作為物質基礎。臟腑的生理活動、病理變化都和物質基礎密切相關。

一、氣

氣來源於飲食精微，經過脾胃作用而形成水穀之氣，再由脾上輸到肺，在肺與呼吸之氣相結合輸佈於全身，在各臟腑內形成臟氣。氣進行生理活動的根本功能是氣化作用。臟腑和一切組織的生理功能都是氣化作用的表現，沒有氣化作用便沒有人體的生理功能。

任何內、外病因都可引起氣的病理變化，所以有「百

病皆生於氣」的說法。氣的病理狀態表現在機能方面：一為氣的機能失調；一為氣的機能衰退（氣虛）。氣病是臟氣的受病，與臟腑是不能分割的。由於各臟腑的特性不同，氣虛也就有各種不同的表現，但必須指出，「脾為臟氣之源」，各臟氣虛和脾氣虛均有密切關係。因此，可以說氣虛是以脾氣虛為主的。

外感病邪、精神因素和內在各種病因都能引起氣的機能失調，而影響到臟氣的升降，氣的運行和氣化，如臨床上可見氣逆、氣陷、氣鬱、氣滯等等。

二、血

血是體液中重要的一部分。是體液注入脈道，輸轉到心和肺，能過心、肺的氣化而成。血液循行脈中，周流全身臟腑和組織器官。它的主要功能是充潤營養臟腑和形體組織。

血液的運行除心臟的功能活動外，同時也要靠氣為動力（即所謂氣為血帥），可見血與氣的關係是密切的。

又「肝藏血」，對血量的調節也起重要作用。血液和津液的關係也很密切，它們相互調節，相互轉化，以適應人體的生理要求。

從這些生理情況看，血與心、脾、肝的關係最大，因此，血的病理也總與這三個臟有關。血的病理變化主要是血虛、出血和血瘀等。

三、精

精是構成人體和保持生命活動的重要物質。它的形成有兩種情況：

一是「先天之精」，是當父母之精相結合後所形成，成為在母體內孕育身形和生命的基本物質，因此是生命基礎；一是「後天之精」，是人出生以後，飲食營養經過脾作用，將「精微」部分輸送至腎，在腎轉化而成，是維持生命的基礎。

　　這兩種精本質是一樣的，它的形成在腎，也貯藏於腎。精與氣結合成為精氣，精氣存在於五臟之中，為人體生理活動的動力。

　　腎精與生長發育關係密切，具有生殖功能，腎的病理上的改變是腎精不足（精虛）。

四、精津

　　津液是體液重要的存在形式，由飲食中的液體精微經脾胃作用而形成。

　　津夜在人體生理上十分重要，臟腑以及其他器官組織均要依靠津液的滋養潤澤，並作為氣化作用的物質基礎，以維持其生理活動。

　　津液的病理狀態是津液缺少和機能衰退，稱為津虛，津液屬陰，津虛是陰虛的一種表現形式，凡導致陰虛的病因都會出現津虛病證。內、外熱邪是傷津最重要的因素。津虛每呈現乾燥之象，所以津虛病證常被稱為內燥病證。

　　津液和其他生理狀態下的體液是在臟腑的生理功能下互相調節、互相轉化的，因此失血過多、汗出過多和利尿過多，都可導致津虛。

第三章
病　因

　　武當道教醫藥的病因含義是十分廣泛的，它不僅包含外因（外來的致病因素），更重要的是包含內因（機體的病理變化），甚至還包括了機體的生理上的特點，如年齡、性別、體型等。一切病證都不外是機體病理變化的反映。從武當道教醫藥角度來看，有病證便有病因。

✳ 第一節　病因的概念

一、內因觀點

　　武當道教醫藥認為，任何疾病的發生和發展，必然關係到人體的正氣和致病的邪氣（簡稱病邪）兩個方面。正氣指機體對疾病的抵抗力，病邪指致病的因素。疾病的發生，就是邪正相爭的結果。

　　病邪可以使人致病，但疾病的發生、發展和轉歸，主要的還取決於人體的正氣。一般來說，如果正氣旺盛，抗病力強，病邪是難以致病的。只有正氣不足，抗病能力弱的情況下，病邪才能乘虛而入。這就是「邪之所湊，其氣必虛」和「正氣內存，邪不可干」的發病學觀點相一致。

　　在這些觀點指導下，武當道教醫藥十分重視人體正氣（內因）的作用，預防和治療疾病上都強調了增強機體力量和調整人體機能狀況的重要性，處處著眼於固護正氣為

根本，提出了「治病必求其本」的治療原則。

武當道教醫藥認識到內因在疾病發生、發展過程中起著重要作用。這不僅注意到機體內在的正氣的抗禦力量的（臟腑功能活動）情況，還十分注意到人的內在精神因素對疾病的發生和發展的重大影響。

事實上，同一種疾病，在世界觀不同的人身上，就往往會有兩種不同的轉歸，對於一個人來說，對待疾病能夠從整體上蔑視它，從具體上重視它，經常保持樂觀主義的精神，能達到清心少慾，就能充分調動體內的積極因素，使機體抗病能力增強，給治療創造有利條件，因而達到病程縮短，病向好轉。相反，如果病者對自己的病思想負擔過重，對治療缺乏信心，悲觀消極，就會使抗病力下降，臟腑功能低落，病情就反而加重，治療效果也不好。

二、「辨證求因」觀點

「辨證論治」是武當道教醫藥診斷和治療疾病的基本規律，實際上也是「辨證求因，審因論治」的概括。它將機體（特別是臟腑）的病理改變作為病因的觀點。

從武當道教醫藥的臟腑學和整體觀點出發，臟腑的病理變化是結果但可同時又是病因。一般來說，臟腑的病理變化是病因所致的結果。但是，還應理解到，某些病理變化反過來會影響機體的生理功能而成為另一方面的機能減退、失調和障礙，而武當道教醫藥治療的特點，就在於著重調整機體的機能以達到抗禦疾病，恢復健康的目的。因此，把臟腑的病理變化作為病因，進行「審因論治」，是可以理解的，也有其實際意義。事實上，在武當道教醫藥

的臨床和診斷中也經常是這樣做的。

✳ 第二節　病因的分類

病因可分虛因（正虛）、實因（邪實），還有精神刺激（七情）、生活因素（飲食、勞倦）和外傷因素等。

邪正相爭雖是疾病的必要條件，但是具體應有主要矛盾或矛盾的主要方面，就虛因和實因來說，以正虛為主的屬虛因，以邪盛為主的屬實因。此外，武當道教醫藥過去的病因分類，《內經》分為「內因」和「外因」。以後又有「三因」之說，認為六淫引起外感病，稱為「外因」；七情引起傷病，稱為「內因」；又因飲食、勞倦、創傷、蟲獸傷等引起的疾病與前二者有別，而稱為「不內外因」。這種「三因」病因分類曾沿用了很長時期。

必須指出，無論是六淫、七情以及飲食、勞倦、創傷、蟲獸傷等等，都是外來的致病因素，都應屬於外因的範圍。而機體的抵抗力（即正氣）和病人的精神狀態才是疾病發生的真正內因。

一、虛因

通常指陰虛、陽虛、氣虛、血虛。

（一）陰虛

包括精、血、津液虧損所引起的病理現象。

1. 陰虛：心、肝、肺、腎與胃均可出現陰虛。陰虛嚴重者，可致陰脫（亡陰）。

2. 津虛（內燥）：多見於肺、胃、大腸。

3. 精虛：指腎精虛。

（二）陽虛

是機體的機能不足所致的病理現象，以心、脾、腎易致陽虛。陽虛之極，稱為陽脫（亡陽）。

（三）氣虛

是全身或某一臟腑出現機能衰退的病理現象，以心、肺、腎為常見。氣虛發展可致陽虛。

（四）血虛

是體內血液不足所出現的病理現象，多見於心肝兩臟。在一些古代醫書中，血虛也屬陰虛的一種表現。

二、實因

實因可包括外邪病因與內邪病因。

（一）外邪病因

通常在武當道教醫藥上講的外感病因是風、寒、暑、濕、燥、火等六種氣候反常的變化（稱為「六淫」）。但「火」一般是由於感受溫熱之邪或風、寒、暑、濕、燥等，在一定條件下化為「火」的。因此，把外感病因歸為風、寒、暑、濕、溫（熱）、燥，看來較切合實際。

風、寒、暑、濕、溫（熱）、燥，這六種外感病邪均各具有特殊性，隨著其病邪性質、發病季節、所犯病位以及機體的反應等不同，各種外感病邪侵入人體會引起各種不同的病證（參考「基本病證」）。我們可以根據各種不同病證的表現，結合外界環境的具體情況，來推斷某一外感病的病因，進行審因論治。另外，還有一種叫疫毒，它是特殊的不正常的氣，也屬於外感病邪之一。

1. 外風：是最常見的外感病因。它的犯病沒有季節

性，常與其化外感病邪合併發病（例如，感冒風寒、感冒風熱）。

2. 外寒：寒邪多在冬季和春季初發病，它時常與風邪結合　起存在。

3. 暑邪：暑邪實質上是屬於溫熱邪之一種，但有它的特殊性、季節性，病熱猛烈易傷氣、傷津。

4. 外濕：外濕病邪是一種陰邪，本性是寒的，但它能和各種病邪結合，如風濕、寒濕、濕溫、暑濕等。臨床上最多見的外濕病因的疾病是痺證，較嚴重和病程較長的疾病是「溫病」中的「濕溫病」。

5. 溫（熱）：溫熱病邪在一年四季都可引起發病，它是最常見和最重要的外感病病因，「溫病」裡所包括的各種疾病，都是以溫（熱）病邪為主要病因的。

6. 外燥：外燥病邪幾乎僅見於秋季，它基本上屬於熱邪一類，性質跟濕邪相反。

7. 疫毒：這種病邪的特點是具有強烈的流行性和傳染性，發病急而嚴重。

（二）內邪病因

1. 陰盛（內寒）：脾、胃、肺、腎等都可出現內寒。

2. 陽盛（內熱、內風）：

內熱：心、肝、肺、胃、膽、大腸、小腸、膀胱等臟腑皆易出現內熱。

內風：通常指肝風。

3. 氣鬱、氣滯、氣逆：

氣鬱：多見於肝氣鬱結。

氣滯：見於脾胃。

氣逆：常見有肝氣、胃氣和腎氣上逆。

4. 血瘀：與心、肝兩臟關係密切。

5. 內濕：指脾濕。

6. 痰邪：與脾、腎兩臟關係密切。

三、精神刺激

喜、怒、憂、思、悲、恐、驚等七種情志的活動，本來是人體對外界環境的一種生理反應，但是活動過度則可致病，稱為「七情」。

七情的致病主要是影響臟腑氣機功能，其中以肝、心、脾受影響最大，如大怒能使肝氣亢盛，引起肝風、肝火；長期、過度的情緒抑鬱可致肝氣鬱結；思慮過度則損及心脾而致食慾減退、脘腹脹滿和失眠；嚴重的恐懼會傷腎氣而致尿頻、尿急和尿多。

四、生活因素

過度的飲食可傷及脾胃的氣化功能，而致食滯；過食生冷常致脾胃虛寒，或傷肺臟而見咳、喘；多吃肥膩或甜品既可生痰、生濕，又會動風；喜辛辣者可傷肝動火；嗜酒者可致「酒濕」；飲食過鹹可能傷腎；飲食不潔會生蟲病或致食物中毒。

長期過度疲倦或過分安逸，都會傷氣，主要是傷脾氣，因而產生少氣、疲乏、飲食減少等脾臟病證。

五、外傷因素

指創傷、蟲獸傷等（從略）。

第四章

基本病證

「病證」是外界環境致病因素以及病人的機體反應情況、體質情況等綜合反映。不同的因素和條件，產生各種「病證」。歷代的醫學家在長期的臨床實踐中以武當道教醫藥理論作指導，對疾病的現象進行了分析並歸納出各種病證，從而確立了病證分類，病證分類中分外感病基本病證和內傷（雜）病基本病證兩大類，每類中又分病因病證和病位病證。它們是武當道教醫藥辨證的基本內容。

✳ 第一節　外感病的基本病證

一、病因病證

（一）外風病證

外感風邪是最常見的病因，而且常與其他外感病邪合併在一起，它的特點是容易侵入皮膚、肌肉、肢節、筋絡、頭部、鼻和肺，也常易引起疼痛、癢感、麻木感和浮腫。其病證在臨床上可分如下幾組：

1. 咳嗽、鼻塞、咽癢：風濕病、傷風病、感冒風寒或風熱都見這些症狀，所以都用「風」字做病名。

2. 頭痛：外感頭痛常是由風邪所致，假如受風吹後頭即作痛，更是它的特點。

3. 肌肉肢節疼痛：疼痛有游走性，是風邪致痛的特

徵。

4. 皮膚瘙癢或麻木感：如蕁麻疹（風疹塊）。

5. 浮腫：風邪所致浮腫，都出現於上部（如急性腎炎初期的顏面浮腫，稱作風水）；或者出現皮膚侷限性浮腫而兼見癢感的（例如血管神經性水腫），便認為是風邪的疾患。至於全身性浮腫、腹水、兩下肢水腫等，一般都不屬於風邪引起。

6. 手足攣急、抽搐、口眼歪斜、頸項強直等：這些都是外風傷及筋絡的症狀（如臨床上的癲癇發作、面神經麻痺和破傷風等病所見）。當然，這些症狀也可屬於內風證，須加鑑別。外風係外感病，內風係內傷（雜）病；外風病邪基本上屬寒性，內風病邪基本上屬熱性。

（二）外寒病證

外界寒邪引起的病證有三種情況：

1. 外感寒邪：症見惡寒，頭痛及周身痛，無汗，口淡，可有微熱。

2. 寒邪直中：這有兩種情況：一是直中腹部（犯及脾、腸），症見突然腹痛腸鳴、水樣泄瀉及腹部冰冷，且多在睡醒時發生；一是直中於頭（犯及肝經），症見頭痛，特點是疼痛劇烈，痛在頭頂，並伴有嘔吐清涎。

3. 寒傷（凍傷）：症見肢端冰冷，並發青紫及疼痛，受暖則較適。

從上述可見，外寒證的主要表現是惡寒和疼痛，這種疼痛一般是比較劇烈的。緊脈是外寒的脈象，在診斷上也可作參考。

（三）外濕病證

外濕常與外風、濕熱或暑邪合在一起。在下雨季節和潮濕地區容易發病。濕邪的特點是具有重墜性、凝滯性和水性。外濕病證有如下幾種表現。

1. 頭重墜感、肢體沉重感、疲乏感（如感濕病）。

2. 肌肉關節痠痛（如風濕病）。

3. 肢節屈伸不利。

4. 下肢軟弱，足背見腫。

5. 皮膚水疱作癢（如水疱瘡、水泡型腳癬）。

必須注意，外濕最易誘發內濕的產生，故臨床上常見有內外合濕的病證。

（四）溫熱病證

溫熱病邪是外感病邪中最主要的一種，「溫病」中的各種疾病都是溫熱病邪所致。它在四季都能發病，其病證表現為：

1. 全身或局部發熱，由高熱所致的煩躁和譫妄，口乾、口渴、口苦，痰稠黃，舌苔黃。

2. 面紅目赤，各部位出血，局部紅腫，皮膚紅疹，斑疹，小便赤，舌質紅。

3. 咽痛，肢節腫痛，尿痛，肛門灼痛。

溫熱病證的脈象多見數脈或滑脈。

（五）暑邪病證

「暑」實際上是溫熱的一種，但也有其特殊性，且具有季節性。暑邪的特點是：只見於夏秋季節；能直犯臟腑，病熱猛烈；易傷正氣，而最常見的是傷氣、傷津。

1. 感暑證：除發熱外常伴見虛性症狀，如少氣、頭暈、疲乏、多汗、口渴等。

2. 暑閉證：是中暑的一種。由於暑邪猛烈，直中臟腑，出現高熱，突然暈倒，皮膚發紅，無汗，四肢抽搐。

3. 暑厥證：也是中暑的一種。由於暑邪傷陽過甚，陽虛極致脫，出現突然暈倒，汗出肢冷，脈細數無力。

由於暑季多濕，暑常與濕合併，故臨床暑病往往有濕的見證。診斷和處理都要考慮到這一點。

（六）外燥病證

燥邪犯病，多見於秋季。燥邪基本上也屬於一種熱邪，它的特點是傷肺、傷津。臨床上可見乾咳無痰、咳血、口鼻乾涸、咽痛、胸痛、口渴欲飲，或有微寒和發熱。燥邪犯病一般較輕，不致傳裏。

（七）疫毒病證

疫毒病邪的特點是有十分明顯的流行傳染性，發病急而重，變化迅速，常突發高熱，易致譫妄和昏迷，又易見出血和斑疹。

二、病位病證

外感病是由外感病邪引起的疾病。它與非外感病有不同的病情轉變和病勢發展的規律，一般的發病過程是由淺入深，由表入裏。外感病邪所致疾病（主要是溫病）隨著病邪特點、機體狀況和病期長短，在臨床上出現不同的病位病證，這些病位表示了病邪所傷之外，可分為衛（表）分、氣分、血分、陰分、陽分五個部位。這些病位既反映了病性的深淺，同時也反映了疾病的發展階段。從表裏來

看，衛分是在表，氣、血、陰、陽都在裏。我們既要瞭解外感病位病證分類跟臟腑病位病證分類是各不相同的，但同時又要明確，外感病位病證歸根結底也是臟腑病理變化的反映。

（一）表證（邪傷衛分）

常見於外感病的初期，亦可見於病的中、晚期，即病邪已傷裡而仍有部分滯留在表的情況。

其病證表現為：①惡寒；②頭痛及周身痛；③鼻塞、流涕、噴嚏。這三項症狀均是病邪在表的特徵。病邪傷衛分時也經常會有發熱，但熱度一般不會過高。其他如舌苔的薄白，脈象浮，都有助於診斷。

（二）裏證

1. 邪傷氣分（裏熱證）：裏熱證是外感病的基本階段，這個階段時間也較長。邪傷氣分就是已經傷及臟腑，由於所犯臟腑的不同，臨床上便有各種不同的見證，這需要我們利用臟腑病位辨證加以分析鑑別。

病邪傷及氣分亦有基本病證，可作為診斷依據。其基本病是：①發熱較高，汗出而熱不退，熱過高時可出現譫妄；②口乾口渴，口苦；③胸、腹、脅部疼痛；④大便秘結或水瀉；⑤小便短赤。裏熱的症狀舌苔黃，脈數和滑。

2. 邪傷血分（血熱證）：病邪從氣分進一步發展，便會傷及血分，表示病情嚴重，常見於外感溫病的後期，在臟腑中，與血的關係最為密切的是心和肝，所以，邪傷血分的病證，基本上是與這兩臟有關。

其病證表現為：①傍晚熱度較高；②病人煩躁、譫妄

或者意識模糊，甚至昏迷，但與發熱程度無關；③皮膚可出現斑疹或瘀點；④各部位出血（如衄血、吐血、尿血、便血等）。舌色呈現深紅而乾，是邪傷血分的特徵之一。

3. 邪傷陰分（傷陰證）：是病情嚴重階段，屬病久正氣、陰分受損。這需要看陰傷的程度和病邪盛衰的情況來判斷病的嚴重程度。

主要病證表現為：①午後低熱持續不退，兩顴發赤，常覺手心熱；②煩躁失眠，盜汗；③精神疲乏，消瘦，乏力；④不思飲食。傷陰證的舌多見紅乾，脈象多見細數。

4. 邪傷陽分（陽脫證）：病邪傷陽是危重的病證，在病邪極盛而機體抵抗力又較差的情況下就會發生。小兒陽氣不固時尤其容易出現。這是病邪勢盛，傷及心陽，心陽受損，虛極致脫。武當道教醫藥一般稱為「內閉外脫」證。

其病證表現為：①體內高熱但四肢冰冷；②出汗多而不止；③面色發灰，唇和指甲發紺；④神態呆滯或煩躁不安；⑤呼吸淺速；⑥脈數無力，甚至難於摸到。

✳ 第二節　內傷（雜）病的基本病證

一、病因病證

內傷雜病的病因病證就是臟腑病理變化所呈現出來的病證。臟腑的病理變化總的可分為兩大類：一是為機能的減退，二是為機能障礙以及由於機能障礙而產生的病理產物。屬於機能減退的病因是正虛，稱為虛因；屬於機能障礙的病因是病邪，稱為實因。所以，臟腑病因病證可分為

虛因和實因兩類病證。

（一）虛因病證

1. 陰虛病症：又可細分為陰虛病證、津虛病證、精虛病證和陰脫病證四種。

（1）陰虛病證：體形瘦削的人易患陰虛病證，女性亦較為多見。外感病的「溫病」，其溫熱病邪最易傷陰而見陰虛病證。由於陰陽相互消長關係，陰虛則常致陽盛，故每伴有內熱（火）之象，形成了陰虛火旺的虛實並見病證。各臟中，心、肝、肺、腎都易見陰虛。胃陰虛則常在某些外感「溫病」的末期或恢復期中出現。

津液及精均屬於陰，因此，陰虛亦常兼見津虛和精虛的病證。

①肺陰虛：症見咳嗽少痰、聲嘶、失音、盜汗、消瘦、舌質紅、脈弦細，常並有午後潮熱、咳血、面紅、煩躁易怒、脈數等虛熱病證，也常兼見津虛。

②心陰虛：症見心悸、健忘、失眠、夢多、盜汗、舌紅脈細，常並見心煩、胸內悶熱、舌痛、脈細數等虛熱症狀。

③胃陰虛：主要表現為津虛之證。有口乾喜飲、不覺飢餓或飢不欲食、大便秘結，可見乾嘔或呃逆、舌乾無津、脈細，如有火旺則反見多食而瘦。

④肝陰虛：肝與腎關係最為密切，肝陰虛常與腎陰虛同時存在，表現為眩暈、眼花、視力減弱、脅部隱痛、睡眠不好或失眠、四肢麻木、舌質紅、脈弦細。倘陰虛而有火旺，則兼見急躁、易怒、面紅、目赤、頭痛、口苦、脈

弦數等症狀。

⑤腎陰虛：表現為耳鳴、耳聾、眩暈、記憶力減退、毛髮枯少、面色黑或眼眶黑暈、盜汗、遺精、腰酸、腰痛、腿軟、小便頻多、脈沉細等。兼有陰虛火旺時，則兼見多夢、煩熱、咽乾、牙齒痛、陰莖勃起、舌紅、脈細數。

（2）津虛病證：津虛是陰虛的一種表現，津液不足則有乾燥之象，武當道教醫藥稱为「內燥」證。津虛常見於肺、胃、大腸等臟腑和皮膚筋絡部分。在肺有咽喉乾燥、乾咳無痰、胸痛、聲音嘶啞。在胃有口渴欲飲、唇乾。在腸則大便秘結（老年人多見）。在皮膚則乾燥脫屑、瘙癢、出紅疹。在筋絡則見筋肉抽緊或痿軟無力，或舌強不靈。津虛者舌多是乾燥無津。脈常細澀。

（3）精虛病證：腎藏精，精虛是腎陰虛的一種表現。病證有滑精、早洩、腦髓空虛感、健忘、不能生育等。

（4）陰脫病證：嚴重的陰虛稱做陰脫（亡陰）。陰脫屬病情危重，多見於嚴重的外感溫病，久病末期正氣虛損。陰脫證出現，隨著就會發生陽脫（參閱陽虛病證），因為陰陽是互相依存的。陰脫的主要表現為汗出不止，並見皮膚乾枯、消瘦、面色潮紅、精神疲乏、神態呆滯、低熱肢溫、手足顫動、口乾索飲、舌紅少苔，脈細數或見促微。

2. 陽虛病證：陽虛多見於體型肥胖之人，尤以男性較多，年老更屬常見。陽虛則陰盛，陰盛則寒，故陽虛常並見內寒病證。又由於氣屬陽，陽虛也經常有氣虛見證。

一般來說，陽虛是氣虛的進一步發展。陽虛見於心、脾、腎三個臟，其中以腎最為主要，心與脾的陽虛都與腎陽虛有密切關係。

（1）**脾陽虛**：症見口淡食少，食不消化，腹脹或腹部隱痛，喜用手按，大便溏洩，四肢不溫，舌胖有齒痕，舌質淡紅，脈弱。

（2）**心陽虛**：症見呼吸困難，稍勞則發，夜間喘增，汗出，心悸或心痛，兩顴發紅，面及四肢浮腫，失眠，脈大無力或帶數或脈結代。

（3）**腎陽虛**：可分為五組病證：①怕冷，背部寒感，下肢不溫，易出汗；②腰脊痠痛，膝軟無力，陽痿或陰部寒冷，夜尿頻多或小便餘滴，小便失禁或遺尿；③氣喘，或氣從少腹上逆（奔豚氣），面色蒼白，四肢浮腫，小便短少；④天明前腹痛水瀉；⑤乏力神疲、嗜睡，面色暗黑或眼眶黑暈，腎陽虛的脈多沉弱。

（4）**陽脫病證**：嚴重的陽虛稱為陽脫（亡陽）。是病情極其危重的表現，陽脫之前可先見陰脫。外感犯裏，病邪甚盛，陽氣受損，或由於各種病因所致的陰血虧損（如久病傷陰傷津，或大出血等），由陰損及陽，可出現陽脫。陽脫的主要表現為大量出汗，四肢厥冷，面色蒼白，呼吸淺速，脈浮數無力或微弱欲絕。

3. **氣虛病證**：各種致病因素都會傷及臟氣而引起氣虛，特別是病程較長，年紀較大的人，一般來說，男性或體質肥胖的人更為多見。除肝外，其他各臟都會有氣虛，其中尤以脾氣虛最為重要，因脾氣是中氣，各臟氣均與脾

有關。氣虛的脈象大而無力，舌質淡胖。

（1）**心氣虛**：症見少氣、心悸、驚怯、出汗、精神恍惚、睡易驚醒等，稱為心氣不斂。

（2）**肺氣虛**：症見少氣，言語斷續，講話聲低無力，咳嗽，易出汗等。

（3）**腎氣虛**：症見：①聽力減退，腰脊痠軟，駝背，頭髮枯白，脫落，或智力減退，牙齒浮動，滑精早洩，不育，小便無力或餘滴，或見遺尿，一般稱為腎氣不固；②面色淡白，或眼眶黑暈，呼吸淺促，時帶痰鳴，遇勞則增，咳引尿出，稱為腎不納氣；③小便混濁或小便不通。

（4）**脾氣虛**：症見少氣，懶言，講話聲低，面色萎黃，四肢疲倦，肌肉消瘦，易汗出，頭暈頭痛，食慾減退或食納不化，脘腹脹滿，排便無力或大便溏泄等。

脾氣虛又可表現為下列各種情況。

①氣虛下陷：脾氣主升，脾氣虛則可見脫肛、胃下垂、子宮脫垂、慢性腹瀉、白帶等病證。

②氣不攝血：氣為血帥，血的正常運行與脾氣關係密切，脾氣虛可致血溢而出現下部出血（如便血、尿血或月經過多等），或皮下出血。

4. 血虛病證：血虛病證以婦女較為多見。失血過多，脾胃虛弱致飲食營養不能化生血液，是血虛的常見原因。當然，內外致病因素傷及血時也會發生血虛。

肝藏血、心主血，故血虛常見於心肝兩臟。

（1）**心血虛**：症見心悸，易驚，失眠，舌質淡紅，脈細弱等。

（2）肝血虛：症見頭暈，眼花視蒙，面色蒼白，疲倦，脅痛（偶見黃疸），四肢麻木，指甲枯白，筋抽肉跳，月經過少或閉經等，舌質淡紅或淡白，脈象細弱。

（二）實因病證

1. 陰盛病證：陰盛則內寒，內寒就是陰盛的表現。臨床上往往是虛寒並見（即陽虛病證常與內寒病證合在一起）。內寒也可由於平常喜吃生冷東西而引起，這是生冷飲食傷了脾胃陽氣之故。內寒病證常見於脾、胃、肺、腎等臟腑，其舌苔多是白滑，舌體肥胖，脈多沉遲。

（1）脾寒：其病證是四肢不溫，腹部喜溫喜按，腸鳴，大便水瀉，肛脫等。

（2）胃寒：常與脾寒混見，表現在口淡、喜熱飲、流涎、嘔吐、胃脘痛而喜按喜溫等。

（3）肺寒：多是由於外感寒邪或內因痰邪水邪犯肺所致。表現為咳嗽，尤其在晚間增劇，痰色清稀，胸背覺冷等。

（4）腎寒：症見下腹部、陰囊、下肢等處冰冷感，陽痿，小便清長或小便不禁等。

2. 陽盛病證：陽盛則熱，熱極生風。因此，陽盛可有內熱和內風兩種表現。

（1）內熱病證：內熱（又稱火旺，在內因病邪來說，熱與火這兩個名詞是通用的），在臨床上可分為實熱（實火）和虛熱（虛火）兩種。實熱是直接由於陽盛（或氣盛）所產生，虛熱則是由於陰虛（或血虛）而導致陽盛所產生。虛熱必定兼有虛證（陰虛、血虛或津虛）的現象，臨

床上要注意區分。

內熱病證除發生於哪一個臟腑而具有特殊症狀之外，一般都有口乾、口渴、口苦、大便秘結、小便短赤或見發熱等症狀，它的脈像是滑脈或數脈。

心熱：有如下幾組病證：①煩躁譫妄，精神失常，不睡（如某些精神病）；②胸內煩熱，睡眠不寧，多夢易驚，口舌熱痛，小便短赤，舌質紅；③鼻血或吐血；④瘡癤紅痛，⑤皮膚紅疹癢痛。

肝熱：其表現可分為下列四組：①目赤腫痛；②煩躁易怒，口苦，失眠，兩顳作痛，兩脅刺痛，脈弦；③頭暈而痛，頭重腳輕，面紅赤，手指麻木，脈弦而有力（肝陽上亢）；④鼻衄、咳血或月經過多。

肺熱：除肺本身疾患外，經常是肝火犯肺所致。症見咳嗽，痰出不暢或帶血絲，咽乾或痛，口鼻有熱氣，胸痛等。

膽熱：肝膽是表裏關係，病證基本相同，表現為：往來寒熱，脘脅疼痛，口苦，嘔吐噁心或有黃疸。

胃熱：有如下四組病證：①身體消瘦，口渴頻飲，多食易飢（例如「消渴病」）；②胃脘部痛，嘔吐頻頻，食入即吐，口氣臭；③齒齦腫痛腐爛或出血，或口腔糜爛；④前額頭痛，面赤，頭部出汗多，在進食時尤甚。

大腸熱：表現為腹痛拒按，脹滿不適，大便不通；或者大便腐臭，肛門灼熱腫痛，或下痢赤白，裏急後重；或大便後帶鮮血。

膀胱熱：表現為小便短澀不利，尿色黃赤，或小便混

濁，或排尿時覺下腹痛，尿管痛，或見尿血，尿出砂石。

（2）內風病證：熱盛（陽盛）則生風，陰虛以及血虛而致陽盛亦可生風。內風的形成總與肝有關，它是肝經疾患之一種。表現為：①口眼歪斜，語言不清利，偏癱，甚至不省人事，面紅，脈弦；②突然昏倒，頸部強直，四肢抽搐；③頭暈眼花，頭痛，耳鳴；④四肢震顫或麻木，或頭部不自主搖動；⑤眼睛發藍；⑥面露青筋（面部靜脈顯露）。內風如為陰虛（或血虛）而致陽盛所產生則伴有虛證的表現。

3. 氣實病證：氣實病證可分為氣鬱、氣滯、氣逆三種。氣鬱主要是肝氣鬱結，常與精神因素有關。氣滯為脾胃氣機失調，但亦常受肝氣所影響。肝氣宜疏洩，肺氣和胃氣宜降，腎氣宜納，這些臟氣的機能失調均可表現為氣逆的現象。

肝氣鬱結：表現為情緒抑鬱易怒、頭痛眼花、兩脅脹或痛、胸悶、脘滿，或兩側下腹脹痛，或月經不調，脈弦滑等症狀。

脾胃氣滯，常與飲食失當有關，或者則受肝氣影響。表現為食不消化，噯氣腐臭，脘痛腹脹，腸鳴多屁，大便不暢，或有後重感，糞便酸臭。

氣逆：肝氣上逆則見咽有物梗感，吞嚥不下，燒心吐酸；胃氣上逆則見嘔吐，呃逆；肺氣上逆則見胸滿、氣喘；腎氣上逆則見氣喘、痰鳴或覺氣自小腹上沖胸咽（古稱「奔豚氣」）。

4. 血瘀病證：瘀血是病理變化的產物，與心肝兩臟

關係密切，凡各種病邪侵入血絡，或氣機鬱滯，或出血後餘血停留，或創傷脈絡，均可致血瘀。其病因較多。

其病證表現為：①身體各部位侷限性，持久性疼痛，常為刺痛性質，且晚間增劇；②腹部或其他部位腫塊，固定常為刺痛性質，且晚間增劇；③低熱持續不退；④各部位出血（典型者血色紫黑）；⑤腹部或其他部位青筋顯露；⑥皮膚指甲或唇舌紫瘀色；⑦面色暗晦，或有血絲狀紋（血縷）。

5. 內濕病證：內濕是脾臟機能失調所產生的病理產物。多因飲食失當，如嗜食生冷或肥膩，傷及脾臟，或平時脾虛，或因其他臟腑病變影響及脾，均能使脾的運化功能失常，體液的形成和調節發生障礙，由此產生內濕。內濕常與寒邪或熱邪結合一起，尤以濕熱互結較為多見。

內濕出現於身體的不同部位（上、中、下部）而有不同的見證。

（1）上濕：表現為：①頭重如裹、胸悶噁心；②神志昏沉不清。

（2）中濕：表現為：不欲進食，脘腹脹滿，口有甜味，或口乾不欲飲，腹部隱痛或絞痛，或見黃疸，舌苔白滑或膩濁，脈緩。

（3）下濕：表現為：①小便不利或小便混濁；②大便溏瀉，排便不暢；③白帶；④足部浮腫，腿軟無力。

6. 痰邪病證：痰邪也是體液的形成和調節障礙所產生的病理產物。脾陽虛運化失調，腎陽虛水氣不化，均是成痰的原因。嗜食甘肥，或喜飲酒的人以及小兒或肥胖的

人也易患痰邪證。痰的性質屬寒，但在一定情況下，火熱灼熬津液亦能成痰，這樣便使痰帶有熱性。痰邪易犯心、脾、肺三臟，也可犯胸、脅和淋巴結。

痰邪的表現有：①喉有鳴響，口吐痰涎；②氣喘帶哮聲；③頭暈，胸悶作嘔；④頸部或腋下有核（淋巴結腫大）；⑤精神失常，或神志不清，或狂躁不安（是痰邪犯心的表現）。

7. 水邪病證：水邪（包括飲邪，飲邪是外表看不見的水邪）也是體液調節障礙所致的病理產物。水邪主要與脾、腎的病理變化有關，與肺也有一定關係。其表現：①面、目、四肢或腹部水腫；②氣喘、咳嗽，痰清稀或泡沫樣，胸脅脹滿疼痛。

二、病位病證

臟腑生理功能失常是臟腑病理變化的反映。各個臟腑都有它特殊的生理功能，其失常的表現就自然各有不同，臟腑病位病證就是根據這些來作分類的。我們從中來推斷病位，即哪一個臟腑受病，哪一個臟腑有病理改變，這是必須的。但還要與臟腑的病因病證結合起來作進一步的分析，這樣才能對病情得到全面的瞭解。

（一）心臟病證

心臟病證主要表現在精神意識、思維活動的異常和血脈方面的病變。

1. 精神異常：胡言亂語、哭笑無常、痴呆、憂鬱或躁動、幻聽幻覺、健忘、失眠。

2. 意識障礙：神志昏迷或意識模糊。這是各種病邪

犯心的主證。

3. 血脈運行障礙（瘀阻）：如心痛，唇、舌和指甲瘀黑，脈見結代。

4. 出血：如吐血、鼻血（心火上炎）、尿血（心移熱於小腸等）。

5. 心悸、心慌：是心的部位受病的表現，多屬心虛證。

6. 少氣：講話氣短，可以是心氣受損的病證。

7. 汗出不止：汗為心液，汗出不止為心陰或心陽虛極（即陰脫或陽脫）的主要證象。

8. 舌尖赤、舌痛：多屬心火旺盛。

9. 皮膚瘡瘍或皮膚紅疹、斑疹：這一般是熱毒入心血的表現。

（二）肝臟病證

肝臟病證主要表現為精神情緒調節的障礙（肝氣鬱結），藏血功能的減退（肝血虛），肝陽（肝氣）偏盛所產生的內風、內火等症狀。

1. 肝主疏泄：其病態為：情緒低下或易激動，或易見驚恐；脅部疼，腹痛，疝痛，睾丸痛（肝經脈循經部位），月經失調，痛經，白帶，弦脈。

2. 肝藏血：其病態為：眩暈，耳鳴，筋肉攣急，四肢麻木，出血。

3. 肝主風：其病態為頭痛（特別是偏頭部），手足抽搐，肢體震顫，突然昏厥。

4. 目為肝竅：其病態為目赤癢痛，視力減退，眼球

乾澀。

（三）脾臟病證

脾臟病證主要是中氣機能減退和運化功能障礙。

1. 脾主中氣、主統血：其病態為：少氣、畏寒、泄瀉、脫肛、胃下垂、子宮下垂，稱「中氣下陷」，便血、陰道出血、皮下出血，稱「脾不統血」。

2. 脾主運化：其病態為消化吸收障礙，如食不消化、腹脹、泄瀉等，體液運化障礙，如黃疸、水腫、痰證、濕證（痰證和濕證可參閱本節臟腑病因病證）。

3. 脾主四肢、肌肉：其病態為肌肉消瘦，四肢無力。

（四）肺臟病證

肺臟病證主要為呼吸通道的功能障礙和津液不足。

1. 肺司呼吸：其病態為咳嗽，氣喘，咯血，呼吸引胸痛，鼻塞，甚至不聞香臭，失音，喉痛等。

2. 主布津液：其病態為鼻咽或皮膚乾燥，大便秘結。

（五）腎臟病證

腎臟的病證主要是智力和性功能的障礙，和它所主的各方面所出現的症狀。

1. 腎藏精、生髓，腦為髓海：其病態為智力減退，痴呆，精神不足，嗜睡，健忘，遺精，滑精，少精，陽痿，陽強，不育，不孕。

2. 腎主納氣：其病態為氣喘（屬虛喘）、少氣，面赤如妝（戴陽），氣從小腹上沖（奔豚）。

3. 腎主骨、主髮：其病態為腰酸腰冷，兩下肢無力，牙齒鬆動，或發育不全，髮白、髮脫、髮枯。

4. 腎開竅於耳和二陰（大、小便）：其病變為耳聾、耳鳴，大便水瀉，尿頻、尿多、尿濁、遺尿。

5. 腎主膀胱氣化：其病態為水腫，尿瀦留，尿少，小便淋瀝。

（六）胃腑病證

胃腑病證的主要表現為飲食受納功能失常和胃氣的機能障礙。

1. 胃主受納：其病態為食慾減退或食慾亢進，口乾渴飲。

2. 胃氣主降：其病態為噁心嘔吐，噯氣，呃逆，胃脘疼痛。

（七）膽腑病證

膽與肝是互為表裏，兩者關係十分密切。膽與肝的病證是一樣的，主要表現為黃疸，往來寒熱，口苦，易怒，睡眠不寧等。

（八）小腸和大腸腑病證

其病證主要是消化和排泄功能的障礙。

1. 主化物（消化）：其病態為腹痛，腹脹，腸鳴，多屁。

2. 主傳導（排泄）：其病態為便秘，腹瀉，便血，痔瘡。

（九）膀胱腑病證

其病證主要是水的排泄障礙。表現為尿頻、尿急、尿閉、尿中斷、尿痛、尿血和小腹（膀胱的部位）痛等。

第五章
診　斷

✳ 第一節　四診調查

武當道教醫藥主要是運用四診（問、望、聞、切）來進行疾病的資料調查。

按武當道教醫藥的傳統診斷技術是從問診中獲得病人的自覺症狀和病史，再綜合望、聞、切三診所獲得的資料，進行歸納分析，決定治法。

一、問診

問診是透過病人的主訴和道醫扼要而有系統地詢問來獲得有關疾病的症狀及其變化過程的資料。

按證候群表現作出診斷和治療乃是武當道教醫藥的特點。因此，問診在武當道教醫藥診斷方法（四診）當中是最重要的一環。

病人敘述的症狀，是構成「證候群」的主要部分。有很多症狀如痛、癢、眩暈、惡寒等，常常是病人主觀的感覺，而這些症狀的程度和性質，也以病人主訴來獲得。因此，道醫們都非常注意問診。當然，在病人主訴的同時，要注意鑑別主訴症狀的真偽和描述是否恰如其分，避免為假象所干擾，在這方面需要特別仔細。

問診的主要內容，武當道教醫藥傳統有十問歌（一問

寒熱二問汗，三問頭身四問便，五問飲食六問胸，七聾八渴俱當辨，九問舊病十問因，再兼服藥參機變）。綜合問診要點有以下幾方面：

（一）問所苦

即主訴現病史，這是問診的重點，注意瞭解症狀的部位、性質和症狀變化的情況，注意症狀與症狀之間的關係（如咳嗽問痰的情況，發熱問惡寒和出汗的情況，腹痛問大便情況等）。注意症狀發生時間的長短（一般來說，起病較長的屬虛證，起病較短的屬實證）。務求詳盡而是不遺漏，務求準確而不虛假。

（二）問口味

主要注意病人的食慾是否正常（武當道教醫藥強調脾胃功能對疾病恢復的影響，胃納差時要注意調整脾胃），口味是否異常，口渴或不渴（一般是口淡不渴屬寒，口苦而渴屬熱）。這是武當道教醫藥診病時必須注意到的問題，又可作為鑑別病證的寒熱虛實，脾胃功能，乃至預後等的重要參考。

（三）問睡眠

武當道教醫藥重視休息睡眠對疾病的恢復很有影響。

（四）問排泄

注意二便是否通暢，出汗性質和數量，月經情況等。這些對治療上應用祛邪方法時有參考價值。例如，發熱無汗，可用發汗法；頭痛、咽痛、腹痛、發熱等症在大便秘結時，屬於實證可用瀉下法；水腫、發熱症在尿少時可用利尿法；月經帶瘀塊可考慮用祛瘀法。

（五）問既往

特別注意病人對寒熱補瀉藥的耐受或反應，治療史，飲食嗜好，生活習慣也是問診的重要內容，有助於寒熱辨證和處方用藥。

問診方法要在實踐中總結經驗，既要避免暗示病人，引致不必要的虛假症狀，又要善於引導，不致病人主訴漫無邊際，必需的資料務求詳盡準確，總的內容又務求少而精。只要在實踐中不斷探索和總結，這些要求是可以逐步達到的。

二、望診

望診是透過道醫的視覺直接觀察，來瞭解一些有關疾病的資料。主要是望神、察色和舌診。

（一）望神

望神是透過觀察病人的眼部神態並結合其他去判斷病情和大致的預後。如果病人的精神尚好，面色帶光澤，目光有神，言語清晰，則機體生氣尚旺盛，病雖重而不致危殆，預後往往較好。相反，如果病人瘦弱，言語遲鈍而不清爽，目光茫然而無神氣，則為正氣虛弱的表現，預後常較差。我們可以從臨終病人觀察到這種「失神」狀態的迅速變化過程。

（二）察色

察色是觀察面部顏色。紅色常表示熱、火（虛熱者顴赤、唇紅而膚色蒼白）；白色為寒或氣血不足；黃色為脾經有病或濕重；青紫色為有血瘀；黑色表示腎經有病或寒很重。面色的診察還可估計病人的體質和預後。例如：可

以從面色枯潤辨別病之深淺逆順。面色紅潤者體實；蒼白者體虛，面白者陽虛；潮紅者陰虛火旺；烏黑、瘀暗、乾枯者為壞病（如癌症及肺病之晚期）。

三、舌診

舌診是武當道教醫藥傳統的特殊診斷方法之一，對判斷疾病的寒熱虛實有重要的參考價值。

病理狀態下，舌質赤色為熱，紫色為熱甚，淡白為寒；舌苔薄白是表證未解或屬寒證，舌苔白而厚膩表示濕濁之邪滯留；舌苔白中帶黃表示病邪化熱入裏，黃苔乾燥屬熱，黃苔滑膩為濕熱；黑苔乾燥帶芒刺者熱邪極盛，黑苔舌淡而潤滑者寒邪極盛等等。在察看舌苔時注意排除染色所成的假象，例如，食枇杷果而苔黃染，食橄欖而苔黑染，又如水果糖或藥物顏色附著和吸菸較久而且菸癮較大的病人舌苔常帶黃色等，都需要仔細詢問辨別。

此外，舌診還應該注意舌體形態。例如，舌體堅斂蒼老屬實證，舌體薄嫩或胖嫩屬虛證；舌體胖大，色赤而腫屬心脾有熱，色淡紅邊有齒印屬脾虛；舌體板強活動不靈，舌質深紅見於溫病熱邪入心；舌歪多見於中風；舌體顫動，色淡為心脾兩虛，色紫紅為肝熱動風等。

關於望診的其他各項內容，如病人的體型、體位及其他體徵的檢查，有條件時，大小便的診察等也應該注意到，細緻的望診常可形成初步正確的診斷。

四、聞診

聞診是透過道醫的聽覺和嗅覺來獲得某些有關疾病的資料。

（一）聽聲音

包括患者的言語、呼吸、嘔吐、呃逆、噯氣、呻吟等。一般規律是：邪盛正氣實者聲音響亮有力，正氣虛者聲音細弱無力。

（二）嗅氣味

包括病人身上發出的及其排泄物（如痰液、大小便）的氣味。一般規律是：排泄物氣味稀薄者屬虛、屬寒；氣味濃烈臭穢者多屬實熱。

五、切診

切診就是透過醫生手指的觸覺來獲得某些與疾病有關的資料。武當道教醫藥最常用的是切脈。切脈方法是武當道教醫藥診斷中較特殊的方法，對於疾病的診斷預後和用藥處方，常有一定的參考價值。

（一）正常脈

正常人的脈象應該是緩和、均勻、不急不慢、不大不小、不硬不軟，速度為「一息四至或五至」（均勻地一呼一吸叫做一息），脈學上稱為緩脈。

（二）病脈

脈學有二十九種病脈和七怪脈之分，但普通常見而實用的脈象大致有十五種。簡介如下：

1. 浮脈：一般是浮脈主風、病在表。但虛勞亦可見浮脈，其特點是浮大無力。

2. 沉脈：沉脈主裏。但裏證不一定都是沉脈。

3. 遲脈：遲脈主寒。但人體壯實者（如運動員）亦有遲脈，則不作病脈論。相反，寒證也不一定都見遲脈，

臨床上必須注意。

4. 數脈：數脈主熱。但數脈必須與促脈相鑑別，後者是正虛的脈象。

5. 洪脈：洪脈主氣盛火亢。

6. 細脈：細脈主氣虛或陰虛。陰虛的脈多細而帶數。

7. 虛脈：虛脈主血虛及正氣虛弱。

8. 實脈：主邪實邪火盛。

9. 弦脈：弦脈主肝氣盛、氣鬱、痛證。

10. 滑脈：滑脈主血盛、痰證、邪盛。妊娠亦呈現滑脈。

11. 澀脈：主血瘀。

12. 緩脈：一般正常人表現為緩脈。但在某些病也可出現緩脈，例如傷風感冒可見浮緩脈。倘如低熱纏綿，面色黃，舌苔厚膩，脈緩者為濕熱之邪滯留。在內傷（雜）病中有濕證者也可見緩脈，總之要注意配合症候來判斷。

13. 結脈：脈搏緩慢而時有間歇，但間歇無一定規律。結脈主氣血少或陰寒凝結。

14. 代脈：脈搏時有間歇，而間歇有一定規律者。代脈主臟氣衰弱，或表示病情危重。

15. 促脈：脈搏急數而時有間歇，但間歇無一定期規律。促脈出現時要注意正脫。

綜上所述，可見單憑脈不能判斷某脈即某病，而僅能作為對病證的寒熱虛實及處方用藥時的一些參考依據。把脈診看得玄虛化、神秘化是不符合實際情況的。

切診方法除切脈法外，尚有壓痛點診斷法，針灸治療

中找尋壓痛點（包括阿是穴和背部俞穴）對決定治療方案很有幫助。切腹部疼痛的反應有助於判斷虛實：喜按屬虛，拒按屬實。

在運用四診方法時，要注意到以下兩個方面。

1. 病人除主訴某一症狀外，在其他症狀表現不明顯時，就要從病人的年齡（40 歲以上，陰分常不足，治法多從肝腎不足考慮，壯年人多患實證，老年多虛證等），性別（例如男性病人易患氣虛，女性病人易患血虛），體型（例如肥人多痰、濕、氣虛、陽虛，瘦人多火、陰虛、氣鬱），藥物耐受（例如陰虛者喜溫熱燥性食物或藥物，陽盛者喜寒涼清熱藥物，陰虛者食寒涼則口淡易暈，陽盛者服燥熱則咽乾痛、失眠煩躁、二便不暢或澀痛），起病新久（新病多實證，久病多虛證），胃納（虛證病人胃納呆滯者注意補脾，胃納尚好者注重益腎）等方面進行考慮。詢問觀察詳盡仔細，對於處方用藥，常有幫助。

2. 透過四診進行資料調查只是認識過程的第一步，是開始接觸病人，收集病情資料，屬於感覺的階段。第二步，是綜合感覺的材料加以整理和分析，所謂證候分類（或稱辨證）就是指這個階段。但是，只有感覺的材料十分豐富（不是零碎不全）符合於實際（不是錯覺），具備了這兩個必要的條件，才能根據調查資料（四診資料）作出正確的辨證（或稱證候分類）。如果單純摸摸脈，遠遠看一下，粗略問兩句，就進行辨證，是很容易導致錯誤結論的。

四診一定要仔細，不能粗枝大葉。

✳ 第二節　辨證分析

一、辨證內容

（一）辨證綱要

武當道教醫藥提出的（表裏、虛實、寒熱、陰陽）八綱是辨證的綱要。武當道教醫藥裏的病證很多，如何進行歸納分析，前人總結了對疾病辨證的經驗，提出八綱作為辨證的綱領（即將所有病症分類為表證、裏證、虛證、實證、寒證、熱證、陰證、陽證），有其重要的實際意義。

但在八綱中，陰陽是表裏、虛實、寒熱這六綱的總概括，因此在臨床實際應用上，任何一種病證都可以運用陰陽辨證加以分析、歸納。

（二）辨病位和辨病因

顧名思義，所謂辨表證和辨裏證，實際上即是辨別病位問題，而所謂辨虛證實證和辨寒證熱證，實質上則是辨別病因，因此，傳統的八綱辨證，根本上就是病位和病因的辨證。

武當道教醫藥與現代醫學對病位和病因有著完全不同的概念。武當道教醫藥的病位與病因實質上都是機體（特別是臟腑）病理變化的綜合反映，病位並非指某一局部出現的症狀，而是指某一證候的綜合，例如血虛頭暈的病人，它的病位不是在頭而是在血。病因同樣是按武當道教醫藥的概念而下的定義（參閱「病因」）。

從武當道教醫藥的角度來看，任何疾病都有它缺一不可的病位和病因，這是容易理解的。不同的疾病一般都有

其不同的病位和病因，但要注意到也可有相同的病位和病因（如高血壓和肝炎都可見肝腎陰虛，流行性感冒和日本腦炎都可見熱犯肝心）。另一方面，同一疾病在某一具體病人身上隨疾病的發展變化過程，它的病位和病因也均可轉變（如腎炎初期是風水犯肺，後期是脾腎陽虛）。

病位和病因各具其獨立性，即同一病因可發生在不同的病位（如感寒與中寒），同一病位可有不同的病因（如風熱犯肺與飲邪犯肺）。當然，在某些病位和某些病因之間也存在特殊的關聯性，例如外風與肺、內風與肝、濕邪與脾等等。

按武當道教醫藥理論指導、疾病和病位相同而病因不同或是病因相同而病位不同則治療方法便有差異。前者如腎陽虛與腎陰虛的治法不同，後者如熱在肺宜清宣，熱在胃腸宜瀉下，熱在膀胱宜滲利。

總之，在疾病的辨證過程中既要辨病位又要辨病因，將兩者綜合起來既針對病位又針對病因，才能得出有效的治療。由此可見，傳統的八綱辨證具有重大的臨床指導意義。

同辨病位和病因有關的問題是辨外感病還是內傷（雜）病的問題。因為外感病與內傷（雜）病各有其不同的病位和病因，也有其不同的變化發展的規律。我們舉出了它們的特徵作為臨床判斷這兩大類疾病的參考。

1. 外感病特徵：

（1）病因是外界氣候因素的病邪，故臨床上發病因素較為明顯，例如偏頭風，外風中絡（面神經麻痺及三叉

神經痛）和感冒等常有受風邪的經過，又例如中暑在烈日下，痺證在潮濕中等。

（2）一般起病急驟，例如溫病的發熱，中寒的腹痛，風疹的出現。

（3）絕大多數有表證。如皮表的惡寒（瘧疾、溫病、感冒），鼻的閉塞流涕（鼻炎、傷風），頭的疼痛（外感熱病、偏頭痛、中暑），四肢關節的疼痛（痺痛、脫疽），肌膚的浮腫（風疹、風水）。

（4）基本上屬實證。因均為外邪所致的疾病。

（5）許多外感病以發熱為主證，原因是以溫熱病邪為多，而且按武當道教醫藥理論，其他外界氣候病邪入裏也「多從火化」。

（6）某些外感病（以溫病為代表）具有一定的規律的傳變過程。

（7）臟腑病位常見症常缺少，或不明顯（溫病入裏時雖涉及臟腑但範圍常廣泛，因而按氣血陰陽呈現）。

2. 內傷（雜）病特徵：

（1）臟腑病位見證明顯。

（2）常僅為一至兩個臟腑見證。

（3）起病較緩慢。

（4）多屬虛證或虛中帶實證，少數是實證。

（三）辨表裏、虛實、寒熱

1. 辨表裏：辨疾病是表證還是裏證，這是指對外感病而言，因為只有外感病才可能有表證或者裏證，內傷（雜）病一般是沒有表證的。在內科的外感病（特別是外

感熱病）中，表證和裏證均各有其特點，下表（表1）可作為鑑別參考。

表證表現比較簡單，其中以惡寒、舌苔薄白為主要特徵，外感熱病的裏證範圍頗廣（有氣分、血分、陰分、陽分之分），臟腑受病不同，其現象繁雜，不僅是表1所列，我們辨證時經常是：排除了表證便是裏證（半表半裏和表裏同病是既有表證又有裏證的一種類型）。

表1

	表證	裏證
病狀	惡寒、頭頸四肢痛、鼻塞、噴嚏	高熱、口渴、胸腹痛、便秘或腹瀉、小便黃少
脈象	浮或緊	沉或滑
舌苔	薄白	黃或灰黑

外感病須辨表裏，這一點十分重要，因屬表證宜解表，屬裏證宜清裏，治法完全不一樣（參閱各論「溫病」）。

表證範圍：在衛分（皮毛）的——如風疹、風水、感冒、溫病，在筋肉的——如痺證，在經絡的——如真中風的口眼歪斜，在四肢血脈的——如凍瘡、脫疽。

裏證範圍：在外感病中有氣分、血分、陰分、陽分。在內傷（雜）病中有各個臟腑的病位。

2. 辨虛實：什麼是虛和實？所謂虛就是指正虛，而實就是指邪盛。疾病是邪正相爭，矛盾激化的結果。任何疾病都存在正邪兩方面的盛衰情況，這是肯定的，但在某一具體的疾病中，正與邪這一對矛盾，究竟哪個是主要矛盾，這就需要具體分析。虛證是指這一病證的主要矛盾方

面是正虛，實證是指主要矛盾方面是邪盛。因此，辨虛實便有十分重要的臨床意義，辨對了，就是抓住了主要矛盾，便可作出正確的治療方案。

辨虛實的實質是辨病因的屬性。因為任何病因都可以歸納為虛因和實因兩大類（參閱「病因」）。我們在分析疾病的病因時，首先辨這一病因的屬性—虛實，是辨證論治的關鍵之一，因為虛證要補，實證要瀉，這是武當道教醫藥治療學上一個重要的法則。

辨別虛證和實證可以從下表（表2）的比較來考慮。

表2

	虛證	實證
一般情況	老年、體質素弱	青壯年，體質強壯
病情長短	久病	新病
外表觀察	精神疲乏，面色蒼白，語聲低沉，動作遲慢，體形消瘦	精神興奮、面紅，語聲高亢，煩躁言動，體形壯實
病狀傾向性	頭暈、視弱、心悸、出汗、氣短、小便清長、脫肛、子宮下垂	疼痛、水腫、包塊紅腫、口苦、目赤、出血、便秘、小便黃少
病位按診	喜按	拒按
脈象	無力	有力
舌質	胖嫩	蒼老
對藥物反應	不受攻邪（如寒涼、發汗和瀉下）藥	不受補藥

虛證範圍：有陰虛、陽虛、氣虛、血虛、津虛、精虛等。

實證範圍有：①外感病邪的外風、外寒、暑邪、外濕、燥邪、濕熱等病證。②內因病邪的內風、內寒、內

熱、內濕、痰邪、水邪、氣滯、氣鬱、氣逆、血瘀等病
證。

3. 辨寒熱：在分辨了虛因和實因（即虛證和實證）
之後，如果是個實證，這就需要進一步分析病因的另一屬
性──寒熱。

因為在實證中雖然有許多內外的病邪，但歸納起來卻
可將它分成屬寒性和屬熱性兩大類，瞭解和區分病邪病因
這種屬性在治療方面很有必要。「寒者熱之」「熱者寒之」
這也是一個治療學上的主要原則。

辨寒熱的主要依據有如下表（表3）所列：

表3

	寒證	熱證
外表觀察	怕寒冷、少動、面色蒼白、唇淡白或青紫、四肢青紫而冷	怕熱、煩燥、面紅目赤、唇紅乾
主要症狀	口淡不渴、喜熱食、多涎、痰多清稀、四肢冰冷、小便多、大便稀爛	發熱、口乾渴、喜冷飲、痰色黃稠、手足熱、小便黃少、大便乾結
病位情況	喜熱敷，喜按	喜冷敷，拒按
舌脈	舌苔薄白，濕潤，脈沉或遲	舌苔黃或焦黑，無津，脈數或滑
對飲食和食物反應	耐受辛溫藥，不受生冷水果	耐受清涼藥，不受煎炒，油炸，辛辣食物

屬寒性病邪範圍是外寒、外濕、外風、內寒、內濕、
痰邪、水邪、氣鬱、氣滯、氣逆等。

屬熱性病邪範圍有濕熱、暑邪、燥邪、內熱、內風、
血瘀等。

以上僅是病邪的基本屬性，在特殊情況下，由於病因

的複合作用，某些病邪具有雙重性質，如痰邪和氣鬱、氣滯、氣逆等可以屬熱，血瘀可以屬寒等。因此，必須注意仔細辨別。

二、辨證步驟和注意點

傳統的八綱辨證，是辨證的初步概括，經過了八綱辨證之後，給我們對某一疾病得出一個總的概念和性質，提示了治療上的總原則，但這僅是辨證的開始，在臨床實踐過程中，這種初步概括的東西，還不能滿足具體治療的需要。這要求我們進一步作出辨證分析，例如，表證究竟表在哪裡，是在哪個位置，是哪個臟腑的虛和臟腑哪一方面的虛，實是那種病邪的實，等等問題都有待於進一步去解決。

我們在前面介紹了內科的基本病證，分別列出外感病和內傷（雜）病的病因病證與病位病證。如能瞭解和掌握這些基本病證，便可在八綱辨證的基礎上對疾病更深入地進行分析歸納，正確地完成內科辨證的整個過程。其具體步驟和注意點如下：

（一）先判斷是外感病還是內傷（雜）病

有表證時肯定是屬外感病，但要注意沒有表證時（例如中寒、中暑、外感熱病傳裏等等）不一定是非外感病的內傷（雜）病。

（二）是外感病時判斷它是在表還是在裏

病邪在表時要進一步辨病位所在，如皮毛（衛分）、筋肉、經絡、血脈等。

（三）辨裏證時

1. 屬外感熱病（溫病）時要按氣血陰陽進一步辨證。

2. 屬外感病時要注意是否表裏同病。

3. 要注意外感病邪的直中裏證（如中寒、中風、中暑等）。

4. 內傷（雜）病時，須按臟腑病位辨證，臟腑病位決定之後還要進一步辨氣、血、陰、陽。

（四）辨病因時

1. 應先辨虛實，是虛證還是實證，是否有虛實並見，虛實並見時要辨虛中有實還是實中有虛，虛實之間哪一個是主要矛盾。

2. 屬虛證時應結合臟腑病位並進一步辨氣血陰陽。

3. 屬實證時要進一步辨病邪是外感病邪還是內因病邪，同時要辨是哪一種病邪。

4. 病邪的屬性是寒還是熱。

5. 要注意某些病邪的雙重屬性。

6. 要注意是一種還是數種病邪合併。

第六章

治　療

　　疾病是透過四診的資料調查，進行歸納分析等辨證過程而得出正確的診斷之後，下一步便是治療了。在治療中須掌握治療原則、治療方法和臟腑用藥等方面。

✳ 第一節　治療原則

一、辨證為主，並與辨病相結合

　　武當道教醫藥是辨證論治的。在武當道教醫藥臨床實踐中非常重視「辨證」這個環節。透過辨證，分析從四診所瞭解病人出現的症候（病狀和體徵），弄清疾病發生的原因、部位、性質及其發展趨勢，從而掌握疾病的實質，確定治療方法，按「證」用藥。

　　同是一種疾病，由於病人機體的反應性不同，可以表現出不同的「證」。如，感冒就有風寒、風熱的不同「證」型，而要分別使用辛溫解表劑（藥）和辛涼解表劑（藥），這叫同病異治。反之，不同的疾病，又可表現同一「證」型，而採用同樣的治法的，如，支氣管哮喘、心力衰竭、慢性腎上腺皮質功能減退等病，只要它們都有腎虛的見證，就可以用補腎藥物來治療，這叫「異病同治」。

　　臨床上還可以看到有「一病多方」和「多病一方」的治療特點，這是因為武當道教醫藥的治療是以「證」為主

要依據，而不是以病為主要依據的道理。

武當道教醫藥對某一些疾病的不同發展階段，其辨證和用藥都有不同。雖然疾病本身沒有改變，但隨著疾病發展到另一階段，「證」變了，則治療方法也要改變。如一個肺炎的病人，初診時可以是風溫犯表，而應用解表宣肺藥，複診時因病情發展，轉變為熱邪困肺而要用清熱宣肺藥。由此可見，密切注視病情變化，分析「證」的轉變，才能及時按「證」用藥。

當然，有時疾病的變化不完全能透過「證」表現出來的。因為武當道教醫藥受歷史條件的限制，對某些疾病的認識還不夠系統完善，這就需要我們由辨證與辨病相結合來解決臨床實際。

辨證與辨病相結合可以兼取武當道教醫藥與西醫藥學的優點，特別是透過對疾病的現代醫學病因病理的掌握瞭解，使應用傳統的藥物更為合適，而既不違背武當道教醫藥辨證施治的原則，又吸取了現代醫學的長處，如選用白及治肺又能抗結核桿菌，三七祛瘀治冠狀動脈硬化性心臟病又能降膽固醇……此外，在不違背武當道教醫藥治療原則的基礎上配用一些具有現代醫學藥理作用的中藥，如潰瘍病用烏賊骨、瓦楞子之類以制酸等。所有這些都有利於提高武當道教醫藥的治療效果，同時對發展武當道教醫藥與西醫結合的臨床研究也有意義。

二、治病求本，並與治標相結合

治病求本，有兩種意義：

①本是疾病的本質，求本就是透過分析證候——疾病

表現出來的現象，找出疾病的本質，而不受現象所迷惑，也就是從各種病因中找出根本的病因，針對根本來治療。如虛喘，氣逆是喘的原因，但腎虛不納氣則是氣逆的根本，治療就不能完全依靠降氣平喘藥，而應該重點在補腎納氣。

②本是人體的正氣，求本還有扶正（即增強和恢復機體的生理功能）的意思。

此外，臨床應用的「通因通用」與「塞因塞用」法，通常屬於反治法，其實也是一個治本的方法。

因為這裡的「通」「塞」都是假象，而不是疾病的本質。如急性痢疾，本來已經大便次數增多，但因為是濕熱積滯引起，而要瀉下清熱導滯才能達到治療目的。又如屬虛證的便秘腹脹，就不能用通行的消導法解決，而要用補益法才能取得療效。

其次，治本還有預防疾病復發的意思。如患胃脘痛，應用行氣止痛藥往往只能把疼痛一時制止，而要根本上防止病的復發，還須從調理脾胃方面著手。

上述表明，一般情況下治病，能抓住疾病的本質來治療，就能使病「本」消除，而「標」也隨之解決。但是，疾病往往是千變萬化的，治病還要分清主次和先後，按輕重緩急恰當處理。所以，標本的應用還有「急則治其標，緩則治其本」的變通方法，這就要抓住疾病的主要矛盾方面，先給予解決。

如一個患腎虛水腫的病人，在水腫較輕時，主要矛盾在於腎虛，治療的重點應補腎，但當水腫發展到嚴重程

度，影響到心、肺的循環和呼吸功能時，則水腫便成為矛盾的主要方面，這時即使病人腎虛，治療還是要以消除水邪的威脅為急。

又如一個患急性熱病的人，裏熱極盛，突然發生陽脫證（休克），汗出不止，四肢冰冷，脈搏細弱而快，形成內閉外脫，這時應使用溫補藥先回陽救脫，等危證消除，病勢稍緩時，再用清熱瀉火藥以治本。

另外，正虛邪實、虛實並見的情況在臨床又是很常見的，這時應標本兼顧。

如脾虛氣滯，出現腹脹腹滿，用健脾理氣的香砂六君子湯治療，以參、朮、苓、草治其本，配合理氣和胃的陳皮、木香、砂仁等治其標，這樣標本兼治有助於縮短療程，提高療效，實際上為臨床所常用。

三、重視扶正，並與袪邪相結合

武當道教醫藥認為疾病的發生與發展，關係到正與邪兩個方面，而且非常重視人體正氣的作用。所以，扶正為主，袪邪與扶正相結合就成為武當道教醫藥的治療原則之一。

在治療過程中，以正虛為主要矛盾的要扶正，用袪邪藥無效的要考慮扶正，長期應用袪邪要注意傷正的可能，病的恢復期和防止復發要注意扶正。所以，扶正是主要的，袪邪往往是一種手段，對於臨床用藥，凡屬袪邪藥的都只宜暫用，而不能久服。

如一個水腫的病人不能長期服用利尿藥；一個有熱證的病人不能持續應用清熱劑，對於慢性病或急性病遷延日

久，就應考慮用扶正方法去解決。

當然，強調扶正治療上所起的作用，並不是忽略祛邪的重要性而把扶正與祛邪對立起來。相反，在臨床運用時，應根據正、邪兩方面在疾病表現中主次、先後，把扶正與祛邪辨證有機地結合起來，靈活掌握，或以扶正為主，或以祛邪為主，或採用「攻補兼施」，這樣才能收到預期的效果。

四、掌握原則，並與具體情況相結合

我們在對每個病按辨證治療的同時，用藥上還應與具體情況相結合，作全面考慮。

同一個證，每因不同的人而用藥也有所不同，人本身的具體情況對治療用藥也有很大的關係。如病人患實熱證，但體質較弱或年老，應用寒涼清熱藥就只能適可而止，注意不要用量過大或服用過久。青壯年患病，常要注意不可隨便濫用補藥。中年以後的婦女患病要考慮血虛的可能。

病人平時能耐受寒涼藥物的，用溫熱藥就要慎重。反之，病人一向能受納辛溫食物，則用清涼藥治療要注意產生不良反應。這些叫因人制宜。

季節氣候的不同也是常常需要加以考慮的。同樣是感冒風寒，在寒冷的季節，要用辛溫發散重劑才能有解表作用；反之，在天氣轉熱的季節，則不宜過於發散，以免傷正。這些叫因時制宜。

我國領土遼闊，地區不同，用藥常有差異。如，北方多寒，病人多能耐受溫熱藥；南方氣候潮濕，治療用藥須

兼顧去濕等等。這些叫因地制宜。

總之，臨床治病，既要辨證施治，又要注意當時當地環境的具體情況，綜合考慮，才能提高療效。

✳ 第二節　治療方法

汗、吐、下、和、溫、清、消、補，是武當道教醫藥傳統的八種治療方法。其具體內容可參閱本書中「治法與方劑」的有關部分，這裡不作重複介紹，現將內科臨床實際的分類方法加以簡述。

傳統藥物的治療方法可分為主要療法和輔佐療法兩大類：主要療法中又可分為祛邪和扶正兩大法。輔佐療法雖在一定程度上有對症治療的意思，但從武當道教醫藥的「辨證論治」的理論來看，主要療法和輔佐療法均是整個「論治」裡的有機組成部分。輔佐療法中的藥物常各有其特殊的藥效作用，而且這一類藥物實際上絕大部分也同樣具有祛邪效能或扶正作用的。

一、祛邪法

祛邪法是祛除病邪病因的療法，可按病邪不同分有下列九種：

1. 治風法（包括有祛風藥、疏風藥、解痙藥）。

2. 祛寒法（包括有祛寒藥、溫寒藥）。

3. 清熱法（包括有清熱瀉火藥、清熱解毒藥、清熱涼血藥、解暑藥、清虛熱藥、清肝明目藥）。

4. 祛濕法（包括有祛風濕藥、宣濕藥、化濁藥、燥濕藥、滲濕藥）。

5. 逐水法（包括有逐水藥、利水藥）。

6. 除痰法（包括有化痰藥、消痰散結藥）。

7. 理氣法（包括有解鬱藥、行氣藥、消滯藥、降氣藥、提氣藥）。

8. 散瘀法（活血散瘀藥）。

9. 驅蟲法（包括有驅蟲藥、驅瘧藥）。

應用祛邪法注意點：

（1）祛邪法主要應用於以病邪為主要矛盾的病證，或在虛實並見的病證中與扶正法配合應用。

（2）祛邪法總有傷正的作用，要注意勿過量或過久地使用。

（3）祛邪法必須針對不同的病邪分別選擇不同的祛邪法。

（4）祛邪法通常須與輔佐療法中的通利法一起應用。

（5）必須掌握以上九種祛邪法的各種適應症和禁忌症。

二、扶正法

扶正法是調整恢復機體的生理功能和增強抗禦疾病能力的療法。

這在傳統上稱為補法。有下列四種：

1. 補氣法（包括有補氣藥、健脾藥、補肺藥、固腎藥）。

2. 補血法（補血藥）。

3. 補陰法（包括有補肝腎藥、滋陰藥、益精藥、養陰潤燥生津藥）。

4. 補陽法（包括補陽藥、壯腎藥、強筋骨藥）。

應用扶正法（補法）注意點：

（1）扶正法主要應用於以正虛為主要矛盾的病證或在虛實並見的病證中與袪邪法相配伍。

（2）有時，扶正法運用恰當則可以達到袪邪病的目的，但一般情況下補法常有留邪之弊。

（3）應用補陽法時一般都需兼用補陰藥，唯應用補陰法時不宜加入補陽藥。

（4）應用補血法時一般都是加用補氣藥以助補血效能，但使用補氣法時則不必同時用補血藥物。

（5）扶正時除考慮情況分別應用補陰、補陽、補氣、補血四法之外，還須結合臟腑用藥。

三、輔佐療法

輔佐療法是袪邪與扶正的輔佐療法，按這種療法的性質可分為通利法與固止法兩種。

（一）通利法

包括發汗藥、催吐藥、瀉下藥、通竅藥、利尿藥、通淋藥、利膽藥、舒筋通絡藥，並與其他科有關的通經藥、下乳藥、排膿藥、消腫止痛藥配合使用。

（二）固止法

包括止汗藥、止嘔藥、止瀉藥、止咳藥、止喘藥、止血藥、安神藥、澀精藥，並與其他科有關的調經藥、安胎藥、止帶藥、回乳藥、袪腐生肌藥、止癢藥配合使用。

應用輔佐療法注意點：

（1）輔佐療法一般不能單獨應用於治療疾病。

（2）通利法通常和祛邪法配合應用。

（3）固止法通常和扶正法配合應用。

（4）通利法多有傷正作用而固止法也有留邪之弊，應用時應加注意。

✳ 第三節　臟腑用藥

任何病證都是臟腑生理、病理變化的反映，而傳統藥物的效應也總是作用於臟腑的。由於傳統藥物各有其針對不同臟腑有其作用的傾向性，因此，有傳統藥物藥性的「歸經」的理論。

現將各臟腑用藥加以介紹，供內科臨床參考。

一、心

1. 益心氣：人參、黃蓍；黨參、炙甘草等。

2. 斂心氣：五味子、磁石、珍珠母、浮小麥、龍骨、牡蠣、山萸肉等。

3. 安心神：酸棗仁、柏子仁、茯神、遠志、合歡皮、琥珀、硃砂、夜交藤等。

4. 開心竅：菖蒲、鬱金、麝香、犀角、蘇合香、遠志等。

5. 補心血：當歸、枸杞子、龍眼肉、紅棗、阿膠等。

6. 溫心陽：桂枝、肉桂、製附子、乾薑、薤白等。

7. 養心陰：麥冬、熟地黃、百合、玉竹、丹參等。

8. 清心火：黃連、連翹心、蓮子心、竹葉、燈心等。

9. 通心瘀：丹參、三七、琥珀、血竭、赤芍、紅花、山楂肉、茺蔚子等。

二、肝

1. 補肝血：當歸、白芍、熟地黃、阿膠、首烏、雞血藤、紫河車、枸杞子、烏豆衣、桑葚子等。

2. 養肝陰：地黃、山萸肉、金櫻子、女貞子、首烏、潼蒺藜、旱蓮草、枸杞子、酸棗仁、龜板、龜膠、鱉甲等。

3. 理肝氣：柴胡、川楝子、鬱金、香櫞、香附、青皮、延胡索、橘葉、玫瑰花、素馨花、路路通、沉香等。

4. 活肝血：川芎、歸尾、丹參、赤芍、紅花、澤蘭、土元、桃仁等。

5. 散肝瘀：乳香、沒藥、蒲黃、五靈脂、三棱、莪朮等。

6. 清肝熱：桑葉、菊花、青黛、夏枯草、龍膽草、梔子、鉤藤、決明子、密蒙花、青葙子、丹皮、牛黃、蘆薈等。

7. 潛肝陽：珍珠母、石決明、牡蠣、龍骨、磁石、淡菜、代赭石等。

8. 息肝風：菊花、鉤藤、天麻、地龍、殭蠶、全蠍、羚羊角、蜈蚣等。

9. 溫肝寒：吳茱萸、肉桂、淫羊藿、小茴香、橘核。

三、膽

利膽氣：茵陳、梔子、鬱金、金錢草、苦參、大黃等。

四、脾

1. 補脾氣：黃蓍、人參、炙甘草、黨參、白朮、淮山藥、扁豆、大棗、蓮子、芡實、楮實子、孩兒參、飴糖、茯苓等。

2. 溫脾陽：乾薑、製附子、肉荳蔻、益智仁等。

3. 燥脾濕：蒼朮、厚朴、半夏、陳皮等。

4. 調中氣：木香、蘇梗、砂仁、枳殼、藿梗等。

5. 升中氣：升麻、柴胡、黃蓍等。

五、胃

1. 養胃陰（津）：石斛、麥冬、天花粉、玉竹、沙參、烏梅等。

2. 益胃氣：黨參、孩兒參、西洋參、糯稻根、粳米、冬蟲夏草等。

3. 清胃火：石膏、知母、寒水石、黃芩、葛根、蘆根、玄參、大青葉、黃連、蒲公英等。

4. 散胃寒：高良薑、生薑、丁香、肉桂、吳茱萸、胡椒等。

5. 降胃逆：代赭石、旋覆花、柿蒂、杷葉、沉香、厚朴、蔻仁、肉桂、萊菔子、半夏等。

6. 消食滯：神麴、山楂、麥芽、穀芽、雞內金、萊菔子等。

六、肺

1. 補肺氣：黃蓍、人參、黨參、西洋參、淮山藥、百合、黃精、冬蟲草、白及、蛤蚧等。

2. 養肺陰：天冬、麥冬、地黃、沙參、玉竹、阿

膠、龜板、銀耳、紫河車等。

3. 潤肺燥：蜂蜜、柿霜、南杏、天花粉、梨膏、木蝴蝶、胖大海等。

4. 清肺熱：桑葉、桑白皮、黃芩、地骨皮、瓜蔞皮、知母、石膏、牛蒡子、玄參、山豆根等。

5. 肅降肺氣：蘇子、白前、前胡、旋覆花等。

6. 宣肺氣：麻黃、桔梗、紫蘇葉等。

7. 斂肺氣：五味子、烏梅、白果（銀杏）、訶子等。

8. 定喘：麻黃、代赭石、牛黃、地龍、細辛、蛤蚧、核桃肉、胎盤、白果（銀杏）等。

9. 溫肺寒：乾薑、細辛、紫菀、款冬花、胡椒等。

七、大腸

1. 澀腸止瀉：益智仁、赤石脂、肉荳蔻、訶子、禹餘糧、石榴皮、烏梅。

2. 潤腸通便：火麻仁、胡麻仁、蜂蜜、杏仁、桃仁、柏子仁、鬱李仁等。

3. 瀉下通便：大黃、芒硝、番瀉葉、蘆薈等。

4. 清腸熱：白頭翁、槐花、秦皮、馬齒莧、地榆、苦參、生地黃。

八、腎

1. 滋腎陰：熟地黃、龜板、鱉甲、魚膘膠、淡菜、山萸肉、女貞子、旱蓮草、潼蒺藜、枸杞子、桑寄生、桑葚子、紫河車、黑芝麻、菟絲子等。

2. 溫腎陽：附子、肉桂、巴戟天、破故紙、仙茅、淫羊藿、鎖陽、鹿茸、肉蓯蓉、胡蘆巴、韭子等。

3. 益腎精：胎盤、鹿茸、火麻仁、菟絲子等。

4. 澀腎精：覆盆子、金櫻子、益智仁、桑螵蛸、蓮鬚、五味子等。

5. 固腎氣：核桃肉、五味子、蛤蚧、人參等。

6. 強筋骨：杜仲、續斷、狗脊、牛膝、骨碎補、鹿筋等。

九、膀胱

1. 利尿：豬苓、澤瀉、車前、木通、滑石、薏苡仁、通草等。

2. 通淋：海金沙、琥珀、瞿麥、萹蓄、石韋、地龍、金錢草等。

✳ 第四節
武當道教醫藥「一把草」應用秘訣

武當道教醫學認為，「人生百病、天生百草，有一病必有一藥」；「病千變，藥亦可千變」。

若能悉知百草的性味，就會發現「百草治百病」「草能治病皆稱藥」。

道醫在長期的醫療實踐中，發現中草藥的植物形態與藥物功效關係聯繫緊密，由此總結出許多用藥經驗。

例如「草木中空善治風，對枝對葉能治紅，葉緣有齒能消腫，葉有乳汁拔毒功」，指凡藥用植物莖稈中空者擅長祛除風邪所致的疾病，如荊芥、透骨草等；莖枝對生、葉對生的植物大多能治療外傷及出血性疾病，如茜草、土牛膝等；葉緣有齒的植物大多能消腫，如一枝黃花等；植

株根莖葉有乳汁者，大多具有清熱解毒的功效，如蒲公英、敗醬草（苣蕒菜）等。

道醫診療疾病還要求醫者必須熟悉中草藥的基本知識，如採收加工炮製、中草藥的性味、功效、處方配伍、用藥禁忌、藥物用量和服用方法等。

武當道教醫藥注重內病外治，即以外敷為主，配合內服藥丸、藥酒、藥茶、藥膳。配方用藥少而精，強調理、法、方、藥準確合理，不亂投烈性藥，特別注意強調驅邪而不傷正。

為了便於學習掌握中草藥的性味功能，指導臨床合理用藥，武當道教總結了「一把草」應用秘訣。

一、「一把草」傷科用藥秘訣

丹參劉寄奴，血藤赤芍藥，內外諸傷損，加減需斟酌。

破瘀用桃仁，止痛乳沒藥，血竭與玄胡，瘀痛效更好。

硬腫加三棱，軟堅山甲妙，骨折用然銅，土鱉不可少。

碎補與續斷，螃蟹接骨妙，出血加三七，丹皮大小薊。

尿血白茅根，便血用地榆，槐花仙鶴草，血症不能少。

小便不通利，車前澤瀉宜，大便若秘結，大黃草決明。

用藥要慎重，引經莫忘記。頭痛加川芎，白芷羌活

宜。

胸悶加枳實，枳殼茯苓皮，脅痛用柴胡，川楝鬱金
宜。

手臂用桂枝，桑枝威靈仙，腿傷加牛膝，獨活寄生
宜。

木瓜與苡仁，腳傷且莫離。祖師傳秘訣，莫向庸人
提。

二、常用藥應用秘訣

發散風寒用麻黃，桂枝細辛荊芥羌①，
防風藁本蔥白芷，辛夷香薷與生薑。
發散風熱用菊花，柴胡豆豉與升麻，
葛根牛蒡蔓荊子，桑葉薄荷浮萍加。
清熱瀉火龍膽草，夏枯梔子連②石膏，
知母蘆根芩③黃柏，胡連竹葉大功勞。
清熱涼血用犀角，紫草茅根薇④青蒿，
銀柴頭翁地骨皮，生地丹皮效更高。
清熱解毒開喉箭，連翹地丁黛⑤射干。
公英馬勃魚腥草，土苓豆根半邊蓮。
祛寒吳萸艾乾薑，川椒茴香高良薑，
草果丁香灶心土，附子肉桂效果良。
芳香化濕用佩蘭，藿香木瓜與白扁⑥，
健胃化濕用此好，蒼朮化濕兼發汗。
止咳平喘用紫菀，杏仁冬花枇⑦白前，
百部蘇子旋覆花，前胡兜鈴桑皮穿⑧。
風濕獨活芁⑨靈仙，五加蒼耳蛇⑩馬錢，

虎骨寄生白鮮皮，豨薟松節千年健。
平肝息風用蜈蚣，羚角全蠍與地龍，
鉤藤蟬天麻衣等，僵蟲蝙蝠有奇功。
開竅藥物用適當，麝香冰片蘇合香，
安息香與石菖蒲，驚風癇症用之良。
安神定志酸棗仁，磁石琥珀石決明，
珍母龍齒龍眼肉，遠志硃砂朱茯神。
清化熱痰天竺黃，竹茹蒙石貝牛黃，
常山昆布與海藻，浮石葶藶海蛤殼。
溫化寒痰用半夏，南星白芥與皂莢，
桔梗白附隨方入，痰涎稀清效甚佳。
滲濕利尿性多緩，苓⑪澤⑫己⑬通⑭蓄⑮車前，
苡仁小豆瞿⑯金沙⑰，茵陳燈心萆薢滑⑱。
寒下藥物兼瀉火，大黃蘆薈與芒硝，
瀉熱通便番瀉葉，通因通用效果卓。
熱下藥物用巴豆，味辛性熱有大毒，
硫黃亦常入方內，助陽通便兼殺蟲。
潤下滑腸治便秘，鬱李麻仁有效力，
蜂蜜潤肺兼潤腸，專治大便燥結乾。
消化食物用山楂，神麴麥芽與穀芽，
萊菔內金五穀蟲，消食導滯效果佳。
驅蟲榧子與苦楝，檳榔鶴蝨與雷丸，
蕪荑貫眾使君子，石榴根皮與大蒜。
理氣健脾用陳皮，佛手木香有效力，
砂蔻厚朴與枳殼，柿蒂降胃治呃逆。

疏肝理氣用青皮，香附疏肝兼解鬱，
枳實川楝與烏藥，沉香降氣兼納氣。
活血調經用丹參，益母澤蘭與桃仁，
牛膝雞冠月季花，馬鞭紅花效更靈。
活血祛瘀荊三棱，莪朮水蛭虻蟲行，
寄奴䗪蟲急性子，虛實癥瘕要分明。
活血止痛延胡索，靈脂蒲黃乳⑲沒藥，
川芎鬱金蘇木薑⑳，行氣活血效非常。
活血通絡雞血藤，王不留行毛冬青，
楓實山甲下乳用，痹痛下乳選木通。
止血三七血餘炭，側柏地榆芨旱蓮，
槐花藕節仙鶴草，大薊烏賊陳棕炭。
陽虛氣短多自汗，浮麥五味汗能斂，
麻黃根與蓍㉑牡蠣，龍骨白朮效靈驗。
固精縮尿用金櫻，桑螵蛸與益智仁，
棗皮蓮鬚覆盆子，鹿茸菟絲與人參。
止瀉芡實禹餘糧，蓮肉五倍烏梅香，
石榴皮與赤石脂，訶子粟殼用相當。
補中益氣炙甘草，參㉒蓍㉓白朮與大棗。
山藥河車龍眼肉，氣虛體弱效果卓。
壯陽鹿茸巴戟天，沙苑鎖陽與續斷，
杜仲狗脊骨碎補，蓯蓉蛤蚧故紙仙㉔。
補血當歸熟地黃，首烏阿膠血藤幫，
桑葚楮實牛筋草，益氣之藥且莫少。
養陰二冬㉕北沙參，玉竹百合芍㉖黃精，

石斛女貞枸杞子，龜板鱉甲胡麻仁。

武當仙藥山中寶，性味功能要記牢，

掌握秘訣再臨證，大小病魔全趕跑。

【註】

①羌：羌活；②連：黃連；③芩：黃芩；④薇：白薇；⑤黛：青黛；⑥白扁：白扁豆；⑦枇：枇杷葉；⑧穿：穿破石；⑨艽：秦艽；⑩蛇：烏梢蛇；⑪苓：茯苓；⑫澤：澤瀉；⑬己：防己；⑭通：木通；⑮蓄：萹蓄⑯瞿：瞿麥；⑰金沙：海金沙；⑱滑：滑石；⑲乳：乳香；⑳薑：薑黃；㉑蓍：黃蓍；㉒參：黨參；㉓蓍：黃蓍；㉔仙：仙靈脾；㉕二冬：天冬、麥冬；㉖芍：白芍。

✳ 第五節　辨病用藥

現代醫藥科學飛躍發展，藥物的研究亦不斷深入，許多醫藥雜誌不斷報導一些植物藥、動物藥、金石藥在臨床上治療疑難雜病，獲得可喜效果，顯示出中國醫藥在人類健康事業中的特殊魅力。

數年來，經不斷地挖掘、收集，並參閱大量古今文獻，整理出臨床部分常見病「辨病用藥」，供讀者參考、驗證。

一、對呼吸系統有作用的藥物

1. 止咳：百部、枇杷葉、前胡、白前、杏仁、款冬花、麥冬、車前子、五味子、馬兜鈴、紫花杜娟、絲瓜藤、矮地菜、石韋、露蜂房、土元、當歸、紫菀、棉花根、地枇杷。

2. 袪痰：桔梗、遠志、半夏、南星、川貝母、浙貝母、土貝母、天竺黃、瓜蔞、竹瀝、海浮石、海蛤殼、皂角、陳皮、白芥子、鼠麴菜、滿山紅、青蒙石、昆布、海藻、葶藶子、白附子、牛黃。

3. 平喘：麻黃、地龍、洋金花、冬蟲夏草、蚤休、側柏葉、沉香、紫蘇子、核桃肉、靈芝、雲香草、蛤蚧、白果、旋覆花、穿破石、桑白皮。

一、對循環系統有作用的藥物

1. 強心：人參、製附子、黃耆、桂枝、麥門冬、生地、玉竹、女貞子、蓮子芯、刺五加皮、靈芝、五味子、生山楂、麝香、龍眼肉、枳實。

2. 擴張冠狀動脈：參三七、紅丹參、毛冬青、葛根、川芎、瓜蔞、漢防己、銀杏葉、靈芝、澤蘭、紅花、赤芍、寄生、魚腥草。

3. 能降低血壓的藥物（要辨證用藥）：

（1）清熱降壓：夏枯草、黃芩、梔子花、野菊花、白菊花、草決明、青葙子、黃柏、葛根、地骨皮、黃瓜藤、蓮子心、三棵針、野桑樹根、龍葵、青木香。

（2）鎮驚降壓：雙鉤藤、地龍、全蠍、羅布麻、豬毛菜。

（3）涼血降壓：丹皮、小薊、大薊、元參、地榆、羚羊角、槐花。

（4）袪風降壓：白蒺藜、豨草、秦艽、獨活。

（5）活血降壓：生山楂、川芎、紅花、丹參、益母草、雞血藤、茺蔚子。

（6）利濕降壓：車前草、玉米鬚、蠶砂、薺菜、木通。

（7）補益降壓：黃耆（30g以上）、黨參、黃精、玉竹、元參、肉蓯蓉、桑寄生、生杜仲、牛膝、淫羊藿。

4. 增強毛細血管的抵抗力：槐花、白茅根、連翹、黃柏、黃芩、秦艽、柴胡、生黃耆、土大黃、龍骨。

三、對消化系統有作用的藥物

1. 助消化：生薑、蔥白、紫蘇、桂枝、陳皮、神麴、麥芽、穀芽、山楂、砂仁、白蔻仁、藿香、丁香、肉荳蔻、雞內金、石斛、五味子、金櫻子、大黃、龍膽草。

2. 促進胃腸蠕動：桂枝、生薑、雞內金、丁香、木香、枳實、枳殼、陳皮、大黃、檳榔、大腹皮、肉荳蔻。

3. 抑制胃腸蠕動：赤芍、白芍、烏梅、兒茶、金櫻子、靈芝、烏藥、黃連。

4. 制胃酸：海螵蛸、鍛瓦楞子、雞蛋殼、枯礬、鍛牡蠣。

5. 增強胃酸：五味子、烏梅。

6. 瀉下：大黃、二丑、商陸、火麻仁、鬱李仁、巴豆、蘆薈、芒硝、番瀉葉。

7. 止瀉：白礬、芡實、赤石脂、禹餘糧、石榴皮、五倍子、白頭翁、金櫻子、訶子。

四、對肝膽有作用的藥物

1. 護肝藥：黃耆、黨參、白朮、枸杞、大棗、靈芝、當歸、丹參、茵陳、敗醬草、二花、連翹、柴胡、黃精、地黃、白礬、甘草。

2. 降酶藥：五味子、茵陳、敗醬草、靈芝、龍膽草。

3. 利膽退黃藥：梔子、鬱金、柴胡、薑黃、茵陳、敗醬草、金錢草、木賊草、烏梅、黃芩、黃連、黃柏、大黃、芒硝、海金沙、威靈仙、玉米鬚、木香、香附、豨薟草、小薊。

4. 排膽結石藥：金錢草、鬱金、雞內金、海金沙、海浮石、火硝、馬鞭草、威靈仙、芒硝。

5. 抗脂肪肝藥：澤瀉、製首烏、黃精、柴胡、鬱金、生山楂、連翹、白礬。

6. 軟縮肝脾藥：丹參、三棱、莪朮、鱉甲、穿山甲、白芍、鬱金、川楝子、柴胡、夏枯草、水紅花子、馬鞭草、半枝蓮。

五、對血液系統有作用的藥物

1. 增加紅細胞及血紅蛋白：人參、黨參、鹿茸、胎盤、雞血藤、何首烏、阿膠、丹參、牛黃、龍眼肉、靈芝。

2. 增加白細胞：黨參、丹參、雞血藤、穿山甲、鹿茸、五靈脂、靈芝。

3. 增加和保護血小板：仙鶴草、白及、黃柏、大黃、三七、水牛角、花生衣、靈芝。

4. 縮短出血、凝血時間、能止血：生地、白茅根、地榆炭、槐花、二花炭、側柏炭、大小薊、白芍、蒲黃、茜草、仙鶴草、紫珠草、旱蓮草、三七、白及、阿膠、血餘炭、陳棕炭、艾葉炭、白礬、蜂房。

5. 抗凝血：水蛭、海藻、土元。

六、對泌尿系統有作用的藥物

1. 利尿：麻黃、竹葉、茯苓、木通、車前子、澤瀉、萹蓄、滑石、防己、赤小豆、瞿麥、白茅根、黃耆、連翹、琥珀、冬瓜皮、玉米鬚、茯苓皮、桑白皮、乾薑皮、大腹皮。

2. 排泌尿系統結石藥：（除可選用膽結石藥外，可選用）鱉甲、硝石、胡桃肉、琥珀。

七、對神經系統有作用的藥物

1. 興奮作用：人參、黃耆、五味、白芷、麝香。

2. 鎮靜安神：靈芝、硃砂、棗仁、柏子仁、合歡皮、丹參、茯神、蓮子心、龍骨、牡蠣、龍齒、石決明、磁石、夜交藤、雙鉤藤、棉花根、山棗樹根皮。

3. 抗驚厥：全蠍、蜈蚣、殭蠶、地龍、天麻、雙鉤藤、羚羊角、牛黃、膽南星。

4. 鎮痛：川烏、草烏、洋金花、細辛、麝香、元胡、靈芝、漢防己、米殼。

八、有激素樣作用的藥物

1. 腎上腺皮質激素樣作用：人參、烏頭、甘草、五加皮、秦艽。

2. 性激素樣作用：淫羊藿、紫河車、蛇床子、鹿茸、附子、人參、巴戟天、海狗腎、地龍、蜈蚣、蠶蛾、蜻蜓、麻雀肉。

九、對感染性疾病有效的藥物

1. 抗菌：銀花、蒲公英、地丁、敗醬草、板藍根、大青葉、連翹、野菊花、蚤休、黃芩、黃連、大黃、黃

柏、苦參、夏枯草、白頭翁、地榆、知母、丹皮、赤芍、兒茶、五味子、訶子、五倍子、魚腥草、穿心蓮、虎杖、鴨跖草、萹草、白花蛇舌草、半邊連、龍葵。

2. B型溶血性鏈球菌：銀花、連翹、黃芩、黃連、大黃、黃柏、地丁、夏枯草、知母、天冬、天花粉、瓜蔞、五味子、訶子、小薊、茵陳、穿心蓮、救必應、鵝不食草。

3. 肺炎雙球菌：黃連、連翹、丹皮、天花粉、黃芩、地丁、大蒜、瓜蔞、訶子、穿心蓮。

4. 腦膜炎雙球菌：黃連、龍膽草、板藍根、地榆、七葉一枝花。

5. 肺炎桿菌：大青葉、青黛、菊花、白芍、烏梅、五味子、地榆。

6. 百日咳嗽桿菌：黃連、黃芩、知母、銀花、連翹、百部、白及、丹皮、大蒜、三棵針、穿心蓮、半枝蓮、鵝不食草。

7. 白喉桿菌：生地、丹皮、連翹、黃柏、大黃、野菊花、七葉一枝花、白芍、甘草、訶子、小薊、瓜蔞、兒茶、側柏葉、槐花、萹草、黃芩。

8. 結核桿菌：冬蟲夏草、射干、百部、白及、黃芩、夏枯草、萹草、魚腥草、黃連、黃柏、地榆、大蒜、紫菀、款冬花、地骨皮、白果、白芍、厚朴、銀花、連翹、石榴皮。

9. 綠膿桿菌：連翹、黃芩、夏枯草、丹皮、元參、蒲公英、地丁、白頭翁、仙鶴草、石榴皮、訶子、五味

子、兒茶、烏梅、穿心蓮、虎杖。

10. 痢疾桿菌：黃連、黃芩、大黃、苦參、大蒜、馬齒莧、百部、蒲公英、地丁、丹皮、知母、赤芍、連翹、七葉一枝花、丁香、兒茶、訶子、五倍子、地榆、石榴皮、仙鶴草、鬼針草、三棵針、鐵莧菜、葎草、辣蓼。

11. 大腸桿菌：銀花、連翹、地榆、厚朴、黃芩、馬齒莧、苦參、赤芍、槐花、石榴皮、明礬、五倍子、烏梅、鴨跖草、紅藤、大蒜。

12. 傷寒桿菌：銀花、連翹、地榆、川芎、厚朴、知母、大蒜、黃連、黃精、苦參、虎杖、馬齒莧、地錦草、龍葵。

13. 變形桿菌：訶子、大黃、丁香、兒茶。

14. 炭疽桿菌：大黃、黃連、黃柏、青黛、天冬、丁香、艾葉、大蒜。

15. 布氏桿菌：黃連、丁香。

16. 鼠疫桿菌：銀花、連翹、黃芩、百部、白果、丁香。

17. 霍亂弧菌：黃連、黃芩、大黃、連翹、銀花、丹皮、知母、大蒜、百部、地榆。

十、對病毒有作用的藥物

1. 流行感冒病毒：銀花、連翹、大青葉、板藍根、青黛、魚腥草、桑寄生、貫眾、紫草、七葉一枝花、野菊花、麻黃、桂枝、香薷、牛蒡子、青蒿、紫蘇、射干、黃芩、黃連、藿香、佩蘭、生側柏葉、虎杖、大黃、檳榔、赤芍、薄荷、九龍膽、甘草。

2. 腮腺炎病毒：大青葉、板藍根、銀花、鵝不食草。

3. 日本腦炎病毒：板藍根、大青葉、貫眾、鴨跖草。

十一、抗原蟲、驅寄生蟲的藥物

1. 蛔蟲：苦楝樹根皮、使君子、南瓜籽、鶴蝨、萹蓄、烏梅、石榴皮。

2. 蟯蟲：苦楝樹根皮、貫眾、榧子、鶴蝨、大蒜、鴉膽子、雷丸。

3. 絛蟲：南瓜子、檳榔、雷丸、榧子、貫眾、鴉膽子、鶴蝨。

4. 鉤蟲：南瓜子、檳榔、雷丸、榧子、石榴皮。

5. 血吸蟲：馬鞭草、花椒、南瓜子、榧子、小茴。

6. 阿米巴原蟲：白頭翁、鴉膽子、馬齒莧、苦參、秦皮、黃連、地錦草、鐵莧菜。

7. 瘧原蟲：青蒿、常山、草果、馬鞭草、豨薟草、柴胡、鴉膽子、仙鶴草、黃荊葉。

8. 陰道滴蟲：生半夏、白頭翁、苦參、蛇床子、地膚子、蘿蔔汁、桃樹葉。

十二、能降低血糖的藥物

知母、地黃、黃精、元參、棗皮、葛根、地骨皮、人參、黃蓍、蒼朮、白朮、山藥、茯苓、澤瀉、天冬、麥冬、玉竹、黃連、黃柏、天花粉、製首烏。

十三、能降血壓血脂的藥物

銀花、製首烏、澤瀉、鬱金、車前子、生山楂、銀杏葉、黃精、杜仲、芹菜根、桑寄生、昆布、海藻、毛冬青、草決明、靈芝、甘草、葛根、山楂葉。

十四、能抗癌細胞的藥物

1. 食道癌：急性子、黃藥子、核桃樹葉、石見穿、龍葵、葵樹子、半枝蓮、蟾皮、麝香、蜣螂、守宮、壁虎、白英、白屈菜、鴉膽子。

2. 胃癌：望江南、半枝蓮、白屈菜、仙人掌、喜樹、鐵樹葉、蛇莓、龍葵、半邊蓮、苡仁、急性子、糯米根、黃毛耳菜。

3. 肝癌：山豆根、旱蓮草、敗醬草、殭蠶、蟾皮、白英、龍葵、藤梨根、喜樹、紅豆杉、斑毛、白砒。

4. 腸癌：白花蛇舌草、黃藥子、半邊蓮、喜樹葉、敗醬草、守宮、蜈蚣、金鋼藤。

5. 肺癌：石上柏、核桃樹葉、葵樹葉、白英、半邊蓮、鐵樹葉。

6. 鼻咽癌：葵樹子、石打穿、石上柏、垂盆草、菝葜。

7. 甲狀腺癌：核桃樹葉、天葵子、水紅花子。

8. 乳腺癌：七葉一枝花、山慈菇、地榆、南瓜藤、蜂房、蒲公英、土貝母、龍葵、生蟹殼、苦參、女貞子、黃藥子。

9. 宮頸癌：山豆根、烏頭、白花蛇舌草、白英、核桃樹葉、槐耳、守宮、麝香、生苡仁、龍葵。

10. 皮膚癌：農吉利、蒼耳。

以上藥物應在辨證與辨病基礎上和其他藥物配合應用。以上這些藥物有些是在體外試驗，或臨床試用，雖取得一些效果，但還需進一步在臨床小心試用。

武當道醫 内科臨證 靈方妙法

第二篇

各　論

武當道醫 **內科臨證** 靈方妙法

第一章
症狀辨治

※ 第一節　發熱

發熱為臨床常見病狀，主要指病人的自覺感受，不一定與測體溫相符，但亦包括自覺無熱而測體溫較高的。

病因病理

引起發熱的原因很多，但總的來說，在內科範圍的發熱，可分為外感發熱與內傷發熱兩大類。

一、外感發熱

風、寒、暑、濕、溫、燥等六種外邪侵襲人體時，體內的正氣即起抗禦病邪的反應，發熱就是邪正相爭的表現，即所謂「有一分熱便有一分邪」，「六氣俱從火化」等。

因此，在外感病中，無論病邪在表在裡，一般來說發熱輕，表示病邪較輕，發熱重，表示病邪較盛。

二、內傷發熱

任何內在病因（主要是陰陽氣血的病理變化）導致體內陽盛，都會發熱，即所謂「陽盛則熱」「氣有餘便是火」。

1. 氣有抵抗外邪入侵的作用，特別是衛氣，但它的強

弱與脾氣和肺氣有密切的關係，如脾、肺的臟氣虛弱時，即使輕微的外邪，也每易感受而引起發熱。

2.「陰虛則陽亢」「陰虛生內熱」。陰虛（也包括了精血和津液的虧虛）使陽（氣）失去正常的制約，產生相對亢盛而發熱。例如肝腎陰虛，每伴有內熱而形成陰虛火旺病證；其次，久病血虛和出汗過多，嚴重泄瀉使津液耗損過多等，也屬於陰虛的範圍，發熱的機理相同。

3. 外病虛損，腎陰陽兩虛，相對平衡失調，會導致陽相對盛於上，出現虛陽上越的假熱證候，臨床上稱為「戴陽」，往往是陽脫的一種特殊表現。

4. 當體內陰陽相對平衡失調，有陰陽爭勝的現象時，可見陰勝則陽衰而感微寒、陽亢則陰虛而覺微熱的寒熱陣發證候。

5.「氣鬱化火」，當情志抑鬱，惱怒傷肝，使肝氣不得疏洩，鬱結化火可導致發熱。

6. 病邪侵入血分，或出血處理不恰當，瘀血滯留；或暴力外傷後，脈絡受損，均可致血瘀。血瘀形成後，阻礙了氣血的正常運行，出現氣血鬱滯，氣鬱化火，亦可引起發熱。

診治要點

發熱是許多疾病的主要症狀，在外感病中最為多見，本篇為避免內容上的重複，其中常見的外感發熱的診治請參閱「溫病」「普通感冒」「中暑」「痢疾」「瘧疾」等專篇，這裡著重論述內傷發熱的病證。

一、內因發熱與外感發熱的鑑別

但須注意：某些外感發熱時間太長，餘邪未清，正氣已傷，可有內傷發熱的見證。詢問如有外感發熱的病史，則仍為外感發熱。見表1。

二、過去病史

一般氣虛、陰陽失調有易患感冒史，血瘀證有一般出血史、產後史、外傷史；氣鬱證有精神刺激史；津虛（如出汗過多、泄瀉等）有傷津史。

表1

	內因發熱	外感發熱
發病緩急	緩慢	急迫
發病過程	（1）無表證 （2）一般較長	（1）初期常有表證 （2）一般較短
發熱情況	（1）一般為低熱或僅自覺發熱 （2）手心熱於手背 （3）症狀變化較少	（1）發熱較高 （2）手背熱於手心 （3）病情轉變較快
頭痛	少見	多見
臨床表現	虛證，或虛中帶實	實證，或實中帶虛
脈象	多無力，或細數，或弦	多有力而散
舌象	舌質淡或深紅，苔少或無	多有苔，可見黃苔

三、發熱情況

（一）高低

氣虛證、血虛證、血瘀證或虛陽上越證可不自覺發熱而測體溫有熱；相反，陰虛證、陰陽失調證、氣鬱證往往自覺發熱而測體溫無熱或自覺發熱程度高於測溫所見。

（二）類型

氣虛證一般早上發熱，下午退熱；陰虛證則常午後潮

熱，陰虛證和氣鬱證，均經常有陣發的頭面轟熱感。

（三）伴隨症狀

1. 惡寒：氣虛發熱，常伴惡風；陰陽失調，氣鬱證，均陣覺微寒微熱；虛陽上越，伴有下部寒冷；陰虛和血瘀的特點是雖發熱而不惡寒。

2. 汗：氣虛證，易見汗出；津虛證，常與多汗有關；陰虛證，常有盜汗；血瘀證，多不出汗。

3. 口內感覺：虛陽上越、血虛證，多口乾而不想喝水；津虛證，則口乾渴飲明顯；氣虛、陰陽失調，則口不乾渴；氣鬱證，常覺口苦。

（四）兼見症狀

1. 疼痛：頭痛、氣虛、陰陽失調、氣鬱證可有頭痛，但一般程度較輕。胸脅痛，可見於陰虛、氣鬱、血瘀證。腹痛，血瘀證較多見。

2. 精神狀態：陰虛證、氣鬱證常有煩躁。

3. 出血：陰虛證，可有咳血；血虛、血瘀證，可經常見部位不同的出血，如牙齦出血、便血、嘔血、月經過多或皮膚瘀斑等。

四、對發熱的治療

武當道教醫藥有多種退熱的方法，但臨床應用時先要辨明外感發熱還是內因發熱，再從外感和內因中分析其不同的病因，從而根據證候的具體情況選擇不同的退熱治法，不可「見熱退熱」。

特別是內因發熱，常因病情比較複雜，用藥時須多方面照顧。

辨證施治

一、氣虛型

這是以氣虛為主要因素而由外邪引起的發熱病證，具有一系列氣虛見證和易反覆發病的特點。

【主證】微熱，怕風，易出汗，四肢倦怠無力，少氣懶言，飲食減少，大便秘結或有頭痛，平時易患感冒，舌質淡，舌苔薄，脈大無力。

【治法】補氣固表為主，輔以祛邪解表（退熱）。

【方例】玉屏風散加減：黃蓍 20g、白朮 10g、茯苓 10g、陳皮 3g、柴胡 6g、炙甘草 6g。

二、血虛型

為臨床較常見的內傷發熱病證，可見於各種慢性病、貧血和白血病等。

【主證】低熱，面色蒼白，疲倦，頭暈，心悸，月經量少或過多，舌質淡，脈細弱。

【治法】益氣補血。

【方例】四物湯加減：熟地 20g、當歸 10g、白芍 10g、黨參 15g、阿膠（烊化）10g、鱉甲 15g。

三、津虛型

這是出汗過多或泄瀉等引起的肺胃陰傷、津虧內燥的病證，見於失水及某些糖尿病。

【主證】手足心熱，煩躁不寧，口乾渴飲，消瘦，皮膚乾皺，舌苔少而乾，脈細數。

【治法】生津潤燥。

【方例】沙參麥冬湯加減：沙參 20g、麥冬 15g、玉竹 15g、生扁豆 20g、天花粉 15g、穀芽 15g。

生津方：天花粉 15g、葛根 15g、淮山藥 20g、烏梅 5g、甘草 3g、黃蓍 15g。

四、陰虛型

這是臨床上最常見的內傷發熱病證。既有陰虛又有火旺的見證，發熱有汗而不惡寒（不同於其他虛證）。可見於肺結核、甲狀腺機能亢進、植物神經功能紊亂等。

【主證】午後潮熱或陣覺頭面火熱感，煩躁多夢，盜汗，消瘦，咽乾，胸脅痛，腰酸，舌質紅，脈細數。

【治法】滋陰瀉火。

【方例】百合固金湯加減：生地 12g、玄參 10g、百合 20g、麥冬 10g、白芍 10g、地骨皮 10g、甘草 3g。

五、虛陽上越型

這是上盛下虛、真寒假熱病證，可見於某些風濕性心臟病、心力衰竭等。

【主證】肌膚浮熱（稍按則熱不明顯），面色潮紅，氣喘心悸，口乾而不思飲，下部寒冷，尿少或有足腫，舌質淡，舌體胖，脈微細數。

【治法】溫腎散寒，引火歸元。

【方例】右歸飲加減：熟地 20g、山萸肉 10g、菟絲子 10g、當歸 10g、炙甘草 6g、肉桂 2g。

六、陰陽失調型

臨床上可見於體弱外感、神經性發熱等。

【主證】陣覺微寒微熱，汗出，精神不振，體倦不

適，或有頭痛，飲食如常，舌質淡紅，舌苔薄白，脈緩。

【治法】調和陰陽。

【方例】桂枝湯：桂枝 6g、白芍 12g、炙甘草 3g、生薑 3 片、大棗 4 枚。

黃耆建中湯加減：黃耆 15g、桂枝 6g、白芍 12g、當歸 10g、大棗 4 枚、炙甘草 3g，體弱適宜。

七、氣鬱型

可見於更年期綜合徵、植物神經功能紊亂等。

【主證】陣寒陣熱，或情緒激動時身熱，情緒抑鬱或急躁易怒，心煩多夢，口苦，飲食不下，頭痛，脅痛，月經失調，舌苔白微黃，脈弦。

【治法】疏肝解鬱，清肝熱。

【方例】解鬱合歡湯加減：合歡花 10g、鬱金 10g、白芍 12g、當歸 10g、柴胡 6g、甘草 3g。

丹梔逍遙散加減：柴胡 10g、白芍 10g、當歸 10g、茯苓 10g、牡丹皮 10g、香附子 10g、炙甘草 3g、梔子 10g。

八、血瘀型

本證特點是常有低熱、疼痛、出血、痞塊等四大症狀。多見於大出血後、某些惡性腫瘤、肝硬化、手術後、創傷骨折後。

【主證】低熱，面色晦暗，體內局部（以胸、腹部為多）有刺痛，晚間增重，並可有各種出血或皮膚紫斑，或有腫塊，唇舌紫瘀或舌有瘀點，脈細澀。

【治法】活血散瘀，理氣。

表2

	氣虛	血虛	津虛	陰虛	虛陽上越	陰陽失調	氣鬱	血瘀
發熱情況	低熱（或不自覺熱）	低熱（或不自覺熱）	低熱或手足心熱	午後潮熱（自覺發熱高於測體溫）或陣發，頭面火熱感	常不自發熱	陣覺微寒，陣覺微熱	陣見微寒、微熱，或情緒激動時身熱	（1）低熱（常不自覺）（2）發熱惡身，不惡寒
主要症狀	怕風、易汗出、肢倦無力、少氣懶言、食少，大便稀爛，或有頭痛	面色蒼白、疲倦、頭暈、心悸、月經量少或過多	消瘦、口乾、渴飲、煩躁、不寧、皮膚乾皺	煩躁多夢、盜汗、消瘦、咽痛、胸脅痛、腰酸	面赤如妝、氣喘而煩、口乾而不想飲水，下部寒冷，尿少，或有下肢浮腫	體倦不適、精神不振、或有頭痛、飲食如常	情緒抑鬱、或煩心、或怒、飲食不下、或頭痛、脅痛、月經不調、口苦	面色晦暗，體內局限性痛、腹痛（以頭部為多）、可有各種出血或皮膚紫斑，或有腫塊
舌象	質淡	質淡白	苔少而乾	質紅	質淡胖	質淡紅苔薄白	苔白微黃	質紫暗或有瘀點
脈象	大而無力	細弱	細弱而數	細數	微細而數	緩	弦	細澀
治法	補氣固表	益氣補血	生津潤燥	滋陰瀉火	引火歸元	調和陰陽	疏肝解鬱	活血散瘀
方例	補中益氣湯	歸脾湯	沙參麥冬湯	知柏八味丸	右歸飲	桂枝湯、薯蕷建中湯	鬱合歡湯、丹栀逍遙散	復元活血湯、血府逐瘀湯

【方例】復元活血湯：當歸 10g、紅花 6g、桃仁 10g、穿山甲 6g、大黃（酒炒）10g、柴胡 6g、天花粉 10g、甘草 3g。

血府逐瘀湯加減：當歸 10g、生地 10g、赤芍 6g、川芎 5g、桃仁 10g、紅花 6g、柴胡 3g、茜根 10g、地龍 10g。

附：內因發熱證治簡表（見表 2）

簡易方及其他療法

一、簡易方

1. 黨參 10g、茯苓 10g、枳殼 6g、陳皮 5g、蘇葉 6g，水煎服。治氣虛發熱。

2. 製首烏 35g、枸杞根 15～30g，水煎服。治血虛發熱。

3. 玉竹 15g、紅棗 4 枚、白薇 10g、甘草 3g。水煎服。

4. 糯稻根 50g、旱蓮草 15g、香蕉皮 30g，水煎服。
上兩方治陰虛發熱，火旺不明顯者。

5. 秦艽 10g、鱉甲 15g、地骨皮 10g、烏梅 1 枚，水煎服。治陰虛火旺的發熱。

6. 藕汁、鮮蘆根汁，和勻或各適量，涼服或燉溫服。治津虛煩熱。

7. 甘草 10g、浮小麥 30g、大棗 5 枚、酸棗仁 15g、遠志 6g、夜交藤 15g、丹參 15g，治神經性低熱。

8. 靈芝 20g，水煎，分 2 次服。治低熱不退。

9. 珍珠草 15g、旱蓮草 15g、金絲草 30g，水煎服。治陰虛發熱。

二、針灸療法

【主穴】大椎、曲池、復溜。

【配穴】潮熱配魚際；高熱時速刺十宣出血；胸悶心悸配內關；食慾不振配足三里、脾俞；脅痛配陽陵泉、肝俞。

【治法】低熱用平補平瀉法，高熱用瀉法。

三、穴位注射療法

取穴同針灸療法。每穴注入維生素 B_1 0.5～1ml，隔日 1 次。

四、耳針

【取穴】神門、交感、肺、皮質下。每次選一至二穴，埋針三至五天。

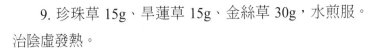

✳ 第二節　惡　寒

惡寒，是病人自覺怕冷、畏寒的症狀（惡風則症狀較輕，僅有怕風的感覺）。可出現於外感病或內傷雜病的過程中。

病因病理

惡寒的發生，總的病因是陽氣不足（《內經》指出「陽虛則外寒」），這可以是內外病因影響到陽氣受阻抑，使體表的陽氣不能發越，也可以因體內陽氣不能達於體表所致。

1. 外邪侵犯肌表，使衛外的陽氣受阻抑而不能發越，如感冒、溫病中的表證，即所謂：「凡外感證，有一分惡寒即有一分表證」。

2. 外感病邪入裏，當邪氣極盛，邪正激烈相爭，陽氣內聚而不能外達時，往往出現惡寒顫慄（即「寒戰」）的現象。

3. 衛氣有溫養皮膚和抵禦外邪入侵的作用，如衛氣虛弱，固表功能減退，即使輕微的外邪也每易感受而發病。

4. 飲食不節或過勞傷脾，脾陽虛弱，年老體弱或久病耗損，腎陽不足，均可致陽氣不能溫養臟腑，外達肌表。

5. 體內陰陽的相對平衡失調，出現陰陽爭勝時，可有「陰勝則寒」「陽勝則熱」的寒熱陣發感覺。

6. 暴飲暴食損傷脾胃，導致運化功能失常，食物停積，使氣的運行受阻，以致陽氣不能外達而惡寒。

診治要點

本篇著重討論常見內傷雜病所致的惡寒，分衛氣虛、脾氣虛、腎陽不足、陰陽失調和食滯等證型。

惡寒與惡風的關係：

1. 兩者有程度的不同，以惡風較輕。一般地說，惡寒必惡風，且即使無風亦自寒，遇風則惡寒加劇，但惡風不一定惡寒。

2. 衛氣虛者僅有惡風，但陽虛者必定惡寒。

惡寒與發熱的關係：

張仲景指出：「發熱惡寒者發於陽也，無熱惡寒者發

於陰也。」也就是說發熱惡寒的病在表（表屬陽），無熱惡寒的病在裏（裏屬陰）。臨床所見，外感病多以發熱為主證，惡寒只是一個早期症狀或伴隨症狀，辨治可參考發熱、感冒、溫病、瘧疾等專篇。內傷雜病的惡寒多無發熱，即使衛氣虛、陰陽失調的有微寒而覺微熱，但測體溫並不高。

衛氣虛的僅覺惡風，常伴多汗；脾氣虛的還有食少，倦怠，食不消化等脾虛見證；背部特別覺寒，兼見四肢指（趾）端冰冷的為腎陽不足的特點；食滯型常有納差，脘部脹滿，作嘔等症狀。

酒後或外科瘡瘍初起也有惡寒，本篇不作介紹。

治療原則一般以溫脾之陽和益氣為主。

辨證施治

一、衛氣虛型

【主證】惡風，多汗，面色淡白，易患感冒，舌質淡，脈弱。

【治法】益氣固表。

【方例】玉屏風散：黃蓍20g、白朮6g、防風6g。

二、脾氣虛型

【主證】惡風，汗多，四肢不溫（得溫飽後則減輕），面色蒼白，飲食減少，體倦無力，氣短，舌質淡，脈緩無力。

【治法】補脾益氣，溫陽。

【方例】補中益氣湯加減：黃蓍15g、黨參12g、白

朮 10g、當歸 10g、升麻 5g、柴胡 5g、陳皮 5g、炙甘草 6g、生薑 6g、白芍 6g、桂枝 10g。

黃耆建中湯：黃耆 15g、桂枝 6g、白芍 12g、炙甘草 30g、大棗 5 枚、生薑 3g、飴糖 30g、白朮 10g。

三、腎陽不足型

【主證】畏寒怕冷（以背部特別明顯或僅見於背部），面色蒼白，肢端冰冷（足部尤甚），陽痿，尿多，老年人多見，舌質淡，舌體胖，脈沉細。

【治法】補腎助陽。

【方例】耆附湯加味：黃耆 12g、熟附子 10g、肉桂 2g、炙甘草 10g。

四、陰陽失調型

多見於外感病後或植物神經失調等。

【主證】一陣陣覺得微寒微熱，精神不足，體倦無力，舌質淡紅，舌苔薄白，脈緩。

【治法】調和陰陽。

【方例】桂枝湯：桂枝 10g、白芍 10g、炙甘草 6g、生薑 2 片、大棗 6 枚。

黃耆建中湯加減：黃耆 15g、桂枝 6g、白芍 12g、當歸 10g、大棗 4 枚、炙甘草 3g。

陰陽失調，氣血俱虛適用。

五、食滯型

【主證】脘腹飽脹，噯氣有腐臭味，不想吃東西，噁心嘔吐，畏寒肢冷，舌苔濁膩，脈滑。

【治法】溫胃導滯。

【方例】枳朮丸加味：枳實 10g、白朮 12g、生薑 10g。

簡易方及其他療法

一、簡易方

1. 黃蓍煎水代茶。

2. 附子（熟）10～15g，狗肉適量，加生薑三至五片，煮服。

二、針灸療法

【主穴】大椎、間使、曲池。

【配穴】體弱配足三里、脾俞。

【治法】針刺用平補平瀉法，可同時用艾條懸灸。

三、穴位注射療法

【主穴】大椎、足三里。

【治法】每穴用維生素 B_1 或 5%當歸注射液 0.5～1ml 注入，日 1 次。

四、擦薑療法

用老薑一塊，於火上煨熱，擦百會、大椎，或從大椎向下沿脊柱擦至命門。薑冷時再煨熱，擦至皮膚輕度潮紅為止。

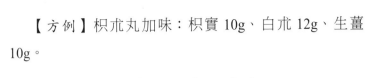 第三節 多 汗

多汗，是指不因為天氣炎熱、勞動、運動或衣被過厚等原因而出汗的一種症狀。

病因病理

武當道教醫藥認為，汗由津液和血所化生，而津液和血都屬陰，所以有「汗為陰液」的說法。多汗是陰液外洩的病證，它與陽虛或陽盛有關。

1. 陽（氣）在外有固密肌表，開合汗孔的功能。陽虛（包括氣虛，因氣屬陽）則不能固表，使陰液外洩而汗出。

2. 《內經》指出：「陽加於陰謂之汗」。認為體內陽盛，陽盛則熱，熱氣燻蒸陰液則化汗而出。同樣，由於陰虛而多汗的，也是這個道理。因為陰虛時，陰液已不能固守於內，復加陽的相對亢盛（「陰虛陽亢」），故多汗。至於局部的多汗，原因是病後或者由於病邪阻隔，引起陰陽失調，使出汗部位的陽氣偏盛所致。

從臟腑病位來說，多汗與心、肺、脾、腎都有關，特別是心。前人有「汗為心液」的說法。所以因驚恐而汗出，被認為是心虛的緣故；病人大汗不止，亦被認為是心陽氣脫的主要徵象。

診治要點

多汗，臨床可分衛氣虛、脾氣虛、心虛、陰虛、陽虛、陰陽失調、陽脫、胃熱、血瘀等證型。

1. 一般來說，全身性出汗都是虛證，局部出汗多是實證。

2. 睡著時出汗，醒後即止的稱為盜汗，白天自然汗出

的稱為自汗。盜汗多見於陰虛，自汗多見於陽虛，但也並非絕對是這樣。

3. 陽虛者，常覺惡寒；氣虛者，常有惡風；陰虛者，則不惡風寒。

4. 脾氣虛和胃熱，均可見吃飯時汗出。前者為全身性出汗，屬虛，後者僅見於頭部，屬實。

5. 凡汗出甚多而不止的病人，多是陽脫的表現，前人稱為「脫汗」「絕汗」，應迅速救治。

6. 外感病也常有多汗。如病邪在表時多汗，是為表虛；病邪在裏的多汗，則多為熱邪較盛，如大汗不止的，便須注意邪盛陽脫的危證。但外感病的多汗，絕大多數都不是主證，而且多伴有發熱，臨床上要注意鑑別。關於辨治可多閱溫病等有關專篇。

7. 多汗的治療，除針對病因辨治外，宜配用一些有斂汗作用的藥物，如龍骨、牡蠣、五味子、浮小麥、麻黃根等以增強藥效。

辨證施治

一、衛氣虛型

【主證】對氣候變化的適應能力差，容易汗出，怕風，易患感冒，面色淡白，舌質淡，脈弱。

【治法】益氣固表，止汗。

【方例】玉屏風散加味：黃蓍 20g、白朮 10g、防風 6g、麻黃根 10g、牡蠣 16g。

二、脾氣虛型

可見於體弱或外感病後。

【主證】容易出汗，在勞累或飲食時更明顯，惡風，神倦無力，飲食減少，大便溏，舌質淡，舌苔薄白，脈弱。

【治法】健脾益氣。

【方例】補中益氣湯加減：黃蓍 12g、黨參 10g、炙甘草 5g、白朮 10g、當歸 10g、浮小麥 10g、陳皮 3g、麻黃根 10g、五味子 6g。

三、心虛型

【主證】受驚則汗出，心悸，睡眠不安，精神疲倦，記憶力減退，舌質淡紅，脈細或細數。

【治法】茯苓粉，每次服 3g，早、晚各 1 次，用艾葉 10g 煎水送服，補心安神。

【方例】補心丸（成藥）每次 10g，每日 2 次。

四、陰虛型

【主證】盜汗（少數是自汗）、不惡寒，形體消瘦，唇紅，口乾，失眠多夢，或並見煩躁易怒，低熱，兩顴潮紅，大便乾結，小便黃短，舌質嫩紅，舌苔少，脈細數。

【治法】滋陰清熱。

【方例】當歸六黃湯：當歸 10g、生地 15g、黃連 6g、黃芩 10g、黃柏 6g、黃蓍 10g，適用於陰虛火旺。

麥味地黃湯：麥冬 10g、五味子 6g、熟地 12g、山萸肉 10g、山藥 10g、牡丹皮 6g、茯苓 10g、澤瀉 6g。

適用於陰虛。

五、陽虛型

【主證】常為自汗，亦見盜汗，惡寒怕冷（以背部或足部為甚），面白微腫，小便頻數而色清，夜尿多，腰痛腿軟，舌質淡，舌體胖，脈沉細。

【治法】補陽益氣。

【方例】蓍附湯加味：黃蓍 20g、熟附子 10g、浮小麥 15g、牡蠣 30g。

六、陰陽失調型

【主證】手足多汗，精神不振，體倦無力，或陣覺微寒微熱，舌質淡紅，脈緩。

【治法】調和陰陽，固表止汗。

【方例】桂枝加黃蓍湯：桂枝 6g、白芍 12g、炙甘草 6g、大棗 4 枚、生薑 3g、黃蓍 12g、浮小麥 15g、五味子 5g。

七、陽脫型

【主證】大汗不止，四肢冰冷，面色灰白，脈微細欲絕。

【治法】回陽救脫，益氣止汗。

【方例】參附龍牡湯加味：人參 10g（或黨參 30g）、熟附子 10g、山萸肉 12g、五味子 10g、龍骨 15g、牡蠣 15g。

八、胃熱型

【主證】頭額汗出，多在吃飯時出現，或手足出汗，煩熱口渴，口氣熱臭，大便秘結，舌質紅，舌苔黃乾，脈滑或數。

【治法】清胃滋陰。

【方例】玉女煎：石膏 15g、知母 6g、生地黃 12g、麥冬 10g、牛膝 6g。

涼膈散加減：大黃（後下）10g、芒硝（沖）10g、梔子 10g、連翹 10g、石膏 15g、甘草 5g。

熱盛便秘適用。

九、瘀阻型

【主證】頭部或半身汗出，或局部有疼痛，舌質紫或有藍色斑點，脈澀。

【治法】活血祛瘀。

【方例】復元活血湯加減：當歸 10g、赤芍 12g、紅花 6g、穿山甲 6g、天花粉 10g、大黃 6g。

簡易方及其他療法

一、簡易方

1. 桑葉研末，米湯送服 10g。

2. 毛桃乾 1 個，水煎服。

3. 向日葵稈莖內的心，每次用 15～30g，水煎服。

4. 黑豆煎湯，連豆服食。

5. 山萸肉 18g，水煎服。

6. 白芍 15g、酸棗仁 12g、烏梅 12g，水煎服。

7. 龍骨、牡蠣各等份，研細末，撲身用。

8. 五倍子 6g、硃砂 0.1g，研細末，冷水調糊狀，睡時敷臍部；第二天去掉，連敷兩夜。治盜汗。

9. 皂角一個（搗爛），食醋 50g，將皂角用醋浸泡三

日後，用其液洗手或擦手。治手足多汗。

二、針灸療法

【主穴】合谷、復溜、脾俞。

【配穴】發熱配曲池、大椎，體弱（無發熱）則溫灸脾俞、肺俞、氣海。

【治法】用平補平瀉法，並可配合梅花針點刺夾脊。

三、耳針

【取穴】肺、脾、腎上腺、內分泌、神門點。每次選1～2個穴位，埋針3～5天。

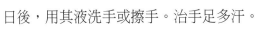

✳ 第四節　水　腫

水腫，又稱「浮腫」，可發生於頭面、四肢、腹部以至全身。

病因病理

水腫是體液形成、運化、調節和排泄障礙，所產生的水邪為患的病證，與脾、肺、腎三臟的功能失調有關，其中以脾、腎最為主要。

外感濕邪，或內濕久鬱，傷及脾陽；飲食不調或憂思過度損傷脾氣，均可導致脾運化水液的功能發生障礙，而形成水腫。所謂「諸濕腫滿，皆屬於脾」。

外感風邪犯肺，肺氣清肅下降功能失常，不能「通調水道」，使水液下輸膀胱，導致水液滯留，浸溢於肌膚而成水腫，前人稱之為「風水」。

體虛過勞，或久病耗損，損傷腎氣，影響了腎的「氣

化」功能，不能使水液正常地輸布和排泄，導致小便減少，水液停聚成腫。

此外，久病耗損，氣血兩虛，或氣血生化不足，臟腑失養，氣滯血瘀或寒濕凝滯經脈，使氣血運行不暢，也可使體液形成、運化、輸佈和排泄發生障礙，而成水腫。

診治要點

1. 水腫，按臨床可分風水、水濕困脾、陽虛、氣滯血瘀、氣血兩虛、水邪上逆和經前水腫等證型。但前人又有把水腫分陽水和陰水兩類的：如起病急驟，上半身先腫，表現為熱證、實證的稱為「陽水」；起病緩慢，下半身先腫或腫較明顯，表現為寒證、虛證的稱為「陰水」。

2. 水腫以風水 、水濕困脾和陽虛三型最為常見。氣滯血瘀、水邪上逆為正虛邪盛的證候，多見於久病。

3. 水腫發病的緩急，病程的長短和伴隨症狀均有助於各證型的鑑別診斷。如風水型常突然起病，兼有外感表證，浮腫以眼瞼、面部明顯，或可迅速遍及全身，發病以青少年為多；水濕困脾常見於風水以後，浮腫來勢較緩，程度較輕，但反覆易發；陽虛型一般病程較長，水腫不易消退，並有一派陽虛見證，經前水腫多見於中年婦女，浮腫在行經前發生，隨月經週期出現。

一般水腫病人小便均短少，但氣血兩虛型則小便多，或小便清長。

4. 水腫的幾種不同證型，有時可以錯雜互見或互相轉化。如風水型，若腫勢較急，水濕邪盛，或反覆發作損傷

陽氣，便可出現陽虛；相反，陽虛日久不癒，突然感受外邪，又可急性發作，促使水邪氾濫，出現風水型證候。

5. 治療方面，一般上部（面部和眼瞼）浮腫多與肺有關，以疏風宣肺發汗為主；腰腹以下浮腫多與脾、腎有關，以益氣、健脾、燥濕或補腎、壯陽、利水為主。通利小便則是治療水腫的基本方法，各證型除注意針對病因治療外，可適當配用。但氣血兩虛型就不宜用。若水腫十分嚴重，腹部膨大可用瀉水法，但體弱正氣虛者宜慎用。水腫消退後應注意健脾、補腎，以鞏固療效，預防復發。

辨證施治

一、風水型

多見於急性腎炎、血管神經性水腫等。

【主證】突然眼瞼和面部浮腫，小便短少黃赤，或有發熱，惡風，咳嗽，咽喉腫痛，舌邊稍紅，舌苔薄黃，脈浮略數。

【治法】疏風宣肺，清熱利水。

【方例】麻黃連翹赤小豆湯加減：麻黃 5g、連翹 10g、赤小豆 15g、桑白皮 10g、北杏仁 6g、茯苓皮 12g。

麻黃石膏湯加減：麻黃 6g、石膏 20g、牛蒡子 10g、黃芩 10g、茅根 30g、甘草 3g，有發熱、咽喉腫痛的適用。

消風散加減：荊芥 6g、防風 10g、苦參子 10g、連翹 10g、生地 12g、木通 10g、甘草 5g，血管神經性水腫適用。

二、水濕困脾型

這是外濕內侵或內濕未除，脾受濕困，影響脾陽運化病證。

可見於遷延型腎炎、慢性腎炎潛伏型等。

【主證】肢體浮腫，身重睏倦，脘腹脹滿，飲食減少，小便短少，舌苔白，脈沉緩。

【治法】健脾燥濕，利水消腫。

【方例】五苓散：白朮 12g、茯苓 15g、豬苓 10g、澤瀉 15g、桂枝 6g。

防己黃蓍湯加減：防己 10g、黃蓍 12g、白朮 10g、茯苓皮 15g、大腹皮 10g、車前子 12g。

三、陽虛型

多見於慢性腎炎、腎病綜合徵、充血性心力衰竭和內分泌性水腫（如黏液性水腫和長期使用腎上腺皮質激素的病人）。

【主證】全身浮腫，面色蒼白，精神疲倦，四肢無力，惡寒怕冷，手足不溫，飲食減少，或有頭暈，心悸，氣促，腹脹，腰痛，小便短少，舌質淡或紫暗，舌苔白，脈沉細。

【治法】溫補陽氣，利水退腫。

【方例】溫陽利水湯加減：熟附子 10g、黨參 12g、白朮 15g、茯苓皮 15g、乾薑 6g、椒目 6g、澤瀉 12g。

四、氣滯血瘀型

多見於肝硬化腹水、肝腎綜合徵等。

【主證】腹大如鼓，外見脈絡怒張，脅部疼痛，可摸

到硬塊，面色晦暗，頸胸有血痣如蜘蛛狀，形體消瘦，飲食減少，齒鼻時有出血，下肢或有微腫，小便短少，舌暗紅，少津，脈細弦。

【治法】行氣，散瘀，健脾利水（若腹水嚴重，必要時可採用瀉下逐水藥治標，再結合本法治療）。

【方例】調榮飲加減：莪朮 10g、當歸 10g、鬱金 10g、陳皮 6g、大腹皮 15g、桂枝 10g、茯苓 20g、澤瀉 15g、大黃（製）10g。

五、氣血兩虛型

多見於貧血性水腫、營養不良性水腫和某些功能性水腫等。

【主證】漸見四肢及面部浮腫，面色蒼白或萎黃，精神疲倦，飲食減少，或有頭暈、心悸、氣短，舌質淡，脈細弱。

【治法】益氣補血。

【方例】歸脾湯加減：黃蓍 15g、白朮 10g、茯苓 15g、黃精 15g、當歸 10g、龍眼肉 12g、大棗 5 枚、炙甘草 6g。

參苓白朮散加減：黨參 10g、茯苓 15g、白朮 10g、山藥 15g、薏苡仁 12g、陳皮 5g。

營養不良性和功能性水腫適用。

六、水邪上逆型

這是脾腎受損日久，運化和排泄水液功能嚴重障礙，導致水邪氾濫上逆心肺的病證。

【主證】全身浮腫，腹水膨隆，脘腹脹滿不安，胸悶

氣促，平臥加劇，不思飲食，小便短少，舌苔白，脈沉滑。

【治法】瀉下逐水。

【方例】十棗湯：甘遂、芫花、大戟各等份研細末，清晨空腹時，以大棗十枚煎湯調服 1g 至 3g。

黑白丑丸：黑、白牽牛子各 65g，老薑 50g、大棗 60g、紅糖 12g，配製成 26 丸（每丸含黑、白牽牛子各 2g 多），每次服 3 丸，日服 1～2 次。

【注意】

（1）病人體質極虛而水邪又盛，不得不用瀉下逐水法時，應考慮先補後攻或攻補兼施的方法。

（2）一般服瀉下逐水藥後，病人水腫減輕，精神好轉，食慾增加，則可以繼續使用，否則應暫停使用或改以補益法為主。

七、經前水腫

這是體質陽虛，寒濕凝滯經脈，氣血運行不暢，體液代謝障礙所致的病證。

【主證】每在月經前出現眼瞼或下肢輕微浮腫，月經後漸消退，月經量少，血色瘀黑，或月經週期不準，常伴小腹疼痛，乳房脹，小便如常或稍少，舌苔白膩，脈沉緊。

【治法】溫寒袪濕，行氣活血。

【方例】溫經湯加減：桂枝 16g、當歸 10g、川芎 6g、白芍 10g、黨參 10g、蒼朮 10g、茯苓 15g、香附 10g。

簡易方及其他療法

一、簡易方

1. 浮萍 15g、木賊 10g、赤小豆 30g，水煎服。

2. 蒲公英 15g、冬瓜皮 30g、生薑皮 10g，水煎服。

上兩方治風水型水腫。

3. 玉米鬚 60g，大棗 6 枚，水煎服。治一般輕度浮腫，小便減少。

4. 白扁豆 30g、大棗 6g、玉米鬚 30g，水煎服。

5. 蒼朮 12g、艾葉 15g、甘草（炙）6g，水煎服。

上兩方治營養不良性水腫。

6. 半邊蓮 30g、旱蓮草 15g、鷹不泊 30g、五爪龍 30g，水煎服。治氣滯血瘀型水腫。

7. 五爪龍 30g、黑老虎 15g、大棗 4 枚、生薑 10g，水煎服。治陽虛水腫，經前水腫。

8. 花生米 60g、大蒜（去皮）30g、紅棗 30g，水煎服。治腳氣病水腫。

二、針灸療法

【主穴】水分、三焦俞、三陰交。

【配穴】腰痛配腎俞，喘咳配肺俞，腹脹配足三里、中脘，脅痛配肝俞、章門，小便少，刺三陰交。

【治法】水腫初起用瀉法，不灸。反覆和持續出現水腫的，用平補平瀉法，可針灸並施。

三、耳針

【取穴】腎、膀胱、腎上腺、肝、脾、肺點。每次選

1～2個穴，埋針3～5天。

❋ 第五節　出　血

出血是血液不循經脈運行，而溢出於外的病證。臨床各科都有出血的疾病，本篇僅介紹內科常見的咯血、嘔血、便血和尿血四種以及那些以出血為辨治中心的證型。

病因病理

火熱之邪損傷血液循行的經脈血絡，使血越出脈絡而妄行，這是最常見的出血原因。不論虛火或實火均能損傷脈絡而出血。

「氣為血帥」，血的運行動力在於氣。如氣虛不能統攝血液，使血不循經脈運行，便可發生出血。這種出血，是氣虛證中的一種特有見症。

內有瘀血停積，阻滯血脈流動不暢，以致血不循經脈運行，而導致出血。如有過出血的病史易致血瘀，相反，血瘀的患者又容易引起出血的症狀。

診治要點

（一）火熱傷血絡的臨床特點是：

①出血鮮紅。②常突然發生。③常伴有其他火盛症狀。④止血較易。⑤由於火性炎上，出血多見於人體的上部，如鼻血、齒血、咯血、嘔血等。故上部出血，絕大多數是由於火熱損傷血絡所致。⑥常僅見於一個部位的出血。

（二）氣虛不攝血的臨床特點是：

①多為持久性或反覆性的出血。②病程長。③常有其他氣虛的見證。④出血量一般較多。⑤出血多見於人體的下部，如便血、月經過多，其次是尿血、皮下出血（肌衄）等。⑥可有廣泛部位的出血。

氣不攝血有由於脾氣虛和腎氣不固兩種，以前者為多，後者偶然見於尿血或便血。

（三）血瘀留積所致出血的特點是：

①見於慢性病病人。②僅見於內傷雜病中。③出血色紫暗或暗黑。④常見於便血、嘔血、月經過多。⑤可有廣泛部位的出血。⑥常伴有疼痛症狀。⑦可有低熱。

辨證施治

一、咯血

血從肺臟隨咳嗽經口而出的，稱為咯血。它以痰血相混，或痰帶血絲，或大量出血鮮紅而帶泡沫、痰液為特徵。

（一）肝肺熱型

這是肺感受外邪，為熱所灼爍；或肝氣鬱結化火，損傷肺臟脈絡而致咯血的病證。多見於支氣管擴張咯血、肺與支氣管炎症咯血，某些鉤端螺旋體病、肺膿瘍及肺結核的咯血。

【主證】咳嗽，痰中帶血鮮紅，面紅，胸脅牽引作痛，煩躁易怒，口苦，可伴見發熱，大便乾結，小便短赤，舌質紅，舌苔薄黃，脈弦數。

【治法】清肝火，清肺熱，涼血止血。

【方例】瀉白散加減：桑白皮 12g、地骨皮 12g、黃芩 12g、茜草根 15g、青黛 1g、海蛤殼 12g、側柏葉 15g。

龍膽瀉肝湯加減：龍膽草 10g、梔子炭 10g、黃芩 10g、車前子 15g、茅根 15g、牛膝 6g、大黃 6g，對有面紅、煩躁、易怒、口苦、便結等肝火病證較宜。

（二）肺陰虛型

這是肺陰不足，「陰虛生內熱」而致虛火上炎，損傷肺絡，耗傷肺津的陰虛火旺病證。多見於肺結核咯血和某些肺膿瘍後期及支氣管擴張等咯血。

【主證】咳嗽痰黏難排出，咯血鮮紅，血多痰少，午後顴紅，手足心熱或有盜汗，咽乾，舌質紅，少苔，脈細數。

【治法】滋陰潤肺，涼血止血。

【方例】百合固金湯加減：百合 18g、生地 15g、麥冬 10g、玄參 12g、海蛤殼 15g、仙鶴草 15g。

月華丸加減：沙參 12g、天冬 10g、生地 12g、阿膠（烊化）16g、白及 12g、知母 10g、炙百部 10g。

（三）氣不攝血型

這是久病脾肺兩虛的慢性出血病證，多見於血液病、心臟病和某些肺結核病反覆咯血的患者。

【主證】咯血頻頻，量多色鮮，面色蒼白，少氣懶言，精神疲倦，汗出，舌質淡，舌苔薄，脈細弱。

【治法】補氣攝血，兼收澀止血。

【方例】補肺湯加減：黃蓍 15g、黨參 12g、紫菀 10g、白及 12g、熟地 20g、龍骨 15g、五味子 6g。

炙甘草湯加減：炙甘草 10g、大棗 6 枚 麥冬 10g、黨參 15g、阿膠（熔化）10g、牡蠣 15g、乾地黃 10g。

二、嘔血

血液由胃經口而出的，稱為嘔血，又叫吐血。往往是血隨嘔而出，血中夾有食物殘渣，血色紫暗，多伴有黑便。

（一）熱傷胃絡型

由於胃中熱盛，胃的血絡受傷，血隨胃火上升衝口而出。可見於急性胃炎、食道炎和食道靜脈曲張破裂等出血。

【主證】突然嘔血，量多，血色紫暗或鮮紅，胸腹部脹悶，煩熱，口乾，大便秘結或色黑，舌質紅，舌苔黃，脈弦滑。

【治法】清胃瀉火，涼血止血。

【方例】十灰散（成藥）每次服 10g，一日二至三次，用鮮藕汁或開水調服。

瀉心湯加減：大黃 10g、黃連 6g、梔子炭 10g、茜草根 15g、地榆 15g、仙鶴草 15g。

黃連解毒湯加減：黃連 6g、黃芩 10g、梔子炭 10g、蒲黃炭 6g、藕節 15g、三七（沖）2g。

（二）氣不攝血型

這是脾氣虛弱不能統攝血液所致的吐血。可見於慢性胃炎、胃黏膜脫垂、血液病和某些潰瘍病等出血。

【主證】反覆出現嘔血，時輕時重，面色蒼白，少氣懶言，體倦神疲，舌質淡，脈細弱。

【治法】健脾補氣，收澀止血。

【方例】複方綠雲散：側柏葉 12g、百合 12g、黨參 12g、阿膠（烊化）12g、黃蓍 15g、當歸 10g、烏賊骨 12g、

必勝散加減：黨參 12g、當歸 10g、蒲黃（炒）15g、小薊 15g、炙甘草 15g、仙鶴草 15g。

（三）血瘀型

這是瘀血停留，阻滯於胃，使經脈不通，血不能循經脈運行而外溢，導致胃部脈絡破裂出血的病證。可見於潰瘍病出血、胃癌、食道癌等。

【主證】嘔血，色紅而黑，脘部悶痛，面色暗晦，飲食不下，口乾而不想飲水，大便色黑，脈沉澀。

【治法】袪瘀、止痛、止血。

【方例】複方失笑散：蒲黃 10g、五靈脂 10g、延胡索 10g、鬱金 10g、炙甘草 10g、烏賊骨 12g。

活絡效靈丹加減：當歸 10g、乳香 6g、沒藥 6g、刺蝟皮 12g、白及 12g、三七末（沖）2g。

三、便血

血隨大便下，或在糞便的辨治可參閱「痢疾」。

（一）大腸濕熱型

由於大腸積熱，損傷血絡，致血液外溢隨大便出而成便血。可見於潰瘍性結腸炎、早期血吸蟲病、傷寒後期等。

【主證】糞帶鮮血或大便未下血已噴射而出，或所下純屬鮮血，腹痛或不痛，可伴有發熱，大便或結或便溏，舌苔黃，脈弦滑。

【治法】清熱，涼血止血。

【方例】複方葛根芩連湯：葛根 15g、黃芩 12g、黃連 10g、銀花炭 12g、厚朴 6g。

加減法：大便秘結者去黃連，加槐花 10g、生地 15g，腹痛加木香 6g、厚朴 6g。

（二）脾不攝血型

可見於某些慢性腸道疾患、血液病、維生素缺乏等引起的便血。

【主證】大便稀溏，混有紫暗色或鮮紅血液，腹痛或不痛，面色蒼白，精神疲倦，少氣懶言，有時肛門有下墜感，有些並見皮下出血，舌質淡，舌苔薄白，脈細無力。

【治法】益氣健脾，止血。

【方例】歸脾湯加減：黨參 12g、黃耆 10g、當歸炭 10g、酸棗仁 10g、龍眼肉 6g、白朮 10、艾葉 6g。

加減：腹痛者加木香 6g，便血多者加阿膠（烊化）10g。

黃土湯加減：灶心黃土 30g（先煎，去土取水同煎其他藥）、白朮 10g、阿膠（烊化）10g、地榆炭 10g、炙甘草 6g、黃耆 10g、升麻 5g。

（三）血瘀型

可見於潰瘍、消化道癌腫等。

【主證】大便帶血紫暗或如黑漆樣，脘腹部持續疼痛

如針刺，痛處固定，拒按，或可觸及腫塊，唇舌有紫藍色斑點（瘀點），脈細澀。

【治法】散瘀止血。

【方例】複方失笑散：蒲黃（炒）10g、五靈脂 12g、瓦楞子（煆）15g、延胡索 10g、鬱金 10g、炙甘草 10g、三七末（沖）3g。

活絡效靈丹加減：當歸炭 10g、乳香 6g、沒藥 6g、刺蝟皮 12g、地榆 15g、茜草根 12g。

四、尿血

尿血，又稱血尿，指小便中混有血液或血塊夾雜而下的症候。

（一）風水型

風邪外襲，影響肺氣宣通下降，不能通調水道所致的病證。一般見於急性腎炎。

【主證】發熱惡風後，突然出現顏面浮腫，血尿，或有尿頻，但無尿道刺痛，舌苔薄，脈數。

【治法】疏風宣肺，利水止血。

【方例】麻黃連翹赤小豆湯加減：麻黃 5g、連翹 10g、赤小豆 30g、桑白皮 12g、茅根 30g、益母草 30g。

（二）熱入膀胱型

這是由於膀胱受熱邪侵襲，導致血絡受傷出血或膀胱氣化障礙的病證。多見於急性泌尿系感染。

【主證】微寒發熱，突然感覺小腹刺痛，尿色紅，尿頻急，排尿疼痛或腰部痠痛，舌苔黃膩，脈滑略數。

【治法】清熱利尿，止血。

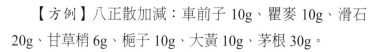

【方例】八正散加減：車前子 10g、瞿麥 10g、滑石 20g、甘草梢 6g、梔子 10g、大黃 10g、茅根 30g。

小薊飲子加減：小薊 12g、藕節 15g、生地 12g、淡竹葉 10g、木通 10g、蒲公英 15g、黃柏 10g。

（三）砂淋

多因膀胱濕熱，沉結砂石，損傷血絡所致。多見於泌尿系結石。

【主證】突然發作腰痛或下腹痛，排尿不暢，尿色紅，伴有排尿疼痛或尿有砂石排出，舌苔黃，脈弦滑。

【治法】清熱利水，消石通淋。

【方例】石韋散加減：石韋 10g、冬葵子 10g、瞿麥 6g、車前子 10g、滑石 20g、牛膝 10g。

三金散加味：海金沙 15g、雞內金 12g、金錢草 30g、烏藥 10g、牛膝 10g、琥珀末（沖）10g。

（四）陰虛火動型

由於腎陰虛損，陰虛火旺，損傷血絡所致。可見於腎結核等。

【主證】小便量少而頻，尿血時見時止，身體消瘦，精神疲倦，心煩，汗出，腰部隱痛，舌質紅，脈細數。

【治法】滋陰降火。

【方例】大補陰丸加減：熟地 20g、龜板 20g、知母 10g、黃柏 10g、澤瀉 10g、小薊 10g。

（五）氣不攝血型

多因脾氣虛弱，不能固攝血液所致。一般除出現血尿外，身體其他部位也常有出血。此型多見於血液病、某些

血吸蟲病。

【主證】久病尿血，面色蒼白，精神疲睏，體倦食少，氣短，說話聲低，頭暈，或兼見牙齦出血、皮下出血等，舌質淡白，脈細弱。

【治法】補氣攝血。

【方例】大補元煎加減：熟地 12g、山萸肉 10g、山藥 15g、黨參 12g、茯苓 10g、小薊 10g、當歸炭 10g。

（六）腎氣不固型

多由於老年腎虛，腎氣不固攝所致。可見於前列腺肥大引起排尿困難的血尿或某些腎結核的患者。

【主證】小便點滴不暢，繼見尿血，小腹脹滿，頭暈，耳鳴，腰酸腿軟，或有陽痿，睪丸引痛，舌苔薄，脈沉細。

【治法】溫腎固攝。

【方例】右歸丸加減：熟地 20g、菟絲子 10g、肉桂 2g、補骨脂 10g、鹿角膠 10g、當歸炭 10g。

加減：腎結核血尿可減去菟絲子，加白芥子 6g、麻黃 2g。

簡易方及其他療法

一、簡易方

1. 鮮側柏葉 60g，或生藕 250g，搗爛取汁（亦可用白及 30g 煎水），沖服血餘炭末 6g 或三七末 3g。適用於咯血、嘔血的應急止血。

2. 人參 6～10g，水煎冷服。用於突然上消化道上大

吐血。

3. 鮮大薊 500g 洗淨搗爛，用布包搾取藥汁，加白糖適量，分 2 次用冷開水沖服。

4. 大黃炭 10g、生地 20g、側柏葉 10g，水煎服。

上兩方治熱邪傷血絡的咯血、嘔血、尿血。

5. 黨參 15g、當歸炭 10g、艾葉炭 10g，水煎服，或用藥汁熔化阿膠 10g 服。治出血屬虛證。

6. 代赭石 30g、藕節 30g、仙鶴草 15g，水煎服。治熱傷胃絡的嘔血。

7. 茅根 30g、益母草 30g、車前子 30g。水煎服，治風水型或熱入膀胱型尿血。

8. 海金沙 30g、金錢草 30g，水煎服。

9. 海金沙 10g、牛膝 10g、紫珠草 15g，水煎服。

上二方治砂淋尿血。

10. 白及粉，每日 3 次，每次 10g，用於嘔血。

11. 二妙散（明礬 24g、兒茶 30g，研細末用有色瓶保存），每次 0.2g，日服 3～4 次，大出血則每 3 小時 1 次。用於咯血。

12. 補骨脂、赤石脂等量製片劑，每服 3g，日 3 次，對潰瘍出血及血友病有效。

13. 雞內金研末，每次服 3～6g，每日 2 次，治尿血。

二、針灸療法

（一）咯血

【主穴】尺澤、肺俞、足三里。

【配穴】發熱配曲池，咳嗽配合谷，痰多配豐隆，胸

滿配膻中。

【治法】實證用瀉法，多捻針；虛證用平補平瀉。

（二）吐血

【主穴】內關、梁丘、合谷。

【配穴】腹脹配中脘、公孫；胸悶煩熱配膈俞、足三里；心悸配郄門。

【治法】用瀉法，多捻針。

（三）便血

【主穴】三陰交、大腸俞、血海、隱白（灸）。

【配穴】腹痛配天樞、足三里，大便溏泄配陰陵泉、脾俞。

【治法】用平補平瀉法，多捻針，並可配合梅花針點刺八。

（四）尿血

【主穴】三陰交、氣海、腎俞、血海。

【配穴】腹痛、尿頻配歸來，腰痛配志室、委中，心悸氣短配內關、心俞，體倦、少食，溫灸脾俞、大椎。

【治法】用平補平瀉法。可配用梅花針點刺下腹或腰骶區。

三、穴位注射療法

【取穴】尺澤、肺俞、足三里。每穴注入穿心蓮液或膠性鈣 0.5～1ml，每日 1 次。

四、耳針

（一）吐血

【取穴】神門、胃點。也可配合電針。症狀緩解後，

可埋針三至五天。

（二）尿血

【取穴】腎、膀胱、內分泌、脾點。每次選一至二穴，埋針三至五天。

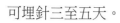

※第六節　昏　厥

昏厥，是指突然昏倒，不省人事，四肢厥冷，但經移動身體或靜臥，短時內能逐漸甦醒，武當道教醫藥稱為「厥證」。

古籍記載「厥證」的類型比較複雜，本篇只介紹臨床較為常見的氣虛厥、血虛厥、痰厥、食厥、氣逆厥和痛厥等六種證型。

病因病理

1. 厥證的發生，主要由於氣血虛弱，或氣機運行突然逆亂，導致氣血運行失常，影響了心主精神意識和血脈的功能所致。

2. 體質虛弱，病後氣血受損，或失血過多，使心失滋養。

3. 脾的運化功能失常，聚濕生痰，痰濁阻滯氣道，或惱怒時氣逆，痰隨氣機逆上。

4. 飲食不節，暴飲暴食，消化不良，而導致食積停滯，阻塞氣機。

5. 平時肝氣鬱結，暴怒或驚恐時氣機逆亂，使血隨氣逆上沖。

6. 創傷劇痛或內臟絞痛，使氣機逆亂，也會致厥證發生。

診治要點

1. 昏厥和昏迷不同，一般前者病情較輕，後者較重。

2. 感溫熱病高熱時，也可見昏厥，稱為熱厥，可按溫熱辨證施治。如在高溫環境或炎夏烈日時間太長，而出現的昏厥，則稱為暑厥，可參閱中暑的辨治。

3. 昏厥的產生，常有明顯的病因可尋，所以對病史的瞭解往往有助於辨證分型。如氣虛厥多為平素體質虛弱，厥前有過度疲勞、睡眠不足、飢餓受寒等誘因；血虛厥與失血有關，常發生在大出血、月經過多或產後；食厥多在暴飲暴食之後發生；氣逆厥與精神刺激密切相關；痛厥則在創傷疼痛時出現。

4. 昏厥發生時，首先應判別虛實進行急救處理，如屬實證一般先用通關散（成藥）少許吹鼻取嚏，隨後灌服蘇合香丸（成藥）或玉樞丹（成藥）以開竅；屬虛證則急灌參附湯或附桂理中丸（成藥）以固脫。此外，應配合針灸療法。病情危重的，需請西醫結合搶救，待病人甦醒後再按病因治療，以防復發。

辨證施治

一、虛厥

（一）氣虛型

多見於血管抑制性暈厥（普通暈厥）、低血糖性暈厥

等。

【主證】頭暈昏倒，面色蒼白，出汗，手足冷，呼吸淺弱，脈細弱。

【治法】補氣回陽。

【方例】保元湯加減：黨參 12g、黃蓍 10g、熟附子 10g、肉桂 2g、炙甘草 5g。

（二）血虛型

多見於嚴重貧血和出血性休克等。

【主證】突然暈倒，面色蒼白，汗出肢冷，唇舌淡白，脈細弱或細數。

【治法】益氣補血。

【方例】八珍湯加減：黨參 12g、白朮 10g、當歸 10g、熟地 15g、炙甘草 5g、黃蓍 20g。

二、實厥

（一）痰厥

可見於癲癇的小發作等。

【主證】突然昏倒，喉有痰聲，嘔吐涎沫，過去常有發作史，舌苔厚膩，脈沉滑。

【治法】豁痰，開竅。

【方例】導痰湯加減：法半夏 10g、陳皮 3g、茯苓 12g、枳實 6g、膽南星 10g、遠志 5g、菖蒲 3g。

（二）食厥

【主證】暴食生冷油膩後，脘腹脹滿不安，噁心嘔吐，汗出暈厥，噯腐口臭，舌苔膩濁，脈滑。

【治法】消導積滯，理氣和中。

【方例】神朮散加減：陳皮 5g、厚朴 6g、藿香 6g、神麴 10g、蒼朮 6g、菖蒲 6g、生薑 3g。

（三）氣逆厥（多見於癔病性暈厥等）

【主證】大怒或驚恐後突然暈厥，雙目緊閉，眼皮瞬動，或有四肢抽動，脈弦。

【治法】理氣降逆，開鬱。

【方例】四磨飲子加減：烏藥 10g、檳榔 10g、枳殼 10g、鬱金 10g、黨參 10g。

（四）痛厥

【主證】身受創傷或內臟劇痛難忍，忽然暈厥，面白，汗出，表情痛苦，脈弦數。

【治法】按病因治療。

簡易方及其他療法

一、針灸療法

【主穴】人中、內關、足三里、湧泉。

【配穴】虛厥溫灸百會、氣海、神闕，實厥刺十宣出血，痰多加刺豐隆，氣逆厥配膻中。

【治法】虛厥用補法，配合艾灸，實證用瀉法，不灸。

針灸復甦只是一種急救措施，甦醒後仍須進一步辨證治療。

二、耳針

【取穴】皮質下、腎上腺、交感點。每次選二至三穴，進針後快速捻轉（或配合電針），待症狀緩解後出針。

✵第七節　昏　迷

　　昏迷，指病人不省人事或神志迷糊的嚴重證候，武當道教醫藥稱為「神昏」或「失神」。

病因病理

　　1. 昏迷總屬心和頭腦的病證。因「心藏神」，精神、意識和思維活動都與心有關，即所謂「心主神明」；頭為「諸陽之會」，臟腑清陽之氣均上會於此而出於目、耳、口、鼻、舌五官（「清明出上竅」），所以頭是「清竅」所在的地方。故凡病邪蒙閉心竅，風邪上擾清陽，陰陽兩脫，而致心神耗散，均可導致昏迷。

　　2. 火熱病邪鬱結成毒，熱毒犯心或陰虛，陽熱或亢盛，導致熱閉心竅。

　　3. 久病脾腎陽氣虛衰，體內營養和水液的運化、調節發生嚴重障礙，引起濕濁內盛，蒙蔽清竅。

　　4. 脾腎虛弱，聚濕生痰，痰邪鬱積，閉塞心竅，阻滯氣道。

　　5. 肝腎陰虛，肝陽亢盛，肝風內動，上擾清陽。

　　6. 疾病後期正氣已傷，氣血運行不暢，瘀阻脈絡，神明失主。

　　7. 正氣虧損已極，出現陰陽兩脫，心神耗散。

診治要點

　　1. 昏迷可分熱閉（包括熱毒入心、陰虛內熱）、濁

閉、痰閉（包括癇病、痰阻心肺）、風閉（中風）、瘀閉和正脫等證型。其中除正脫型屬脫證、虛證外，其他均屬閉證、實證或虛中夾實證。

2. 熱閉每伴有身熱、面紅、煩躁、口乾、舌紅、脈數等一系列熱證表現；濁閉可出現面色灰暗，靜臥少動，手足不溫，舌淡，脈沉遲或細緩等虛寒的見證；痰閉以痰多，痰聲鳴響或口吐痰涎等為特點；風閉則突然發病，並有面紅、氣粗、口眼歪斜和半身不遂等證候；正脫在疾病嚴重發展至後期發生，可見面白，肢體厥冷，大汗不止，脈微細將絕等生命垂危的現象。

3. 內科昏迷須注意與外科顱腦外傷、破傷風以及婦產科妊娠毒血症等所致的昏迷鑑別。

4. 昏迷病人須考慮是否為藥物中毒或食物中毒所致，臨床應注意查問。

5. 昏迷是病情嚴重的徵象，必須請西藥配合或及時迅速救治。閉證以開閉通竅為主，熱證用涼開（如安宮牛黃丸、至寶丹、紫雪丹），寒證用溫開（如玉樞丹、蘇合香丸等）脫證則宜固脫。待病人清醒後再隨證處理。

辨證施治

一、熱閉型

（一）熱毒犯心

多見於各種腦炎、化膿性腦膜炎、中毒型肺炎、敗血症、暴發型肝炎昏迷、中暑及某些傷寒病昏迷等。

【主證】神志不清，譫語，手足躁動，面紅或有黃

疸，或見四肢抽搐，多有發熱，甚至高熱，口乾舌燥，大便秘結，小便短黃，舌質紅絳，舌苔黃，脈洪數。

【治法】清熱解毒，清心開竅。

【方例】安宮牛黃丸（成藥）或牛黃清心丸（但效力較差）：每次1丸，每日2～4次。神犀丹（成藥），每次半丸，每日3～4次。以上兩丸合併服用。

至寶丹（成藥）：每次1丸，每日3次。

瀉心湯加味：人黃12g、黃芩10g、黃連10g、石膏30g、大青葉30g、石菖蒲10g、人工牛黃末（沖）1g。

加減：黃疸加茵陳30g，抽搐加鉤藤20g、地龍12g，中暑去大黃、大青葉，加知母12g、竹葉12g。

（二）陰虛內熱

多見於尿毒症昏迷，可見於糖尿病昏迷及某些肝硬化昏迷。

【主證】神識模糊甚至不清，皮膚乾燥，面紅或暗紅，口渴，尿少，舌質深紅而干，無苔或薄黃苔，脈弦細或細數。

【治法】清熱、養陰、開竅。

【方例】千金黃連丸加味：生地30g、黃連6g、天花粉15g、百合20g、山萸肉12g、麥冬10g、石菖蒲6g、牛黃清心丸（成藥）每次1丸，日2～3次。

人工牛黃末：每次沖服1g，每日3～4次。

二、濁閉性

【主證】頭暈頭痛，精神疲倦，怕冷，面色灰暗或萎黃，不思飲食，噁心嘔吐，腹脹，尿少嗜睡而逐漸轉入昏

迷，舌質淡，舌體胖，舌苔白膩，脈細緩或沉遲。

【治法】溫補脾腎，祛濕降濁。

【方例】蘇合香丸（成藥）：每次 1 丸，每日 2～3 次。

玉樞丹（成藥）：每次 1 丸，每日 2～3 次。溫開水調送。

溫陽降濁湯：熟附子 15g、黨參 15g、茯苓 15g、厚朴 10g、法半夏 10g、補骨脂 15g、肉桂 2g、建澤瀉 10g、玉米鬚 30g、竹茹 12g。

三、痰閉型

（一）癇證

見於原發性癲癇和症狀性癲癇等。

【主證】先覺頭暈眼花，胸悶，隨即昏倒，神志不清，牙關緊閉，口吐痰涎，手足抽搐，兩目上視，或發出類似豬羊叫聲，多數移動時漸復清醒，醒後有如常人，舌苔白膩，脈滑。

【治法】豁痰開竅，息風定癇。癇止後，宜調補脾腎。

【方例】小兒回春丹（成藥）每次服小丸 5～10 丸（成人量）。

定癇丸加減：膽南星 10g、殭蠶 6g、全蠍 3g、菖蒲 6g、遠志 6g、珍珠母 30g。

平時宜常服河車丸加減：紫河車 6g、茯苓 10g、黨參 10g、遠志 6g、酸棗仁 10g。

（二）痰阻心肺

多見於肺性腦病及某些日本腦炎昏迷等。

【主證】神志糊模，昏睡或躁動不安，目斜視，呼吸淺促不規則，痰聲鳴響，或有兩手震顫甚則抽搐，舌質紅或帶紫，舌苔濁膩，脈弦滑或帶數。

【治法】化痰開竅。

【方例】猴棗散（成藥）每次 0.1～1g（或人工牛黃末 2g），每日 2～3 次，口服或鼻飼。

滌痰湯加減：膽南星 10g、法半夏 10g、厚朴 6g、茯苓 12g、黨參 12g、菖蒲 6g、遠志 6g、鬱金 10g。

四、風閉型（中風）

多見於腦出血、腦血管痙攣及某些腦血栓形成等。

【主證】突然昏倒，不省人事，牙關緊閉，兩手握固，面紅氣粗，痰聲如拉鋸，舌苔黃膩，脈弦滑有力。

【治法】潛陽息風，豁痰開竅。

【方例】牛黃清心丸（北京同仁堂生產）：每次 1 丸，水溶化（或人工牛黃末 2g，冰片 0.3g 水沖）即灌服。

羚羊骨湯加減：羚羊骨（先煎）30g（或象牙絲 30g或山羊角 30g）、鉤藤 15g、白芍 15g、地龍 10g、珍珠母 30g、菖蒲 6g、天竺黃 10g（或竹瀝 30g 沖服）。

五、瘀閉型

多見於日本腦炎後遺症、腦血管意外後遺症等。

【主證】神志昏迷，日久不醒，肢體強直，或有低熱不退，頭部出汗，舌邊紫暗，舌苔薄白，脈弱。

【治法】益氣養陰，化瘀通絡。

【方例】三甲復脈湯加減：鱉甲 15g、穿山甲 10g、土鱉 6g、麥冬 12g、五味子 6g、黨參 12g、丹參 15g、鬱

金 10g。

六、正脫型

多見於各種疾病嚴重發展至後期的衰竭性昏迷。

【主證】神志昏迷，呼吸微弱，手足冷，面色蒼白，汗多，大小便失禁，舌質淡，少津液，脈微細欲絕。

【治法】益氣養陰，回陽救脫。

【方例】四逆湯加人參湯：熟附子 12g、乾薑 6g、炙甘草 10g、黨參 30g。

地黃飲子加減：熟附子 10g、肉桂 1g、山萸肉 12g、乾地黃 15g、黨參 20g、五味子 6g、石菖蒲 6g、遠志 6g。

簡易方及其他療法

一、針灸療法

【主穴】人中、湧泉、十宣。

【配穴】發熱加合谷，痰多加豐隆，抽搐加太衝。

【治法】閉證用瀉法不灸，刺十宣出血；脫證宜補法，宜用艾灸百會、神厥、關元。

二、耳針

【取穴】皮質下、腎上腺、交感點。每次選二至三穴，進針後快速捻轉（或配用電針），待症狀緩解後出針。

✴ 第八節　抽　搐

抽搐，以突然發生四肢拘攣，難以屈伸，或頭頸強直，腰背反折向後彎曲成角弓狀（即「角弓反張」）為特

徵。這是風邪侵犯肌肉、筋脈所致的病證。

病因病理

1.《內經》指出：「諸暴強直，皆屬於風」，「諸風掉眩，皆屬於肝」。認為本證的發生是風邪為患的結果，多與肝有關。

2. 感受溫熱病邪入裏，邪熱內盛犯肝，引動肝風，所謂「熱盛風動」，風火相煽，侵擾筋脈。

3. 肝陽偏旺上亢，陽亢則熱，熱極則化火生風，肝風內動。

4. 溫熱病後，肝腎陰液虧損，不能滋養肝臟，導致「虛風內動」。

5. 「肝藏血，血足則柔，血虛則強」。若久病虛損或失血過多，血虛不足，肝失血養，則不能營養筋脈。

6. 脾腎素虛，痰邪積聚，每遇肝氣不和則風動痰湧，風痰相結，閉阻筋脈而發癇證抽搐。

7. 肝主筋，心主精神意識和血脈。抽搐雖多屬肝，但與心也有關，所以在心虛神怯的人，遇驚嚇刺激也會抽搐。

診治要點

1. 抽搐可分熱邪犯肝、風陽上亢、癇證、虛風內動、血虛、心虛驚搐等六個證型。前三型屬實證，後三型屬虛證。

2. 熱邪犯肝的抽搐是熱所致的，因此發生時一般都有

高熱，重的還伴有神志不清、頸項強直等症狀。但虛風內動一般只有低熱，神志不會完全喪失，病人顯著虛弱，抽搐多很輕或僅見手足蠕動。

3. 癇證抽搐和心虛驚搐，均為突然發病，並見昏倒，且過去多有同樣的發病史。但癇證喉有痰聲和口吐白沫，而心虛驚搐則每見氣促和眼皮瞬動。

4. 風陽上亢的抽搐，也是突然昏倒，但昏倒前沒有劇烈頭痛、噁心嘔吐等症狀，並有面色潮紅、呼吸急促、脈弦勁有力等特點。

5. 血虛有時也出現抽搐，但一般不嚴重。多發生在單個肢體，不會四肢同時出現，病人的神志亦保持清醒。

6. 因皮膚損傷，創口不潔，感受風毒之邪，侵入肌肉、筋脈而直接引起的抽搐，稱為「破傷風」。此外，婦女在產前或臨產時因肝腎陰虧，肝陽上亢，血隨陽氣上衝出現的抽搐則稱為「子癇」。

7. 對抽搐的治療，屬實證一般採用清熱息風止痙為主，屬虛證則應用滋陰息風或補血安神以止痙。

8. 全身性抽搐發作時，要幫病人解鬆領扣，頭轉側位，避免口腔分泌物吸入呼吸道。如喉頭有痰則立即吸出，以免影響呼吸。針灸療法對制止抽搐往往有效，應先予使用。

辨證施治

一、熱邪犯肝型

本型僅見於外感溫熱病，其主治可參閱溫病和有關的

急性傳染性疾病。

二、風陽上亢型

多見於高血壓腦病、腦血管意外及某些急性腎炎等。

【主證】突然發生劇烈頭痛，嘔吐，繼而出現昏倒，四肢抽搐，面紅，呼吸氣粗，脈弦勁有力。

【治法】涼肝息風，育陰潛陽。

【方例】鎮肝息風湯加減：牛膝 20g、代赭石（先煎）30g、 牡蠣（先煎）30g、白芍 15g、生地 30g、鉤藤12g、黃芩 10g。

天麻鉤藤飲加減：天麻 10g、鉤藤 15g、石決明（先煎）15g、珍珠母（先煎）30g、栀子 6g、地龍 12g。

三、癎證

此證的抽搐，發作時屬實證。治療可參閱昏迷的有關證型。但本證一般是脾腎素虛，所以在抽搐停止後，應注意調補脾腎，以防反覆發作。

四、虛風內動型

【主證】溫熱病後精神疲倦，面頰潮紅，手足心熱，汗出，口乾，偶然有手足微抽搐，舌質紅，舌苔少而乾，脈細數。

【治法】滋補肝腎，潛陽息風。

【方例】大定風珠加減：白芍 20g、生地 20g、龜板12g、 麥冬 10g、五味子 6g、鱉甲 12g、炙甘草 6g、夜交藤 15g。

阿膠雞子黃湯加減：阿膠（烊化）6g、白芍 15g、石決明（先煎）15g、生地 20g、玄參 12g、牡蠣（先煎）

15g、雞子黃 1 個。

五、血虛型

多見於嚴重貧血和一些慢性疾病身體衰弱的病人，婦女分娩前後亦可發生。

【主證】面色蒼白，頭暈，心悸，疲倦，陣發四肢抽搐或小腿抽筋，舌質淡白，脈細弱。

【治法】益氣補血。

【方例】八珍湯加減：黃蓍 15g、黨參 15g、當歸 10g、白芍 10g、川芎 6g、熟地 15g、龍眼肉 12g、炙甘草 6g。

六、心虛驚搐型

多見於癔病性痙攣及憤怒性驚厥等。

【主證】在憤怒、驚嚇等精神刺激後，突然昏厥，手足抽搐，閉目不語，眼皮頻瞬動，脈細弦。

【治法】養心，鎮驚。

【方例】甘麥大棗湯加味：甘草（炙）10g、浮小麥 30g、大棗 5 枚、白芍 12g、紫石英 15g。

安神定志丸加減：龍齒 30g、遠志 6g、酸棗仁 12g、茯苓 15g、硃砂（沖）1 g。

簡易方及其他療法

一、簡易方

1. 全蠍 8 隻，蜈蚣 3 條，共研細末，分成 6 包，抽搐發作時服 1 包。

2. 甘草（炙）45g、全蠍 60g、天麻 80g、黨參 80g、

當歸 150g、膽南星 25g，分別研末拌勻貯用，每天服 3 次，每次 3g，兩個月一療程。治癇病。

二、針灸療法

【主穴】合谷、太衝、人中、內關、湧泉。

【配穴】牙關緊閉配頰車、下關，痰多加豐隆，項強配風池。

【治法】用瀉法，留針時宜多提插，待症狀逐漸緩解後，改用平補平瀉。

三、耳針

【取穴】神門、腦點、胸、上肢、下肢、過敏點。每次 1～2 個穴位，埋針 3～5 天。

✳ 第九節　頭　暈

頭暈，是患者自覺眼前發黑或視物旋轉，以致站立不定的一種症狀，臨床又稱「眩暈」。

病因病理

1. 頭居人體最高部位，肝的經脈上巔絡腦，只有風邪最易侵犯，所以歷代醫學家認為頭暈的發生與肝密切相關。其中肝陽偏亢，化火生風，肝陰虛或血虛，不足以養肝，虛風內動等，均為常見病因，故有「諸風掉眩，皆屬於肝」的說法。

2. 勞倦傷脾，脾運化功能減弱，氣血生化不足，不能上達以營養頭目。

3.「腎生骨髓」,「腦為髓海」。腦是精髓所聚的地

方，腎虛則精髓不足，腦海空虛而作暈，所謂「髓海不足，則腦轉耳鳴」。

4. 飲食不節或思慮過度傷脾，使脾運水濕的功能失常，聚濕生痰，痰濁中阻，影響了脾胃的「升清降濁」功能，故有「無痰不作眩」的說法。

診治要點

1. 頭暈在臨床上可分為肝陽上亢、血虛、勞倦傷脾、肝陰虛、腎虛和痰濁中阻等六個證型，其中以肝陽上亢、血虛和肝陰虛三型最為常見。

2. 頭暈多屬虛證（這是與頭痛相反），或者屬以虛為主的虛中有實證，屬實者頗為少見。血虛、勞倦傷脾，肝陰虛以及腎虛均屬虛證，肝陽上亢屬陰虛陽亢的虛中挾實證，痰濁阻滯屬實證。

3. 各型頭暈中，以痰濁中阻型的眩暈程度最嚴重，患者常不能起床，並有明顯的噁心嘔吐症狀，以區別於其他證型。

4. 感受外邪後引起頭暈，除了暑病為臨床較多見外，一般都比較少見。在外感熱病中出現頭暈，常表示病人體質較虛，治療時除祛邪外還要兼顧補虛扶正。此類證治可參考溫病、普通感冒等。

5. 一般來說，由於頭暈虛多實少，故治療上偏重補益方面，如補血、補陰、補氣、補陽等；即使對虛中挾實證和實證，應用祛邪藥也不宜過量，並且邪去除後即應改用調補法。

辨證施治

頭暈是多種疾病的一個症狀，多見於高血壓、低血壓、貧血、動脈硬化症、神經衰弱以及某些慢性胃腸道疾病由迷走神經引起的眩暈發作等。

一、肝陽上亢型

【主證】頭暈或兼脹痛，性情急躁，惱怒時加劇，煩熱，面紅，多夢，四肢麻木，舌質紅，舌苔薄黃，脈弦有力。

【治法】平肝潛陽，滋養肝腎。

【方例】鎮肝息風湯加減：代赭石 30g、龍骨 15g、牡蠣 15g、白芍 12g、桑寄生 20g、鉤藤 12g、黃芩 10g、懷牛膝 20g。

潛陽方：夏枯草 12g、菊花 12g、生地 15g、白芍 15g、牛膝 10g、珍珠母 30g。

二、血虛型

【主證】面色蒼白或萎黃，頭暈眼花，心悸，精神疲倦，唇舌淡，脈細弱。

【治法】補益氣血，養心安神。

【方例】歸脾湯加減：黃蓍 12g、黨參 12g、茯苓 10g、當歸 10g、龍眼肉 12g、枸杞子 10g、遠志 6g、紅棗 4 枚。

三、勞倦傷脾型

【主證】頭暈眼花，倦怠乏力，少氣懶言，不思飲食，胸悶脘滿，或腹脹，大便稀爛，舌質淡，脈虛弱。

武當道醫 內科臨證靈方妙法

【治法】益氣健脾。

【方例】香砂補氣湯加減：黨參 12g、白朮 10g、茯苓 12g、陳皮 3g、木香 3g、當歸 10g、炙甘草 3g。

四、肝陰虛型

【主證】頭暈，眼蒙視弱，四肢麻木，失眠，夢多，舌質紅，脈細弦。

【治法】滋養肝陰。

【方例】四物湯加減：熟地 15g、白芍 10g、當歸 10g、女貞子 12g、桑葚子 12g、天麻 6g。

五、腎虛型

【主證】頭暈，精神萎靡不振，記憶力差，耳鳴眼花，腰酸腿軟，遺精，夜尿多，手足冷，舌質淡白，脈沉細。

【治法】壯腎陽，益腎精。

【方例】右歸丸加減：熟地 15g、山萸肉 12g、菟絲子 10g、當歸 10g、肉蓯蓉 10g、熟附子 6g、肉桂 3g。

六、痰濁中阻型

這是痰濁中阻導致脾氣不升，胃氣不降而出現的病證。

【主證】頭暈發作則視物旋轉而不能站立，胸膈滿悶，噁心嘔吐，不想飲食，舌苔白膩，脈濡滑。

【治法】化痰和中。

【方例】半夏白朮天麻湯加減：法半夏 10g、白朮 10g、天麻 6g、茯苓 12g、鉤藤 10g、甘草 3g。

溫膽湯加減：法半夏 10g、陳皮 6g、茯苓 12g、枳殼

6g、竹茹 6g、藿香 5g。

簡易方及其他療法

一、簡易方

1. 磁朱丸（成藥），每次 6g，每日 2 次。

2. 龍膽草 6g、豨薟草 15g、夏枯草 15g、草決明 15g。

上兩方治肝陽上亢型。

3. 當歸 12g、川芎 6g，雞蛋 1 個，煮水服食。

4. 艾葉 10g、黑豆 30g，煮雞蛋服食。

上兩方治血虛頭暈。

5. 二至丸（成藥），每次 10～15g，每日 2 次。治肝陰虛頭暈。

6. 仙茅 10g、仙靈脾 10g、巴戟天 10g、當歸 10g、知母 5g、黃柏 5g，水煎服。治腎虛頭暈。

7. 棉花根 30～60g，水煎服。治氣虛頭暈。

8. 向日葵盤空殼 1 個，冰糖適量，水煎服。治虛性頭暈。

9. 天麻（製）6g，用魚頭或雞一起燉吃。治內傷頭暈。

二、針灸療法

【主穴】太衝、內關、印堂。

【配穴】氣血不足配脾俞、氣海、足三里，肝陽上亢配風池、肝俞，腎虛配腎俞。

【治法】虛證用補法，宜多灸，肝陽上亢用瀉法，不

灸。

三、耳針

【取穴】神門、肝、腎、內分泌（肝陽上亢配降壓溝）。每次一至二穴，埋針三至五天。

四、頭皮針療法

取暈聽區，雙側同時捻針（或加電針 15～20 分鐘）。

✳ 第十節　頭　痛

頭痛，是自覺頭部發生疼痛的症狀。

病因病理

前人有「傷於風者，上先受之，高巔之上，惟風可到」等說法，認為頭部容易受風邪侵襲。一般外感病邪犯病，多挾風邪才能導致頭痛；而單獨由風邪所致的頭痛，亦很常見。內在病因也主要為內風。可見頭痛的發生，與風邪的關係甚為密切。

一、外感頭痛

多因氣溫變化時，不注意穿衣、蓋被或坐臥當風，感受外邪侵襲頭部經脈，導致氣血運行逆亂，其中由風寒、風熱、風濕引起的最為常見。此外，還有因頭部經氣虛弱，痰濁阻滯或平素體質虛寒，突受風邪侵襲誘發的，如偏頭痛、寒厥頭痛。

二、內傷頭痛

多與肝、脾、腎三臟病變有關，其中肝臟是主要的。

1.肝陽偏旺上亢，肝氣鬱結，化火上炎，使頭部脈絡

脹滿，或血虛不足養肝，肝失血養，虛風上擾，這些是內傷頭痛最常見的病因。

2.「脾為臟氣之源」，飲食不節或憂思過度傷脾，可導致氣虛精血不能上達頭頂而脈絡空虛作痛。此外，疾病耗損或先天不足致肝腎陰虧，腦髓失養也會疼痛，但這些在臨床上較為少見。

診治要點

1. 頭痛的情況：

（1）程度：一般外感頭痛較重而內傷頭痛較輕。其中寒厥頭痛和偏頭痛最重，但氣虛、血虛和肝腎陰虛的頭痛往往很輕。

（2）性質：風濕頭痛為重墜或昏脹感；偏頭痛則是發作性劇痛或左或右，痛解則如常人；寒厥頭痛覺冷、刺痛；肝陽上亢是脹痛性質；肝火頭痛為跳痛受熱時疼痛加重；氣虛、血虛、肝腎陰虛的頭痛為隱痛綿綿，疲勞則痛甚。

（3）部位：氣虛、血虛、肝腎陰虛的頭痛，多是整個頭作痛；肝陽上亢者以枕部痛多，且往往痛連頸肌；肝火頭痛，常偏重兩側顳部；寒厥頭痛，則痛在巔頂；偏頭痛是半側頭痛，甚至痛連同側齒、目。

（4）時間：氣虛者早晨頭痛反重，血虛者午後頭痛加重。

（5）某些因素的影響：氣虛頭痛與體弱疲勞有關；肝腎陰虛的頭痛，每因失眠出現；肝陽上亢頭痛，常因飲

酒和飽食加重；肝火頭痛，每因情緒激動引起；偏頭痛，遇風則痛發；風濕頭痛，常見於天氣轉變時，疼痛減輕或加重。

2. 兼見症狀：肝陽上亢者，常兼見頭暈及四肢麻木；血虛及肝腎不足者，往往頭暈重於頭痛；寒厥頭痛，常伴見乾嘔、口淡、吐涎。瘟疫病每有劇烈頭痛，常伴見頸強直、嘔吐和高熱等症狀，而不以頭痛為主證辨治。

3. 內科頭痛必須和其他各科的疾病，如鼻竇炎、鼻咽癌、中耳炎、乳突炎、齲齒、青光眼、腦腫瘤以及腦外傷後所致的頭痛相鑑別。

4. 治療頭痛，常要配入一些治風藥，如白芷、川芎、荊芥、藁本、羌活、蔓荊子、白蒺藜、天麻等，因為這些藥善於上行，可帶引其他藥物直達頭部以止痛，所以不單外感頭痛多配用，即使內傷頭痛也常適當選入作引經藥。但是這類藥中，有些氣味辛溫香燥，用量不宜過大，以免產生不良反應。

辨證施治

一、外感頭痛
（一）風寒頭痛
【主證】感冒風寒後，惡寒發熱均止，頭痛獨重，遇風則痛劇，鼻塞流清涕，舌苔薄白，脈浮緩或浮緊。

【治法】疏風散寒。

【方例】川芎茶調散加減：川芎 6g、白芷 10g、羌活 6g、防風 10g、蔥頭 5 枚、甘草 5g。

蒼耳子散加減：蒼耳子 10g、薄荷 5g、白芷 10g、甘草 3g，用一碗半水煎至大半碗，溫服。

（二）風熱頭痛

【主證】感冒風熱，頭痛獨重，怕風，面紅目赤，鼻塞涕黃，口乾或渴，脈浮滑。

【治法】疏解風熱。

【方例】桑菊飲加減：桑葉 10g、菊花 10g、蔓荊子 10g、薄荷（後下）5g、連翹 10g、蘆根 15g、甘草 3g。

菊花茶調散加減：菊花 12g、薄荷（後下）5g、防風 10g、白殭蠶 6g、甘草 3g。

（三）風濕頭痛

【主證】頭痛頭重而與天氣變化有關，全身酸倦微痛，胸悶不適，舌苔白膩，脈濡緩。

【治法】祛風燥濕。

【方例】羌活勝濕湯加減：羌活 10g、防風 10g、白芷 10g、蔓荊 10g、川芎 6g、甘草 3g。

荊防敗毒散加減：荊芥 6g、防風 10g、川芎 6g、蒼朮 10g、枳殼 6g、茯苓 10g、甘草 3g。

（四）偏頭痛

可見於偏頭痛、三叉神經痛、神經性頭痛等。

【主證】半側頭面痛，受風則痛增，突然發病，反覆發作，有些則痛連齒、目，苔白，脈弦。

【治法】祛風痰，養肝血。

【方例】仙姑遇真湯：膽南星 10g、白附子 6g、天麻 6g、防風 6g、全蠍 3g、蜈蚣 1 條、當歸 10g、丹參 15g。

（五）寒厥頭痛

多見於神經性頭痛等。

【主證】頭痛冰冷感，怕風，頭痛較劇，喜用巾裹或蒙被而睡，表情痛苦憂鬱，口淡，吐涎，四肢冷，舌苔白，脈沉緊。

【治法】散寒止痛。

【方例】吳茱萸湯加減：吳茱萸 6g、黨參 12g、生薑 6g、當歸 10g、肉桂 1g、大棗 3 枚。

當歸四逆湯加減：當歸 12g、桂枝 6g、白芍 10g、細辛 3g、生薑 10g、炙甘草 3g。

二、內傷頭痛

（一）氣虛頭痛

多見於病後體弱、某些慢性疾患、神經衰弱等。

【主證】頭隱隱痛，伴有空虛感，早晨痛比較厲害，體倦少氣，精神疲倦，四肢軟弱無力，食慾不振，舌苔薄白，脈虛。

【治法】補中益氣，祛風，散寒。

【方例】補中益氣湯加減：黃耆 12g、黨參 12g、升麻 3g、當歸 10g、柴胡 6g、川芎 5g、細辛 3g、炙甘草 3g。

（二）血虛型

多見於貧血、神經官能症、慢性失血等。

【主證】頭痛綿綿，頭暈，面色蒼白，體倦，唇舌色淡，脈細弱。

【治法】補血、疏風、止痛。

【方例】四物湯加味：熟地 10g、當歸 12g、白芍 10g、川芎 5g、菊花 10g、蔓荊子 10g。

（三）肝陽上亢型

多見於高血壓、神經衰弱等。

【主證】頭痛而暈，面色潮紅，心煩易怒，睡眠不安，四肢麻木，口苦，脈弦。

【治法】平肝、潛陽、息風。

【方例】天麻鉤藤飲加減：天麻 6g、鉤藤 12g、桑寄生 15g、茯苓 12g、牛膝 10g、黃芩 6g、牡蠣 15g、龍骨 15g。

潛陽方：菊花 12g、白芍 12、生地 15g、牛膝 10g、夏枯草 12g、珍珠母 30g。

（四）肝腎陰虛型

多見於神經衰弱、腦血管硬化、高血壓等。

【主證】頭痛、頭暈，耳鳴，腰酸，下肢無力，遺精或帶下，舌質紅，苔少，脈細弦。

【治法】養肝補腎，平肝息風。

【方例】大補元煎加減：熟地 20g、山萸肉 10g、白芍 12g、女貞子 12g、杜仲 12g、龜板 20g、炙甘草 3g。

（五）肝火型

【主證】頭痛，面紅目赤，頭筋突起，心煩易怒，口乾口苦，小便黃短，舌苔薄黃，脈弦滑或弦數。

【治法】清肝瀉火。

【方例】龍膽瀉肝湯加減：龍膽草 10g、黃芩 10g、梔子 6g、赤芍 12g、柴胡 6g、菖蒲 3g、甘草 3g。

簡易方及其他療法

一、簡易方

1. 薄荷 6g、紫蘇葉 6g、蒼耳子 10g，水煎服。治風寒頭痛。

2. 蔓荊子 10g、白蒺藜 10g、梔子 6g，水煎服。治風熱頭痛。

3. 蒼朮 10g、羌活 10g、薏苡仁 20g，水煎服。治風濕頭痛。

4. 荊芥 10g、黑豆 15g、生薑 3 片，水煎服。治寒厥頭痛和偏頭痛。

5. 黃蓍 15g、升麻 3g、蔓荊子 10g，水煎服。治氣虛頭痛。

6. 肉蓯蓉 30g、紅棗 6g，水煎服。治肝腎虛和血虛的頭痛。

7. 夏枯草 15g、豨薟草 15g、草決明 15g，水煎服。治肝陽頭痛。

8. 救必應 15g、金鎖匙 30g，水煎服。治風熱頭痛和肝火頭痛。

9. 散偏湯：川芎 12g、白芷 10g、柴胡 6g、白芍 15g、香附 6g、白芥子 10g、鬱李仁 3g、甘草 3g。治偏頭痛。

10. 全蠍（炙）2g、別直參 2g、鉤藤 5g，共為細末，每天分 2 次服。治偏頭痛。

11. 全蠍 8 隻，蜈蚣 3 條，共研細末，分成 6 包，每

次 1 包，早晚各服 1 次。治偏頭痛。

12. 傷濕止痛膏貼患側太陽穴。適用於偏側或顳側頭痛。

二、針灸療法

【主穴】合谷、太衝、阿是穴（壓痛點）。

【配穴】前頭痛配印堂、上星；偏頭痛配太陽、率谷；後頭痛配風池、風府；頭頂痛配百會、湧泉。

【治法】用瀉法，宜多捻，久留針（可配合電針或梅花針局部點刺）。

三、耳針

【取穴】神門、肝、脾、腎、膽點。每次選 1～2 個穴位，埋針 3～5 天。

✳ 第十一節　癱　瘓

癱瘓，根據部位大致可分面癱和肢癱。武當道教醫藥稱面癱為「口眼喎斜」「歪嘴風」；肢癱若見筋肉鬆弛無力的（類似弛緩性癱瘓——「軟癱」），稱為「痿」或「痿躄」，而對筋肉攣縮不能伸展自如的（類似痙攣性癱瘓——「硬癱」），稱為「拘」或「拘痿」。

病因病理

1. 武當道教醫藥認為，「肝主筋」「腎主骨」「脾主肌肉」，癱瘓的產生與肝、腎、脾三臟的病變有關。此外，氣血虛弱，陰津虧耗，筋肉失養，風邪侵襲，瘀血阻滯，絡脈不通，亦可發生。

2. 正氣不足，絡脈空虛，風邪乘虛而入，或肝陽偏旺上亢，肝風內動，竄犯經絡。

3. 生活失常，年老體弱或疾病虧損，腎臟精氣不足，筋骨失養。

4. 感受外來濕邪，濕氣滯留，鬱而生熱，濕熱薰蒸，或脾的運化功能失常，水液輸布障礙，濕邪內生，濕鬱化熱，侵害筋脈。

5. 久病耗損，婦女產後氣血兩虛，或脾虛氣血生化不足，無以濡養肌肉筋脈。

6. 溫熱病後，陰津耗損，筋脈失於滋潤。

7. 抽搐時間過長或中風以後，經絡血液凝聚不行；跌打損傷瘀血不消，以致氣血運行不利，筋脈失養。

診治要點

1. 按臨床所見，面癱往往是外風中絡的表現，肢癱一般由風陽上亢、氣血兩虛、腎虛或濕熱所致，硬癱每見於熱傷陰津和正虛血瘀之證。

2. 外風中絡、風陽上亢和濕熱三型一般起病較急，多屬實證；氣血兩虛和腎虛兩型起病較緩，屬虛證；熱傷陰津和正虛血瘀兩型多發生於溫病或中風之後，屬虛中帶實證。

3. 外風中絡型多於受涼或受風後出現面癱，並有病側面麻木，發脹感，風陽上亢型肢癱多因情緒劇烈變動誘發，發病前沒有肢體麻木感；氣血兩虛型肢癱多為疲勞引起或使症狀加重，有些可反覆發作，一般肌肉瘦削較明

顯；濕熱型肢癱多有肢麻身重，肌肉痠痛或手足癢如蟻行感；正虛血瘀型則有肢體牽引作痛或痛點。

4. 治療本證，應根據寒熱虛實的辨證，以祛風通絡，調補陰陽氣血為主，不宜過多使用溫燥祛風藥物，以免耗血傷津。

5. 採用綜合療法，並充分調動病人的積極因素，加強功能鍛鍊，可以提高療效。

辨證施治

一、面癱（外風中絡型）

多見於面神經麻痺。

【主證】突然口眼歪斜，說話不清，口角流涎，舌苔白，脈浮滑。

【治法】輕者養血祛風，重者搜風通絡。

【方例】大秦艽湯加減：秦艽 10g、防風 10g、白芷 6g、川芎 5g、當歸 10g、白芍 10g、天麻 10g。輕症適用。

複方牽正散：白附子 6g、殭蠶 10g、全蠍 3g、白蒺藜 10g、雞血藤 15g。重症適用。

二、肢癱

（一）風陽上亢型

多見於中風早期。

【主證】突然一側肢體癱瘓（半身不遂），舌頭發硬，說話不清，口眼歪斜，面色潮紅，頭暈脹痛，舌質紅，脈弦滑或弦數。

【治法】滋陰潛陽，息風通絡。

【方例】天麻鉤藤飲加減：天麻 10g、鉤藤 12g、桑寄生 15g、豨薟草 15g、殭蠶 10g、牛膝 10g、黃芩 10g、

羚羊鉤藤湯加減：羚羊骨（先煎）15g、鉤藤（後下）15g、生地 20g、白芍 12g、菊花 12g、地龍 10g。

（二）氣血兩虛型

可見於重症肌無力、多發性神經炎和某些週期性癱瘓等。

【主證】肢體麻木無力，以致痿軟不能隨意活動，肌肉軟弱，漸見瘦削枯萎，精神疲倦，面色萎黃，或有頭暈，心跳，舌質淡，脈細弱。

【治法】補益氣血。

【方例】健步丸加減：黃耆 15g、當歸 12g、熟地 12g、桑寄生 25g、阿膠（烊化）10g、白朮 12g、牛膝 12g、菟絲子 10g。

（三）濕熱型

可見於某些多發性神經炎。

【主證】下肢痿軟或微腫，手足癢如蟻行感，肌肉痠痛，身重胸悶，面黃，口苦而黏，小便黃短，舌邊紅，苔黃膩，脈滑數。

【治法】清熱化濕。

【方例】加味二妙散：黃柏 10g、蒼朮 10g、當歸 10g、牛膝 10g、防己 10g、萆薢 12g、龜板 15g。

祛痿方：防己 10g、黃柏 10g、威靈仙 10g、澤瀉 10g、薏苡仁 12g、海風藤 10g、木瓜 10g、葛根 10g。

（四）腎虛型

多見於小兒麻痺後遺症、脊髓炎、急性多發性神經根炎等。

【主證】下肢或手臂痿弱不用，肌膚麻木，腰背痠軟，神疲乏力，漸見肌肉瘦削，或有頭暈、耳鳴，小便失禁，舌質淡嫩，脈沉細。

【治法】補腎強筋骨。

【方例】鹿角膠丸加減·鹿角膠（烊化）10g、菟絲子10g、巴戟天10g、牛膝10g、木瓜10g、狗脊10g、白朮10g。

贊育丹加減：熟附子10g、肉桂2g、肉蓯蓉15g、杜仲12g、熟地15g、淫羊藿12g、鎖陽12g、當歸10g。陽虛明顯者適用。

四、硬癱（拘痿）

（一）熱傷陰津型

多見於流行性日本腦炎後遺症等。

【主證】溫熱病後肢體筋肉收縮，手足拘攣，不能隨意伸展，皮膚乾燥，心煩口渴，咽乾，手足心熱，小便短少，舌質紅少津，脈細數。

【治法】養陰生津。

【方例】復痿方：生地20g、白芍12g、石斛12g、花粉15g、地龍12g、龜板15g、阿膠（烊化）10g、雞血藤15g。

（二）正虛血瘀型

多見於中風後遺證、某些日本腦炎後遺症和脊髓壓迫

症截癱等。

【主證】一側肢體或兩下肢筋肉攣縮不能隨意運動，患肢麻木或抽掣刺痛，面色萎黃，神疲倦怠，氣短懶言，舌質暗紅或有紫藍斑點，脈細澀。

【治法】活血通絡，補益氣血。

【方例】補陽還五湯加減：黃耆 35g、當歸尾 12g、赤芍 10g、地龍 12g、桃仁 10g、紅花 6g、牛膝 10g。

桃紅四物湯加減：桃仁 10g、紅花 6g、當歸 12g、川芎 6g、黨參 15g、雞血藤 15g、穿山甲 6g、全蠍 3g。

簡易方及其他療法

一、簡易方

（一）面癱

1. 蜈蚣（瓦上焙乾研末）、甘草粉各等份，每次 1～2g，每日 2 次，防風 15g，煎湯送服。

2. 荊芥 35g，水煎服或黃酒送服。

3. 鮮蓖麻子 7 個，去皮搗爛成膏，加入冰片少許，貼在患側面部（左歪貼右，右歪貼左）。

4. 白芷細面調活鱔魚血（黃鱔血）塗於患側，或取鱔魚血約 30 滴（有條件可加入麝香 0.1g），調勻，塗在患側口角稍下方，每隔 15 分鐘塗一層，共塗 4 次，3～4 小時後用溫水洗去，每日 1 次。

5. 將生馬錢子濕潤後，切成薄片（18～24 片重4g），排列於橡皮膏上，敷貼患側面部，7～10 天調換一張，至恢復正常為止。

6. 蔓荊子膏（蔓荊子 6g、黃耆 6g、炙甘草 10g、鮮蓖麻子肉 30g）搗如泥，塗在患側。

（二）肢癱

1. 豨薟草 35g、牛大力 35g、路路通 10g，水煎服。

2. 伸筋草 10～15g，透骨草 15g，生薑 5g，水煎服。

3. 燈盞花（全草）10～15g，研末，雞蛋一個調勻，蒸熟熱服。

4. 千斤拔 35g、雞血藤 35g、狗脊 15g、杜仲藤 15g，水煎服，癱瘓虛證適用。

5. 婆婆針 15g、忍冬藤 35g、延胡索 10g、丹參 15g、虎杖 15g、土大黃 15g，水煎服。對多發性神經炎有效。

二、針灸療法

（一）面癱

【主穴】頰車、地倉、合谷、下關、四白、足三里、太陽、牽正（頰車與地倉的聯線中點處）、攢竹、翳風、絲竹空。

【配穴】眼閉合不全選配陽白、魚腰、瞳子髎；露齒聳鼻困難配迎香、人中；面肌痙攣選配光明、顴髎。

以上穴位患側與健側輪換針刺。

【治法】急性期和體質壯實者，以針刺為主，面部穴位可採用透針法，如頰車透地倉，上眉尾穴透上眉頭穴（兩穴相透中間恰好通過魚腰穴），四白透地倉等，留針 15～30 分鐘，患病在 10 天以上，可加用「6·26 治療機」。對病久體弱患者，取穴以健側為主，用補法，留針 30 分鐘，或隔薑灸頰車、足三里，或結合面部按摩，點

按或揉按上述穴位，也可採用梅花針在患側面部輕微彈刺。

（二）肢癱

【主穴】上肢癱瘓選取：肩髃、臂臑、手三里、合谷、養老，或曲池透少海，外關透內關。

下肢癱瘓選取：環跳、風市、殷門、伏兔、委中、承山、足三里，或陽陵泉、三陰交透懸鐘，解谿透申脈。

【配穴】失語配啞門、廉泉，小便失禁（或瀦留）灸關元、腎俞。

【治法】取穴以癱瘓肢體的穴位為主，適當換用健側肢體的穴位，穴位要經常輪換，每次取 3～5 穴為宜。手法一般用中度刺激，開始時亦可用強刺激，留針 5～15 分鐘。體弱者用補法，可配合艾灸，或交替用梅花針點刺夾脊及患肢。

三、穴位注射療法

面癱取翳風、頰車、合谷、牽正兩偶側（耳垂前 5 分～1 吋）、太陽，每次選用 2～3 穴，每穴注入 5%當歸液或維生素 B_1 注射液 0.3～0.5ml，每天 1 次。

四、頭皮針療法

取運動區（雙側肢體癱瘓取兩側，一側肢體癱瘓取對側），每次捻針 10～15 分鐘或加電針。如屬腦血管意外病例，待病情穩定數日後進行針刺，防止針刺後血管擴張引起再度出血。

五、耳針

【取穴】肝、脾、腎、內分泌及患肢相應過敏點。每

次選 2～3 穴，埋針 3～5 天。

※ 第十二節　呼吸困難

呼吸困難，武當道教醫藥認為是呼吸氣機失常的表現，包括氣短（少氣）、喘促、哮喘等三種證候。

病因病理

1. 引起呼吸困難的病因有虛有實。虛的與心、肺、脾、腎等臟氣的虛弱有關，實的為風、寒、熱、痰、水、飲等病邪，使上述臟腑的功能發生障礙所致。

2.「心主血脈」「肺朝百脈」，心脈連肺，肺脈貫心。心與肺在生理和病理上有密切的關係。如心氣虛弱，心陽不足，血脈運行不暢，導致血瘀形成，影響了肺氣的宣通，便會出現喘促病證。

3.「肺主氣」「司呼吸」，肺是主管呼吸的主要器官，以肺氣下降為正常。如久咳不止損傷肺氣，肺氣不足則呼吸無力，聲低氣短；肺陰虛損，「陰虛生內熱」，熱邪犯肺，肺受熱灼，影響肺氣宣通與肅降，則產生臨床常見的肺熱喘促病證。

4.「脾為臟氣之源」，「脾主運化」。肺氣的強弱有賴於脾吸收，輸送食物營養和水液運化功能的正常。所以脾虛會影響到肺，引起肺氣虛弱，出現氣短（少氣）等症狀；運化功能失常，又會影響水液輸布、排泄，聚濕成痰。水、飲邪阻逆肺氣下降而出現喘促、哮喘等病證。

5.「肺主氣」，「腎主納氣」。肺雖然主管呼吸，但肺

氣的下降有賴於腎氣的攝納，如果腎氣虛弱，不能協助肺氣的下降就會產生氣喘。

以上病變常常可以互相影響，同時存在。

診治要點

1. 氣短（少氣），是患者主觀上有氣不夠用的感覺，而外觀呼吸情況常無改變，多見於虛證。

2. 喘促指呼吸急促，甚至張口抬肩不能平臥，常為某些疾病的重要主病。

哮喘以呼吸急促，呼氣時伴有哮鳴聲為特徵，是一種經常發作的疾病。

本證的治療，原則上氣短以補虛為主。喘促則分虛實，虛喘治以培補攝納，實喘以祛邪降氣為法；至於哮喘，在發作時一般採用祛邪為主，緩解後注意扶正。

辨證施治

一、氣短（少氣）

（一）心肺兩虛型

可見於貧血、心臟病、神經官能症以及某些慢性疾患。

【主證】氣短，心悸，精神疲倦，面色萎黃或蒼白，飲食減少，失眠，多夢，舌淡，脈細弱。

【治法】益氣健脾，養心安神。

【方例】歸脾湯加減：黨參 15g、白朮 10g、大棗 4枚、炙甘草 10g、龍眼肉 12g、酸棗仁 10g、五味子 6g。

（二）肺虛型

這是肺癆日久，氣陰虛損所致的病證，臨床可見於肺結核病者。

【主證】氣短，講話無力，咳聲低弱，身體消瘦，精神倦怠，顴紅，口乾，舌質淡紅，脈細弱。

【治法】益氣養陰。

【方例】生脈散：黨參 15g、麥冬 10g、五味子 6g。

補肺湯加減：黨參 12g、黃蓍 10g、熟地黃 12g、天冬 10g、百合 10g、桑白皮 10g。

（三）氣虛型

這是飲食失調或過勞傷脾，脾氣虛弱所致的病證。可見於神經衰弱、慢性胃腸道疾患、內臟下垂及某些消耗性疾病。

【主證】氣短、聲低，面色淡白，精神疲倦，四肢無力，飲食減少，食後脘腹脹悶，或有胃下垂，脫肛，子宮下垂等，舌質淡，脈細緩。

【治法】益氣健脾。

【方例】六神散加減：黃蓍 15g、黨參 10g、茯苓 12g、白朮 10g、炙甘草 6g、砂仁 5g。

二、喘促

這裡指的是以喘促為主的病證。另外，水腫嚴重，水邪上逆也可見喘促，請參閱「水腫」的有關證型。

（一）心陽虛型

這是心陽虛弱，鼓動血脈運行力量不夠，影響了肺氣宣通下降而出現心病累及肺臟的病症。臨床多見於心力衰

竭等。

【主證】稍勞則喘促，心悸，甚則半夜喘醒，不能平睡，汗出，或有咳嗽，咳血，面色蒼白，唇舌紫暗，脈細弱或虛數。

【治法】溫補心陽。

【方例】參附龍牡湯加味：黨參 15g、熟附子 10g、龍骨 15g、牡蠣 15g、山萸肉 12g。

桂枝附子湯加減：桂枝 10g、熟附子 10g、黨參 15g、炙甘草 6g。每日一兩次。一般可連服三五天，但不宜持續久服。

（二）痰濁阻肺型

多見於肺氣腫、肺源性心臟病等。

【主證】久病咳喘，痰多，呼吸喘促，不能平睡，面帶浮腫，口乾而不欲飲，舌苔濁膩，脈滑。

【治法】溫化痰濁，降氣平喘。

【方例】三子定喘湯：蘇子 10g、白芥子 6g、萊菔子 16g。

蘇子降氣湯加減：蘇子 10g、前胡 6g、法半夏 10g、厚朴 6g、陳皮 3g、款冬花 10g。

喘咳方：炙麻黃 10g、北杏仁 12g、旋覆花 10g、法半夏 12g、蘇子 12g。

（三）肺熱型

多見於支氣管炎、肺炎等。

【主證】呼吸喘促，咳嗽，痰黃黏稠，口乾，身熱面紅，汗出，或胸痛，痰中帶血，舌苔黃，脈滑數。

【治法】清肺平喘。

【方例】麻杏石甘湯加味：麻黃 5g、北杏仁 10g、石膏 30g、黃芩 12g、葦莖 30g、甘草 3g。

瀉白散加減：桑白皮 12g、地骨皮 10g、黃芩 12g、牛蒡子 10g、葶藶子 10g、連翹 10g。

（四）懸飲

懸飲是水液代謝失調的病症。飲是外表看不見的水邪，水邪積聚於胸脅，阻逆肺氣下降則出現喘促。臨床可見於胸腔積液等。

【主證】呼吸喘促，偏臥於單側較舒服，胸脅脹滿，可有咳嗽及胸脅痛，舌苔薄白，脈沉弦。

【治法】攻逐水飲。

【方例】葶藶大棗瀉肺湯加味：葶藶子 15g、大棗 7枚、白芥子 10g、桂枝 6g、桃仁 12g、車前子 30g。

（五）臟躁證

這是七情所傷之病，與精神刺激有關，病的部位在心。臨床多見於癔病等。

【主證】突發呼吸喘促，主訴咽部不適，或感腹部有氣往上沖，情緒不安，頻頻瞬目，易見激動。坤民多見，既往有同樣病發作史。舌苔薄，脈緩。

【治法】養心安神，和中緩急。

【方例】甘麥大棗湯加味：炙甘草 10g、浮小麥 30g、大棗 5 枚、百合 15g、龍骨 30g。

三、哮喘

參閱支氣管哮喘。

簡易方及其他療法

一、簡易方

1. 五爪龍 30g、金櫻子 15g，水煎服。治心脾兩虛和氣虛型的氣短。

2. 鐵包金 15g、牛大力 40g，水煎服。

3. 十大功勞葉 15～30g、瘦肉適量，煮服。

上兩方治肺虛型氣短。

4. 麻黃 6g、枇杷葉 12g、地龍 10g、馬兜鈴 10g。治肺熱喘促。

二、針灸療法

【主穴】肺俞、內關、定喘、合谷。

【配穴】胸悶心悸配心俞、膻中；痰多配豐隆、孔最。

【治法】針用平補平瀉法，除發熱外皆可用艾條懸灸。

三、穴位注射療法

取穴同針灸療法。每次選 2～3 個穴位，每穴用 5% 當歸注射液 0.5～1ml 注入。

四、耳針

【取穴】肺、心、神門、腎、交感點。每次選一至二穴，埋針 3～5 天。

✳ 第十三節　咳　嗽

咳嗽是臨床常見的症狀，多因肺臟受病而發生，故前人有「咳者，肺之本病也」等說法。然而，也有因其他臟

腑病變影響到肺而出現咳嗽的，即所謂「五臟六腑皆令人咳，非獨肺也」。

病因病理

肺主呼吸，是人體內外氣體交換的主要器官，呼出濁氣，吸入清氣，以肺氣宣通和下降為正常。

「肺開竅於鼻」，鼻是肺的門戶，為氣體出入的通道；「肺主皮毛」，又與肌表抵抗力有關。肺又是容易受邪的臟器（「肺為嬌臟」）。凡外邪侵犯人體，特別是風邪、燥邪，不管從鼻吸入還是從皮毛而侵，都常上犯於肺，使肺氣不得宣通，而出現咳嗽。所以外感病常有咳嗽，且往往在發病初期即發生。

肺臟本身有病，或其他臟腑有病累及肺臟，影響了肺氣清肅下降的功能。如肺陰虛損或熱邪損傷肺津，致肺陰不足，脾虛生濕，聚濕成痰，痰濁阻滯於肺，腎氣虛弱，不能「納氣」，影響肺氣下降等，均可產生咳嗽，這些都屬於內傷咳嗽。

診治要點

一、外感咳嗽和內傷咳嗽的鑑別

表3

鑑別要點 ＼ 類別	外感咳嗽	內傷咳嗽
起病	急驟	緩慢
病程	較短	較長
性質	多屬實證	多屬虛證
邪在肌表症狀	可有鼻塞、流涕、頭痛	無

二、咳嗽情況

（一）時間

1. 一般外感咳嗽起病較急，病程較短，但風痰咳嗽可持續數月不癒，肺癰咳嗽也歷時較長，內傷咳嗽起病緩慢，病程多長，特別肺陰虛和腎虛的咳嗽常日久不癒，而熱咳和燥咳則病程一般較短。

2. 熱咳、燥咳均是日間咳嗽較多，風痰咳嗽、痰濕咳嗽、脾虛咳嗽、腎虛咳嗽則夜咳較劇。咳嗽持續不停者，多見於風痰咳嗽和腎虛咳嗽。

（二）誘因

風痰咳嗽者，迎風或受氣體刺激時，常易引起咳嗽加劇；痰濕咳嗽，在食入生冷和飲水過多時，會使咳嗽加劇，腎虛咳嗽，常遇勞累則發生。

（三）痰

1. 痰的性質：痰清稀屬寒、屬濕；泡沫樣屬脾腎虛；黏稠屬熱；而肺癰則痰帶腥臭。

2. 痰的顏色：白色屬風、屬寒、屬濕；黃色屬熱。

3. 痰的多少：脾虛、腎虛、痰濕及肺癰均為多痰，甚至可聽到痰鳴聲，風寒咳、熱咳及肺陰虛咳則痰較少，燥咳則無痰。

三、兼見症狀

（一）咽部症狀

挾風咳嗽咽癢，風痰咳嗽咽癢最甚；風熱咳、燥咳偶見咳血，但多見於早晨起床時；風溫病邪困肺，痰可為暗紅色（鐵鏽色）。

（二）氣喘

哮喘病，以氣喘為主證。風溫病熱邪困肺時喘甚於咳；腎虛不納氣時則常因喘甚而引起咳嗽，脾虛咳嗽則僅有少氣感。

（三）胸脅痛

風溫病熱邪困肺、肺癰及肺陰虛在不咳嗽時，也可覺胸脅隱痛。而燥咳、熱咳則在咳嗽時而引起胸脅痛。

本篇著重論治以咳嗽為主的病證；外感病中的感冒和溫病也常見咳嗽，但這些病的表證明顯，並且常有發熱，應參考普通感冒、溫病的辨治（如秋燥咳嗽、暑病犯肺、熱邪困肺）；以氣喘為主證的咳嗽可參考呼吸困難的辨治。

對咳嗽的治療，屬外感當以解表宣肺為主；屬內傷應首先辨明證候的虛實和病情緩急，按「急則治標、緩則治本」的原則，在發作重時，以治肺化痰為主，在發作輕時或以健脾化溫或補腎納氣調治。

辨證施治

一、外感咳嗽

（一）風寒型

這是風邪與寒邪相合犯肺的病證，可見於急性上呼吸道感染等。

【主證】咳嗽頻頻，痰稀少，咽喉癢，鼻塞流涕，惡寒或怕風，苔薄白，脈浮緊。

【治法】祛風散寒，宣肺利氣。

【方例】金沸草散減味：旋覆花 10g、前胡 10g、荊芥 6g、細辛 3g、法半夏 6g、陳皮 3g、紫菀 10g、甘草 3g。

（二）風熱型

這是風邪與熱邪相合犯肺的病證，多見於急性上呼吸道感染、急性支氣管炎等。

【主證】咳嗽痰黃或黃白，不容易排出，鼻塞，可有咽痛或胸痛，舌邊紅，舌苔薄黃，脈浮數。

【治法】疏風熱，宣肺氣。

【方例】桑菊飲：桑葉 10g、菊花 10g、薄荷（後下）5g、北杏仁 10g、桔梗 10g、連翹 10g、甘草 3g、蘆根 15g。

疏咳方：前胡 10g、牛蒡子 10g、瓜蔞皮 10g、枇杷葉 12g、桔梗 10g、甘草 3g。

（三）風痰型

這是病人平素脾虛，運化功能不好，痰濕內停，為外感風邪所引動，以致風痰內盛的病證。可見於慢性咽喉炎、慢性支氣管炎、過敏性咳嗽等。

【主證】咳嗽頻頻，痰多，日久不癒，遇風則增劇，咽喉癢，頭重頭暈，舌苔白，脈弦滑。

【治法】祛風，化痰止咳。

【方例】止咳散：荊芥 6g、桔梗 10g、陳皮 6g、紫菀 10g、百部 10g、白前 6g、甘草 3g。

鼻塞惡風者加防風 10g 或蒼耳子 10g，口乾苦、微熱者的加連翹 10g、黃芩 10g。

半蘇丸加味：法半夏 6g、紫蘇梗 6g、防風 6g、款冬花 6g、烏梅 1 枚。

（四）肺癰

參閱肺膿腫（證治）。

二、內傷咳嗽

（一）痰濕型

這是脾陽不振，痰濕內盛，影響肺氣宣通和肅降的病證。多見於慢性支氣管炎等。

【主證】咳嗽，痰多色白，胸脘脹悶，飲食減少，或有噁心嘔吐，舌苔白滑膩，脈濡滑。

【治法】健脾燥濕，化痰止咳。

【方例】二陳湯加減：法半夏 12g、茯苓 15g、陳皮5g、旋覆花 10g、前胡 10g、北杏仁 6g。

白朮丸加減：白朮 10g、法半夏 6g、南星（薑製）6g。

（二）脾虛型

這是脾氣虛弱，聚濕生痰，痰濁阻肺的病證。可見於慢性支氣管炎、肺氣腫、支氣管哮喘緩解期等。

【主證】咳嗽，痰多色白易排出，面白微腫，少氣，體倦怕冷，脘部悶脹，食慾不振，口淡，舌苔薄白，脈細緩。

【治法】健脾益氣，燥濕除痰。

【方例】陳夏補氣湯：黨參 10g、白朮 10g、茯苓15g、炙甘草 3g、陳皮 5g、法半夏 10g。

理中湯：黨參 12g、白朮 10g、乾薑 6g、炙甘草 3g。

（三）肺熱型

是熱邪傷肺，肺氣不得宣通的病證。可見於支氣管炎、非典型肺炎、支氣管擴張等。

【主證】咳嗽，痰黃稠而難排出，甚或痰中帶血，口鼻氣熱，口乾渴，口苦或覺咽痛，舌苔黃，脈弦數。

【治法】清肺化痰。

【方例】瀉白散加減：桑白皮 12g、地骨皮 12g、黃芩 10g、蘆根 15g、甘草 3g，咳痰帶血加側柏葉 10g、茅根 15g。

清金化痰湯加減：黃芩 10g、梔子 10g、知母 10g、瓜蔞仁 10g、貝母 15g、海蛤殼 15g、桔梗 6g。

寧咳方：馬兜鈴 6g、牛蒡子 10g、黃芩 6g、桑白皮 12g、瓜蔞皮 12g、北杏仁 6g、枇杷葉 12g、甘草 3g、桔梗 10g。

（四）肺燥型

為熱傷肺津，肺失滋養，致氣道乾燥的病證。可見於慢性咽炎、慢性咽喉炎等。

【主證】乾咳無痰，聲音嘶啞，咳引胸痛，鼻燥咽乾。舌質紅，舌苔薄而乾，脈弦細略數。

【治法】清肺潤燥。

【方例】清燥救肺湯加減：桑葉 10g、麥冬 10g、枇杷葉 10g、南杏仁 10g、川貝母 10g。

潤咳方：沙參 10g、南杏仁 12g、甜桔梗 10g、瓜蔞皮 10g、炙百部 6g、川貝末（沖）3g、柿蒂 5g。

（五）肺陰虛型

為久病肺陰虛損，陰虛生內熱，損及肺絡的病證，可見於肺結核及某些支氣管擴張和慢性支氣管炎。

【主證】久咳不止，痰少而黏，甚則痰帶血絲，身體消瘦，潮熱盜汗，少氣，胸隱痛，舌質紅，少苔，脈細數。

【治法】養陰清熱，潤肺止咳。

【方例】百合固金湯加減：百合 15g、生地 12g、麥冬 10g、玄參 10g、貝母 6g、炙百部 10g、桔梗 6g、甘草 3g。

咳痰帶血加白及 12g、阿膠（烊化）10g，盜汗加浮小麥 15g、龍骨 15g。

月華丸減味：沙參 12g、天冬 10g、貝母 10g、炙百部 10g、阿膠（烊化）10g、地骨皮 10g。

（六）腎虛型

因腎虛，「腎不納氣」，影響肺氣下降功能而產生的病證。多見於喘息性支氣管炎、慢性支氣管炎、肺氣腫、肺源性心臟病、肺充血等。

【主證】咳嗽、短氣（呼吸短促而不相接續），體力活動時加重，痰清稀呈泡沫狀，面白微腫，甚或肢體浮腫，舌質淡，舌苔白，脈沉細。

【治法】溫腎納氣。

【方例】附桂八味丸加減：熟附子 10g、肉桂 2g、熟地 12g、山萸肉 10g、茯苓 10g、澤瀉 10g、五味子 6g。

金水六君煎加減：當歸 10g、熟地 15g、茯苓 12g、

陳皮 6g、甘草 5g、細辛 3g、熟附子 10g。

簡易方及其他療法

一、簡易方

1. 紫蘇葉 6g、生薑 3 片、金桔 18g，水煎服。

2. 兔耳風 15g、五匹風 30g、肺筋草 15g，水煎服。

3. 紅糖 15g，炒焦後放生薑 15g，加水煮沸 10 分鐘，去薑溫服。

4. 酸漿果皮 5 個，陳皮 10g,水煎服。

上方均治風寒咳嗽。

5. 大青葉 15g、仙鶴草 15g、茅根 30g，水煎服。治肺熱咳。

6. 荊芥穗 6g、訶子肉 6g、百部 6g，水煎服。治風痰咳。

7. 白果肉（煨）10 個、花生米 30g、大棗 5 枚，水煎服。

8. 胎盤粉每次服 6g，每日服 2～3 次。

以上兩方適用於腎虛咳嗽。

9. 生薑、雞蛋適量，放在鐵鍋裡內同煎後服湯。治晚間寒咳。

10. 大蒜 60g，水煎分 2 次服。

11. 側柏葉 30g，水煎分 2 次服。治久咳。

12. 胖大海 4 個，開水泡服。

13. 栗子殼 30g、糖冬瓜 30g，水煎服。

14. 海蜇 10g、海浮石 10g，用水加冰糖燉服。

15. 黑木耳、冰糖各 10g，水燉服。

以上四方均治燥咳。

16. 石仙桃 15g、龍舌葉 15g、牛大力 30g，水煎服。治肺陰虛咳嗽。

17. 魚腥草 30g、穿心蓮 10g、桔梗 10g、甘草 5g，水煎服。治熱咳。

18. 三莢草 15g、崗梅根 30g、枇杷葉 12g，水煎服。治風熱咳。

19. 五爪龍 50g、牛大力 30g，水煎服。治脾虛及痰濕咳嗽。

20. 木蝴蝶（千層紙）10g、山楂葉 12g、生山楂 15g，水煎服。治外感食滯咳。

21. 傷濕止痛膏兩塊，分貼在兩側肺俞穴，止夜咳嗽。

二、針灸療法

【主穴】肺俞、合谷。

【配穴】痰多配豐隆，咽癢而咳配天突，胸中憋悶配內關、膻中，久咳體虛溫灸肺俞、腎俞、脾俞。

【治法】外感咳宜淺刺用瀉法，內傷咳宜平補平瀉，並配合艾灸。

三、穴位注射療法

取穴同針灸療法，每次選 2～3 個穴位。外感咳宜選 5%穿心蓮注射液，內傷咳嗽用 5%當歸注射液，每穴注入 0.5～1ml，每日 1 次。

四、拔罐療法

先用梅花針輕點刺 1～8 胸椎旁，後在定喘、肺俞、脾俞拔罐。

✳ 第十四節　胸　痛

引起胸痛的病證較多，武當道教醫藥的病名也不統一。大致包括了胸痛、胸痺、痰飲、真心痛、厥心痛等證候的有關內容。

病因病理

1. 胸為人體陽氣聚會的地方，當胸陽不足，痰濁、飲邪乘虛上犯，留滯胸中，使胸部陽氣運行不通暢則發生疼痛，如胸痺、懸飲等證。

2. 胸內藏心、肺二臟，心陽氣虛，運行血脈之力不夠，心血瘀阻，「不通則痛」；或外邪侵襲肺部，傷絡傷脈，甚或使血脈阻滯成瘀，瘀與熱互結致肺腐血敗成癰，亦可發生胸痛。

3. 情志抑鬱、惱怒，使肝氣鬱結化火，肝火上炎胸絡，也會發生疼痛。

診治要點

1. 熱邪犯肺、肺癰、懸飲三證均伴有咳嗽。熱邪犯肺的發熱、氣促症狀較重；肺癰的特點是痰帶膿血而有臭味；懸飲一般無發熱而有脅間脹滿，呼吸喘促。前二者屬熱證，後者屬寒證或寒熱相雜證。

2. 肝火痛與真心痛均為發作性疼痛，但前者見於胸脅部，痛如刀割樣或灼痛性；後者見於胸前部而有憋悶感。前者屬火證，後者屬陽虛證。

3. 各種胸痛的部位均較固定，只有胸痺的疼痛部位不定，常痛連背部，與其他胸痛不同。

4. 胸痛的治療，一般多先從祛邪入手。因為必待熱邪、痰濁、飲邪、肝火、血瘀等病邪去除，才好培補陽氣和恢復心肺功能，使胸痛痊癒。

辨證施治

一、熱邪犯肺

多見於大葉性肺炎、急性支氣管炎。

【主證】高熱，氣促，咳嗽，胸痛甚或痰中帶血，口乾渴，舌質紅，舌苔黃，脈浮數。

【治法】清熱、宣肺、化痰。

【方例】麻杏甘石湯加味：麻黃 5g、北杏仁 10g、生石膏 30g、黃芩 12g、葦莖 30g、甘草 3g。

柴胡陷胸湯加減：柴胡 10g、黃芩 10g、法半夏 10g、瓜蔞仁 12g、黃連 6g、桔梗 10g、甘草 3g。

二、肺癰

可見於肺膿腫、支氣管擴張合併化膿性感染等。

參閱「肺膿腫」證治。

三、懸飲

可見於滲出性胸膜炎、胸腔積液等。

【主證】胸脅部疼痛，呼吸或轉身均引痛，咳嗽，肋

間脹滿，氣促，有時只能偏臥於一側，舌質淡紅，舌苔白，脈沉弦。

【治法】攻逐水飲。

【方例】葶藶大棗瀉肺湯加味：葶藶子 10g、大棗 6 枚、法半夏 10g、瓜蔞 10g。

己椒藶黃丸：防己 10g、椒目 10g、葶藶子 10g、大黃（後下）10g。

四、胸痹

多見於胸肌痛、神經官能症、冠心病等。

【主證】胸痛部位不定，為痠痛或胸痛徹背，局部按壓覺痛，或感胸中氣塞，與天氣變化有關，痰多，舌苔滑膩，脈濡緩。

【治法】溫寒、化痰、降逆。

【方例】枳實薤白桂枝湯：枳實 10g、薤白 10g、桂枝 6g、厚朴 6g、瓜蔞 12g。

瓜蔞薤白半夏湯加減：瓜蔞 12g、薤白 10g、法半夏 10g、茯苓 12g、鬱金 10g、枳殼 6g。

五、肝火

多見於肋間神經炎、胸肌炎、某些支氣管擴張等。

【主證】胸脅部陣發性閃刺痛，如刀割樣或灼熱感，呼吸和活動均引痛，局部可有壓痛，舌苔黃，脈弦滑。

【治法】清肝瀉火，疏肝解鬱。

【方例】四逆散加減：柴胡 12g、苦楝子 10g、延胡索 10g、甘草 5g、白芍 12g。

龍膽瀉肝湯加減：龍膽草 6g、黃芩 10g、生地 15g、

栀子 10g、鬱金 10g、甘草 3g。

六、真心痛（厥心痛）

多見於心絞痛、心肌梗死和某些心肌炎等。

【主證】心悸，胸前陣發性絞痛伴有憋悶感，短氣，汗出，或唇紫，舌質暗紅，脈細澀或結代。

【治法】溫補心陽，活血散瘀。

【方例】桂枝附子湯加減：桂枝 10g、熟附子 10g、大棗 6 枚、炙甘草 6g、丹參 20g、紅花 6g。

簡易方及其他療法

一、簡易方

1. 絲瓜絡 15g、茅根 20g，水煎服。治外感胸痛和肝火胸痛。

2. 法半夏 6g、茯苓 12g、陳皮 5g、枳殼 6g、鬱金 6g。水煎服。治痰濁凝聚的胸痺痛。

3. 蒲黃 10g、五靈脂 10g、白芍 15g、木通 10g，水煎服。治真心痛和肝火胸痛。

二、針灸療法

【主穴】內關、膻中、太谿、太衝。

【配穴】心悸氣喘配郄門、心俞；咳嗽痰多配肺俞、豐隆；發熱配曲池、大椎；胸痛引脅配期門、陽陵泉。

【治法】用平補平瀉法，宜多捻針，或配合梅花針點刺胸脅痛區。

三、穴位注射療法

取穴同針灸療法。病屬熱邪犯肺宜選 5%穿心蓮液，

病屬肝火或真心痛可選維生素 B₁ 注射液，每次選 2～3 個穴位，每穴注入 0.5～1ml。

四、耳針

【取穴】心、肺、胸、神門、交感點。每次選 1～2 個穴位，埋針三五天。

✳ 第十五節　心　悸

心悸，是病人自覺心臟跳動異常的一個症狀，往往伴有胸前不舒服或驚慌不安的感覺。

前人有把心悸分為「驚悸」與「怔忡」，因驚恐後引起的稱為「驚悸」，不因驚恐而發生的稱為「怔忡」。並認為驚悸既由外因引起，只在驚恐後的一段時間內發生，全身情況較好，病情較輕；怔忡每由內因漸成，稍勞即發，全身情況較差，病情較重。

其實，外驚而成心悸的，雖有外因，亦必有內虛的因素存在。兩者實際上只是程度上輕重的差別，在治療方法上則大同小異，一般沒有必要作這樣的區分。

病因病理

1.「心藏神」,「心主血脈」。心有主管人體精神、意識和血液運行的功能，如心有了病變，使心的功能發生障礙就會出現心悸的病證。

2. 突受驚恐後，心驚不能自主，心氣耗散（「心氣不斂」），影響血脈的正常運行而成心悸。如《內經》說：「驚則心無所倚，神無所歸，慮無所定，故氣亂矣。」

3. 失血過多或久病血虛，思慮過度耗傷心血，脾胃虛弱，氣血生化不足，均可致心血虛弱，心失血養不能「藏神」而發生心悸。所以前人有「怔忡者血虛，怔忡無時，血少者多」的說法。

4. 心陽和腎陰在生理上有互相協調和制約的關係，如腎陰虛可導致心火亢盛，擾亂心神而出現陰虛火旺的心悸病證。所謂「水衰火旺，心胸躁動」。

5. 心氣虛弱，心陽不足，鼓動血脈運行力量不夠，可因虛而悸。此外，又有因飲食不節，生活失調或其他疾病損傷脾腎陽氣，使水液運化和排泄發生障礙，產生水邪、痰飲，乘心陽不足而上逆，或因心陽氣虛，而致血液運行不暢成瘀，阻滯心絡而致心悸的。

診治要點

1. 心悸可分心氣不斂、心血虛、陰虛火旺、心陽虛（包括水邪上逆、瘀血阻絡、痰飲阻遏）、陰陽兩虛等證型。其中心血虛、陰陽兩虛屬虛證，其餘屬虛中挾實證。

2. 臨床上以心氣不斂、心血虛、陰虛火旺三型最為常見，心陽虛、陰陽兩虛則多見於久病之後。

3. 心氣不斂型的心悸，多因突受驚恐而發生，平時亦多驚易恐，但一般在精神安定時便停止，故發病短暫，病情較輕。其他證型的心悸，一般發病較緩，不因為驚恐而發生，持續時間較長，其中以心陽虛、陰陽兩虛的病情較重。

4. 從觀察病人面色、舌象的變化有助於辨證分型。如

心氣不斂的面色和舌象多無明顯變化；心血虛則見面色和舌色淡白；陰虛火旺見面頰和舌質均紅；心陽虛現面色淡暗或面白微浮腫和舌質淡，舌體胖或青紫之象。

5. 一般來說，心悸虛多於實，治療上偏重於補心血、養心陰、益心陽等補虛方面，並在補虛的基礎上適當配用一些安神藥物。但若兼心火偏旺、水邪上逆、瘀血阻絡、痰飲阻遏等證候時，則需分別配合清心火、利水邪、化瘀血、除痰飲等方法，才能提高療效。

辨證施治

一、心氣不斂型

多見於心腦神經官能症、陣發性心動過速等。

【主證】多驚易恐，坐臥不安，稍驚即心悸，睡眠多夢易醒，飲食少思，舌苔如常，脈細或數。

【治法】鎮驚安神。

【方例】珍珠母丸加減：珍珠母 30g、茯苓 12g、黨參 10g、柏子仁 10g、龍骨 15g、合歡花 10g。

二、心血虛型

多見於貧血、神經官能症、急性出血、心肌炎等。

【主證】心悸不安，面色蒼白，頭暈眼花，倦怠無力，舌質淡，脈細弱。

【治法】補血益氣，養心寧神。

【方例】歸脾湯加減：黨參 12g、黃蓍 15g、當歸 10g、熟地 15g、龍眼肉 12g、酸棗仁 10g、遠志 6g、炙甘草 5g。

三、陰虛火旺型

多見於甲狀腺機能亢進、高血壓性心臟病、心肌炎、心臟神經官能症。

【主證】心悸不寧，煩躁失眠，面頰潮紅，咽乾，手足心熱，舌質紅，舌苔少，脈細數。

【治法】滋陰降火，養心安神。

【方例】硃砂安神丸加減：黃連 6g、硃砂（沖）1g、生地 15g、麥冬 10g、當歸 6g、珍珠母 15g。

四、心陽虛型

（一）水邪上逆

可見於心力衰竭等。

【主證】心悸，稍動則氣喘，頸露青筋，面色蒼白微浮腫，胸腹脹滿，飲食減少，下肢浮腫，甚則腹部及陰囊均腫，小便短少，舌質淡，舌體胖，舌苔白，脈虛數。

【治法】溫陽利水。

【方例】溫陽利水湯加減：熟附子 10g、白朮 12g、茯苓 12g、白芍 10g、桂枝 6g、澤瀉 12g。

（二）瘀血阻絡

多見於冠狀動脈硬化性心臟病、風濕性心臟病等。

【主證】心悸、氣短、面唇青紫，胸悶不適或心胸疼痛，稍勞則加重，舌質暗紅，脈細澀。

【治法】活血化瘀，益氣通陽。

【方例】血府逐瘀湯加減：當歸 10g、生地 12g、桃仁 10g、紅花 6g、赤芍 10g、川芎 5g、黨參 15g、桂枝 100g。

失笑散加味：蒲黃 10g、五靈脂 10g、丹參 15g、桂枝 10g。

（三）痰飲阻遏

多見於冠狀動脈硬化性心臟病、肺源性心臟病等。

【主證】心悸，痰多，脘悶噁心或嘔吐痰涎，甚或浮腫，咳喘，舌苔滑膩，脈滑。

【治法】除痰通陽。

【方例】白朮附子湯加味：白朮 12g、熟附子 6g、炙甘草 6g、白芥子 6g、肉桂 2g。

瓜蔞薤白半夏湯加減：瓜蔞 15g、薤白 12g、桂枝 6g、薑半夏 6g、炙甘草 6g。

五、陰陽兩虛型

這是心氣虛和心血虛所致的病證。多見於風濕性心臟病所致的心房纖顫、冠心病的頻發期前收縮等心律不整。

【主證】心悸，氣短，面色蒼白，精神疲倦或形瘦無力，汗多，虛煩失眠，舌質淡，脈結代。

【治法】益氣通陽，補血養陰。

【方例】甘草湯加減：炙甘草 15g、黨參 12g、生地 12g、麥冬 10g、桂枝 6g、丹參 15g、酸棗仁 10g。

簡易方及其他療法

一、簡易方

1. 生鐵落 30g、燈心草 10g，水兩碗煎至大半碗服。

2. 龍眼肉，每次 15g 至 30g，嚼服，每日一至二次。

3. 青松針（松樹的針狀葉）30g、紅棗 5 枚，水煎服。

4. 茵心草 10g、大棗 30g、冰糖適量，水煎服。

以上四方治心血虛心悸。

5. 玉竹 15g，濃煎服。

6. 豨薟草 15g、含羞草 30g，水煎服。

以上兩方治陰虛火旺型心悸。

7. 冰涼花 2g，加水 100g 煎至 50g，一次服完，治水邪上逆型心悸。

一、針灸療法

【主穴】內關、心俞。

【配穴】胸部悶痛配膻中；心動過速配間使；心動過緩配通里；失眠配神門、三陰交；痰多配豐隆。

【治法】用平補平瀉，也可針灸並施。

三、穴位注射療法

【主穴】內關、心俞、督俞、厥陰俞、足三里。

【配穴】同針灸療法。

【治法】每次選 2～3 個穴位，每穴用 5%當歸注射液 0.5～1ml 注入，每日 1 次。

四、耳針

【取穴】神門、心、腎、肝、脾、皮質下點。每次選 1～2 個穴位，埋針 3～5 天。

❋ 第十六節　失　眠

失眠，是以經常不容易入睡為特徵的證候。臨床所見包括了初睡時即難入睡，或睡而易醒，醒後不能再睡，或時睡時醒，睡而不熟，甚至整夜不能入睡等。

病因病理

1. 精神過度緊張，思慮疲勞過度，耗損心脾，影響血氣生化功能，或久病，年老血氣虛弱，或失血過多，陰血虧損等，均可使心神失養，而致失眠。

2. 生活失常，因其他疾病影響，引起腎陰虧耗，不能上養於心，導致心火亢盛，擾亂心神，出現「心腎不交」「虛煩不得眠」的陰虛火旺病證。

3. 體質素弱，心膽氣虛，或突受驚恐，過度情緒緊張，漸至心虛膽怯，善驚易怒，而睡眠不安。

4. 飲食不節，脾胃受傷，影響運化食物和水濕功能，致飲食停積，痰濁內生，阻礙脾胃，氣機失降，胃中不和，影響心神安寧，即所謂「胃不和則臥不安」。

5. 情志惱怒或抑鬱傷肝，肝氣鬱結化火，火灼津液成痰，痰火擾心，神志逆亂則狂躁失眠。

診治要點

1. 失眠，以陰虛火旺、心膽氣虛最為常見，屬虛中挾實證候；心脾兩虛多見於病後或年老體弱患者，屬純虛病證；痰濁中阻，飲食積滯，痰火擾心，則屬實證。

2. 心脾兩虛失眠，雖然難入睡而早醒，甚或整夜不能入睡，但一般無煩躁症狀，而有面色淡白、心悸、體倦神疲等虛象。

3. 陰虛火旺失眠每見心煩、多汗、手足心熱、口乾等，及睡中恍惚，多夢，易驚醒為心膽氣虛失眠的特點。

4. 痰濁中阻失眠，每有痰多，胸悶而眩暈心悸，飲食積滯者，每因脘腹脹悶，噯氣，大便不通暢而睡眠不寧。

5. 痰火擾心失眠，多表現為狂亂不知，興奮叫喊，動而多怒，毀物打人等神志失常的證候。

6. 失眠有虛實之分，施治必先辨明。對虛證一般採用益氣、補血、滋陰為主，適當配用安神藥物；對實證則宜清熱降火，除痰化濁，消滯和胃。

7. 失眠有時不能單靠藥物治療，而要配合做好心性修練，做到清心寡慾。同時，在睡前宜忌菸、酒、濃茶等刺激品。

辨證施治

一、心脾兩虛型

可見於貧血、抑鬱型神經官能症、老年衰弱、動脈硬化、傳染病恢復期等。

【主證】失眠，早醒，飲食減少，疲倦乏力，面色萎黃，或有心悸，唇舌淡白，脈細弱。

【治法】益氣補血，養心安神。

【方例】養心湯加減：黨參 10g、茯苓 10g、當歸 10g、熟地 10g、柏子仁 10g、五味子 6g、遠志 5g、肉桂 2g。

二、陰虛火旺型

可見於興奮型神經官能症、甲狀腺機能亢進、高血壓及某些傳染病恢復期等。

【主證】心煩不眠，眠則多夢，煩躁汗多，手足心

熱，腰酸腿軟，咽乾，舌質紅，脈細數或弦細。

【治法】養陰降火，寧神。

【方例】酸棗仁湯：酸棗仁 12g、知母 10g、川芎 5g、甘草 6g、茯苓 10g。

黃連阿膠湯加減：黃連 3g、阿膠（烊化）10g、白芍 10g、麥冬 10g、夜交藤 20g。

三、心膽氣虛型

多見於某些神經官能症和精神病等。

【主證】善驚易怒，睡眠多夢易驚醒，遇事怯弱多慮，坐臥不安，舌質淡紅，脈弦細。

【治法】益氣，鎮驚安神。

【方例】珍珠母丸加減：珍珠母 20g、琥珀末（沖）2g、黨參 10g、龍骨 15g、酸棗仁 10g。

四、痰濁中阻型

可見於某些神經官能症、精神病、慢性胃腸疾患等。

【主證】失眠多夢，頭目眩暈，胸膈氣悶，痰多，舌苔白滑，脈滑。

【治法】除痰化濁。

【方例】溫膽湯加味：法半夏 10g、陳皮 5g、茯苓 10g、炙甘草 3g、枳實 10g、竹茹 10g、遠志 5g、酸棗仁 10g。

茯苓湯加減：茯苓 15g、黨參 10g、法半夏 10g、竹瀝（沖）30g、合歡花 10g、菖蒲 3g、炙甘草 3g。

五、飲食積滯型

見於胃腸疾患、消化不良等。

【主證】夜睡不寧，多惡夢，脘悶，食不消化，噯氣腐臭，腹中不舒，大便不暢，舌苔膩，脈滑。

【治法】消食和胃。

【方例】保和湯加減：山楂 10g、麥芽 15g、神麴 10g、茯苓 12g、枳殼 10g、厚朴 6g、甘草 3g。

六、痰火擾心型

多見於某些精神分裂症和精神病。

【主證】不眠，性情暴躁，面紅目赤，有時神情呆滯，有時狂言亂語甚則傷人，有時飲食不進，舌質紅，舌苔黃膩，脈弦滑。

【治法】清熱瀉火，鎮心滌痰。

【方例】芩連清心湯加減：黃芩 10g、黃連 6g、茯苓 12g、丹參 15g、遠志 6g、麥冬 10g、礞石（煅）6g。

當歸龍薈丸加減：當歸 6g、龍膽草 10g、梔子 10g、蘆薈 6g、大黃 6g、遠志 6g、膽南星 6g。大便乾結適用。

簡易方及其他療法

一、簡易方

1. 夜交藤 20g、合歡花 10g，水煎服。

2. 桑葚子 35g，水煎，常服。

以上二方治一般虛弱性失眠。

3. 酸棗樹根（不去皮）35g、丹參 12g，水煎 1～2 小時，多用於午休和晚上睡前服。治頑固性失眠。

4. 百合 30g、生地 15g，水煎服。

5. 豨薟草 15g、鉤藤 12g、女貞子 10g，水煎服。

以上二方治陰虛火旺失眠。

二、針灸療法

【主穴】神穴、三陰交。

【配穴】心煩配太衝；心悸配內關、心俞；眩暈配印堂。

【治法】用平補平瀉法，可配合梅花針點刺夾脊。

三、耳針

【取穴】神門、心、腎、脾、皮質下點。每次選 1～2 個穴位，埋針 3～5 天。

✳ 第十七節　食慾不振

食慾不振又稱「納呆」「厭食」，包括不思飲食、飢不欲食和不知飢餓、飲食無味等症狀。

病因病理

1. 胃主受納，脾主運化。脾胃有主管食物的受納、消化、吸收和輸送功能。脾胃功能健全則食慾正常，如果胃的受納功能呆滯或脾的運化功能障礙，便可出現食慾不振。

2. 精神刺激，情志失調，肝氣鬱結，橫逆犯胃，影響受納。

3. 體弱或病後脾胃氣虛，受納和運化功能減弱。

4. 飲食不節，損傷脾胃，食積停阻，或脾胃虛弱，過食生冷寒涼之品，陰寒凝滯，導致受納和運化障礙。

5. 胃陰不足，津液虧損，胃失濡潤，受納和消化力

弱。

6. 平素陽虛或久病耗損，腎陽不足以溫養脾陽，以致運化功能低下。

診治要點

1. 食慾不振臨床可分為肝氣犯胃（氣鬱）、脾胃氣虛、胃陰不足、脾胃虛寒、傷食和陰虛等證型。其中以肝氣犯胃、脾胃氣虛和胃陰不足三型較為常見。

2. 肝氣犯胃型常與精神緊張、情緒波動有關；胃陰不足型多在溫熱病後出現；傷食型應有過度飽食病史；脾胃氣虛、脾胃虛寒和陽虛型則平時過度喜愛吃寒涼生冷的食品引起。

3. 肝氣犯胃型為不思飲食以至食慾喪失；脾胃氣虛型不思飲食而不知飢餓；胃陰不足型則知飢餓而不想食；脾胃虛寒和陽虛型感納食無味，食易飽滯；傷食型則厭食和惡聞飲食氣味。

4. 食慾不振是脾胃受病的表現，故臨床上多從脾胃論治，而選用一些幫助消化、增進食慾的藥物，如穀芽、麥芽、雞內金、山楂等。即使在一般疾病中兼見食慾不振，也經常在處方中照顧到這一兼證。

辨證施治

一、肝氣犯胃（氣鬱）型

多見於神經官能症以及情緒劇烈變化和某些慢性肝炎患者。

【主證】不思飲食，精神抑鬱，胸悶不舒，或兩脅脹痛，噯氣，舌質淡紅，舌苔薄白，脈弦。

【治法】舒肝和胃。

【方例】越鞠丸加減：香附 10g、蒼朮 10g、神麴 10g、麥芽 15g、白芍 10g。

逍遙散加減：柴胡 10g、白芍 10g、枳殼 10g、白朮 10g、茯苓 12g、麥芽 15g、炙甘草 5g。肝鬱脾虛適用。

二、脾胃氣虛型

可見於胃神經官能症、慢性胃炎、胃下垂、慢性肝炎等。

【主證】不思飲食，食後腹脹或進食少許便泛泛欲吐，面白神疲，倦怠無力，氣短懶言，舌質淡，舌苔白，脈緩弱。

【治法】健脾益氣。

【方例】參苓白朮散加減：黨參 10g、茯苓 12g、白朮 10g、山藥 15g、雞內金 10g、砂仁（後下）5g。

三、胃陰不足型

多見於急性感染性疾病恢復期、慢性胃炎、消化不良、胃神經官能症等。

【主證】不思飲食或飢不欲食，口渴喜飲，唇紅乾燥，大便乾結，小便短少，舌質紅，舌苔少，脈細略數。

【治法】滋養胃陰。

【方例】葉氏養胃湯：沙參 12g、麥冬 10g、玉竹 10g、扁豆 12g、甘草 3g、桑葉 6g。

麥門冬湯加減：麥冬 15g、孩兒參 12g、甘草 3g、粳

米 15g、石斛 10g。

四、脾胃虛寒型

可見於潰瘍病、慢性胃炎等。

【主證】飲食無味，不知飢餓，平時飲食稍多便脘悶欲嘔，口淡不渴，四肢不溫，大便溏而伴有未消化食物，舌質淡，舌苔白，脈沉細。

【治法】溫中祛寒，補氣健脾。

【方例】理中湯加味‧黨參 15g、乾薑 10g、白朮 12g、甘草（炙）6g、砂仁（後下）5g。

五、傷食型

多見於飲食過量、消化不良。

【主證】厭食，噯氣，脘腹飽脹，大便臭穢或秘結不通，舌苔濁膩，脈滑。

【治法】消食導滯。

【方例】枳實導滯丸加減：枳實 10g、大黃（後下）10g、神麴 10g、麥芽 15g、白朮 10g、黃連 6g。大便秘結適用。

六、陽虛型

可見於某些心、腎功能不全引起的厭食和某些內分泌系統疾病，如甲狀腺機能減退、垂體前葉機能減退、慢性腎上腺皮質機能減退等造成的厭食。

【主證】厭食、口淡，面色蒼白或暗黑，精神疲乏，四肢不溫，腰酸腿軟，怕冷，或有肢體浮腫，舌質淡，舌體胖，脈沉細弱。

【治法】補陽益氣。

【方例】脾腎雙補丸加減：黨參 12g、黃蓍 12g、山藥 15g、山萸肉 10g、巴戟 10g、補骨脂 10g、陳皮 3g。水煎服。

簡易方及其他療法

一、簡易方

1. 白蔻丸：白荳蔻 5 份、草荳蔻 5 份、冰片 1 份、焦山楂 5 份、焦麥芽 5 份、焦神麴 5 份、木香 3 份。共研為細末，用水調為小丸曬乾，每次服 3g，每日 3 次。

2. 雞內金（炒黃）研成細末，每次服 2g，每日 3 次。

3. 奶參 30g、雞矢藤 30g，水煎服。

上三方用於脾胃虛弱的厭食。

4. 糯稻根 15g、石仙桃 10g、麥冬 10g、牡荊 10g，水煎服。治胃陰不足或胃酸缺乏的厭食。

5. 懷胎草 15g、雞爪參 10g、糯米稻根 30g，水煎服。

6. 芥末適量，用冷水調成糊狀敷中脘穴，1～2 小時取掉。

上兩方治傷食納呆。

二、針灸療法

【主穴】足三里、三陰交、脾俞。

【配穴】有腹脹、噁心配內關、中脘。

【治法】用補針法，可配合艾條懸灸。

三、穴位注射療法

【主穴】足三里、脾俞、三陰交。

【治法】每選 1～2 個穴位，注入 5%當歸注射液 0.5～

1ml 或注入維生素 B₁ 注射液 0.5～1ml，隔日 1 次。

✳ 第十八節　呃　逆

呃逆，也稱「噦證」，是氣逆上沖，出口呃呃作聲，聲短而頻的一個證候。

病因病理

1. 《內經》說：「胃氣逆為噦」，指出呃逆的產生主要是由於胃氣上逆所致。此外，在年老體弱，久病重病，腎陽虛衰，也可發生。

2. 飲食不節，過食寒涼生冷損傷胃氣，胃失和降，或過食溫燥辛熱，胃熱化火，胃氣隨火上逆。

3. 精神刺激，情志失調，肝氣鬱結，橫逆犯胃，引起胃氣上逆。

4. 平素脾胃虛弱，誤食寒涼生冷，或脾陽不足，導致陰寒凝滯，使氣機不暢，胃氣和降。

5. 溫熱病後，胃陰耗傷，胃失濡潤，和降失調。

6. 年老體虛或久病耗損，腎陽虛衰，腎氣不能潛藏，逆沖而上。

診治要點

1. 呃逆有不因疾病而偶然發生的，則大多輕微，可不治而癒。只有因疾病引起持續發作，或在病情嚴重時出現的，須辨證施治。

2. 呃逆臨床可分胃寒、胃熱、肝氣犯胃、脾胃虛寒、

胃陰不足和腎氣上逆等證型，其中前三型屬實證，後三型屬虛證。

3. 一般地說，呃逆初起，呃聲響亮有力的多屬實證；虛人、久病斷斷續續發生，而呃聲低弱無力的多屬虛證。

4. 由於呃逆每由胃氣上逆所致，在辨證施治的同時，多配用一些和胃降逆的藥物，如丁香、柿蒂等。

辨證施治

一、胃寒型

【主證】呃聲沉緩有力，得熱則減輕，遇寒更甚，手足不溫，飲食減少，口淡不渴，舌苔白潤，脈遲緩。

【治法】溫胃降逆。

【方例】丁香散：丁香 3g、柿蒂 6g、高良薑 6g、炙甘草 3g。

橘皮湯加味：橘皮 6g、生薑 12g、吳茱萸 6g、肉桂 2g。

二、胃熱型

【主證】呃聲洪亮，連續有力，口臭煩渴，面紅舌燥，舌苔黃，脈滑數。

【治法】清熱降逆。

【方例】新製橘皮竹茹湯：橘皮 6g、竹茹 10g、柿蒂 12g、生薑 6g。

瀉心湯加減：黃連 6g、黃芩 6g、知母 10g、石膏 15g、麥冬 10g、法半夏 6g、甘草 3g。胃熱熾盛適用。

三、肝氣犯胃型

【主證】呃聲沉長，抑鬱惱怒而發作，不思飲食，脘脅脹滿，噯氣，腸鳴矢氣，舌苔白，脈弦。

【治法】疏肝理氣，健脾和胃。

【方例】逍遙散加減：柴胡 10g、白芍 12g、枳殼 10g、茯苓 12g、炙甘草 3g、代赭石 15g、生薑 3g。

四、脾胃虛寒型

【主證】呃聲弱而緩，飲食減少，四肢睏倦無力，腹脹，手足不溫，舌質淡，脈細弱。

【治法】溫補脾胃。

【方例】丁香柿蒂湯：丁香 3g、柿蒂 6g、黨參 15g、生薑 10g。

理中湯加味：黨參 12g、白朮 10g、乾薑 6g、炙甘草 6g、丁香 3g、肉桂 2g。

吳茱萸湯：吳茱萸 5g、黨參 12g、生薑 6g、大棗 5枚。

五、胃陰不足型

【主證】呃聲急促而不連續，口乾舌燥，煩悶口渴，舌質紅，無苔，脈細數。

【治法】滋陰養胃，降逆止呃。

【方例】益胃湯加減：沙參 10g、生地 12g、玉竹 12g、石斛 10g、柿蒂 10g。

濟生橘皮竹茹湯加減：橘皮 6g、竹茹 10g、麥冬 10g、枇杷葉 10g、黨參 10g、甘草 3g、山藥 20g。胃陰不足，胃氣已虛，不思飲食者適用。

六、腎氣上逆型

【主證】久病、重病中出現呃逆，呃聲低微，氣不接續，面色蒼白或灰暗，四肢厥冷，舌質淡、脈沉細。

【治法】溫腎納氣。

【方例】右歸飲加減：熟附子 10g、肉桂 2g、熟地 15g、枸杞子 10g、當歸 10g、乾薑 6g、炙甘草 3g。

簡易方及其他療法

一、簡易方

1. 刀豆子 10g，水煎服。或燒灰存性、研末，每次開水沖服 6g。

2. 生薑汁 30g，蜂蜜 30g，二味調勻，加溫服下。
上二方治虛寒呃逆。

3. 呃逆時鼓一口氣兩三次即可止。

4. 用軟紙條刺激鼻孔，打噴嚏，呃逆即止。
上兩法適用於偶然發作的呃逆。

二、針灸療法

【主穴】內關、中脘、合谷。

【配穴】不思飲食配足三里，或溫灸脾俞、胃俞，脘脅脹滿配支溝。

【治法】用平補平瀉法，多捻針，症狀緩解後，可留針 10～15 分鐘，以鞏固療效。

三、耳針

【取穴】神門、胸、肺、三焦點。每次選 2～3 個穴位，埋針 2～3 天。

四、指壓法

1. 用指甲尖直掐雙側少商穴以痠痛為度，持續 1 分鐘。

2. 用大拇指和食指捏住病者左右兩手中指的第二指節骨由輕到重 5～15 分鐘。

3. 在眉棱骨下目窩之上（即攢竹穴稍下處），以拇指同時壓按兩側，逐漸加重壓力，以呃逆停止為止。

※ 第十九節　嘔　吐

嘔吐又稱「嘔惡」。

前人以有聲無物為嘔，有物無聲為吐，但實際上往往同時出現，難以截然區分。臨床上一般以兼證和嘔出物作為辨證治療的依據。

病因病理

1. 嘔吐多屬於胃，任何病因損及到胃，影響胃氣和降功能，而使胃氣上逆，均可引起嘔吐。

2. 感受外邪或穢濁之氣，侵犯了胃腑，使胃氣失去和降的功能。

3. 暴飲暴食或過食生冷肥膩食物，脾胃運化功能失調而積滯停留胃中，損傷胃氣。

4. 脾胃虛弱，運化食物和水液功能減退，致飲食稍多即吐出或產生痰濁濕邪停留胃中，影響胃氣下降。

5. 情志抑鬱或惱怒傷肝，肝氣鬱結化火，肝火犯胃使胃氣不能通降。

6. 熱病損傷胃陰，胃失滋養不能潤降以致不思飲食，食則嘔吐。

診治要點

1. 嘔吐突然發生的多屬實證，經常發生的多屬虛證。

2. 外邪犯胃而嘔吐，每在外感證中出現；飲食積滯嘔吐，則有過度飽食或吃不清潔食物史；脾胃虛弱的，每於飲食稍多則吐，甚或聞到飲食氣味便作嘔；脾胃虛寒的，平時接受寒涼生冷食品，口內多清涎，經常泛泛欲吐；肝火犯胃嘔吐，多與情緒變化有關；胃陰虛嘔吐，多在溫熱病後出現。

3. 針對嘔吐的主要病理是胃失和降，治療上除按病因辨治外，還需選配一些和胃降逆的藥物。

辨證施治

一、外邪犯胃型

可見於胃腸型感冒、急性胃炎等。

【主證】突然胃脘部脹悶、嘔吐兼有輕微怕冷發熱，舌苔薄白，脈浮。

【治法】解表和胃。

【方例】香蘇散加減：紫蘇葉 10g、陳皮 5g、生薑 6g、神麴 6g、甘草 3g。

藿香正氣丸（成藥）每次服 10g，每日 2 次。

二、食滯型

多見於急性胃炎、飲食過飽等。

【主證】脘腹脹滿，噯氣，嘔吐酸腐食物，吐後稍舒服，不想吃東西，口苦，舌苔膩濁，脈滑。

【治法】消滯和胃。

【方例】枳實導滯丸加減：枳實 10g、神麴 10g、茯苓 10g、黃連 3g、麥芽 3g、法半夏 10g。

保和丸（成藥）每次 10g，每日 2 次。

三、痰濁內阻型

這是脾陽虛，運化水濕功能減弱，濕聚成痰，胃氣隨痰濁上逆的病證。

可見於內耳眩暈和某些神經官症患者。

【主證】經常嘔吐痰涎水液，伴頭暈，心悸，脘悶不欲飲食，可有視物旋轉，舌苔白膩，脈滑。

【治法】健脾和胃，溫化痰濕。

【方例】苓桂朮甘湯：茯苓 15g、桂枝 6g、白朮 10g、甘草 3g。

二陳湯加減：法半夏 10g、陳皮 6g、茯苓 12g、乾薑 5g、厚朴 6g。

四、肝火犯胃型

可見於神經性嘔吐和某些慢性肝膽道疾患引起的反射性嘔吐。

【主證】嘔吐酸苦水，脘脅部脹痛，噯氣，煩悶不舒，飲食減少，大便秘結，舌質紅，舌苔膩，脈弦。

【治法】解鬱清肝，和胃止嘔。

【方例】四逆散加減：柴胡 6g、白芍 12g、枳殼 10g、鬱金 10g、白芍 10g。

多見於胃神經官能症、慢性胃炎等。

五、脾胃虛弱型

【主證】經常想作嘔，或食後即嘔，脘悶噯氣，不思飲食，精神疲倦，四肢無力，舌質淡，舌苔白，脈細緩。

【治法】健脾益氣，和胃止嘔。

【方例】香砂補氣湯加減：黨參 10g、白朮 10g、茯苓 10g、炙甘草 3g、法半夏 6g、砂仁 3g、旋覆花 10g。

橘皮竹茹湯加減：陳皮 6g、法半夏 10g、竹茹（薑製）6g、黨參 10g、炙甘草 3g。

六、胃寒型

可見於某些潰瘍病、幽門梗阻。

【主證】平素飲食喜溫熱食品，而不受寒涼生冷，多食即吐，口淡，泛吐清涎，四肢不溫，大便稀溏，舌質淡，舌體胖，脈沉細。

【治法】溫中散寒，和胃止吐。

【方例】丁香附子散加味：丁香（後下）2g、熟附子 6g、生薑 6g、法半夏 10g、

勻氣散加減：沉香 3g、丁香 2g、藿香 10g、木香 6g、砂仁 3g、法半夏 10g，水煎沸 15 分鐘，即取溫服。

七、胃陰虛型

多見於熱性病恢復期和某些消化不良、胃神經官能症、慢性胃炎等。

【主證】口乾唇燥，喜飲水，飢餓不想吃東西，時作乾嘔（有嘔聲而無物吐出），舌質紅而乾，脈細數。

【治法】滋養胃陰。

【方例】麥門冬湯加味：麥冬 10g、黨參 10g、法半夏 5g、大棗 3 枚、石斛 12g、竹茹 10g、甘草 3g。

沙參麥冬湯加減：沙參 10g、麥冬 10g、扁豆 12g、糯稻根 12g、穀芽 15g、天花粉 10g、甘草 3g。

簡易方及其他療法

一、簡易方

1. 生薑少許，搗汁塗舌尖或內服，和胃止嘔。

2. 灶心黃土（用燒柴、草的）65g，水一碗半煎成一碗，澄清去渣，加入生薑 10g 再煎成大半碗，溫服。

3. 吳茱萸 6g、生薑 10g、紅糖 30g，水煎服。

上二方治胃寒嘔吐。

4. 代赭石 30g、半夏 10g、竹茹 10g，水煎服。

5. 蘆根 30g、竹茹 10g，水煎服。

上二方治熱性嘔吐。

二、針灸療法

【主穴】內關、足三里、中脘。

【配穴】腹痛配天樞；噯氣脘滿溫灸脾俞。

【治法】用平補平瀉法，多捻轉。症狀緩解後，可留針 10～15 分鐘。

三、耳針

【取穴】神門、胃、脾點。每次選 1～2 個穴位，埋針 2～3 天。

✳ 第二十節　腹　瀉

腹瀉是指排便次數增加，糞便稀薄或帶有黏液的症狀。武當道教醫藥有「下利」「溏泄」「飧泄」等名稱。

病因病理

1. 引起腹瀉的原因比較複雜，但總離不了脾胃的功能障礙。因脾主管食物和水液的運化，並把飲食中的精微（營養成分）、津上輸於肺而生化氣血，又由胃把經過消化的飲食殘渣下傳入腸，共同協調地完成「升清降濁」的功能。

任何外邪或內傷因素導致了脾胃這一功能障礙，引起運化失常，清濁不分，並走大腸，便會形成腹瀉。所以有「泄瀉之本，無不由於脾胃」的說法。

2. 感受外邪：病邪侵犯人體，能使人發生腹瀉的，以濕邪最為主要。因「脾惡濕」，濕邪容易影響脾胃功能。同時濕邪往往結合寒邪、熱邪而致瀉。臨床所見，熱者多是濕熱，寒者多是寒濕。

3. 飲食所傷：如飲食過量，消化不了，而成積滯阻礙脾胃，或誤食生冷和不清潔食品損傷脾胃，均能引起腹瀉。

4. 精神抑鬱或惱怒傷肝，肝氣鬱結，疏泄功能障礙，影響脾胃運化功能而致腹瀉。

5. 生活失調或疾病影響，致脾氣虛弱，運化無力或脾陽氣虛，寒濕內盛，也常發生腹瀉。如果脾氣虛弱進一步

導致脾氣下陷，脾胃升降功能嚴重失調，升舉固攝無力，還會出現久瀉不止。

6. 脾、腎關係密切，特別是脾陽有賴於腎陽的溫養，如腎陽虛不能溫運脾陽，也可導致腹瀉，如五更泄瀉。

診治要點

1. 腹瀉初起，病勢急驟，腹痛拒按，瀉後痛減的多屬實證；腹瀉日久，反覆發作，腹痛隱隱喜按的多屬虛證。

2. 大便清稀水樣的多屬寒；大便黃褐臭穢，肛門有燒灼感的多屬熱。

3. 在慢性腹瀉中，黎明前腹瀉，是腎陽虛的表現；長期血便或見脫肛，是脾氣虛弱的見證；氣鬱腹瀉則常與精神緊張和情緒波動有關。

4. 必須與痢疾鑑別。痢疾大便次數明顯增多，並有裏急後重，便帶膿血。

5. 腹瀉的治療，除針對病因用藥外，可根據不同的病情適當選加一些利小便的藥物，使水濕從小便而出，則腹瀉容易治癒。這是前人的「利小便即所以實大便」「治濕不利小便，非其治也」的經驗總結。但利濕的方法對久瀉陰液已傷或虛寒腹瀉，則不宜使用。

6. 腹瀉初起一般不要用收澀止瀉的藥物，只在暴瀉不止或久瀉不癒的情況下，才適當應用。

忌食生冷水果，煎炸油膩，黏滑甜味食品，在治療時不應忽視。平時宜用清淡和易消化的食物調養。

辨證施治

一、急性腹瀉

見於急性腸炎、食物過敏性腹瀉等。

（一）中寒性

【主證】飲食生冷或腹部受寒後，突然腹痛泄瀉，大便水樣，口淡，舌苔薄白，脈弦滑。

【治法】溫寒燥濕，利水。

【方例】胃苓湯加減：蒼朮 10g、厚朴 6g、陳皮 5g、茯苓 15g、澤瀉 10g、神麴 10g。

（二）濕熱型

【主證】腹部陣發性絞痛，痛時即瀉，糞便黃褐臭穢或帶黏液，肛門灼熱，心煩口渴，小便短少，舌苔黃膩，脈滑數。

【治法】清利濕熱。

【方例】葛根芩連湯加味：葛根（煨）10g、黃芩 10g、黃連 6g、神麴 10g、車前子（包煎）10g、木香（後下）6g、甘草 3g。

清腸方：白頭翁 12g、黃芩 12g、茵陳 12g、蠶砂 10g、薏苡仁 15g、茯苓 15g、藿香 6g。

（三）食滯型

【主證】腹痛即瀉，瀉後痛減，大便臭穢，脘腹飽脹，噯氣有腐臭味，不思飲食，舌苔濁膩，脈滑。

【治法】消食導滯。

【方例】枳實導滯丸加減：枳實 6g、大黃 10g、黃連

3g、白朮 6g、神麴 10g、檳榔 10g。

保和丸（成藥）：每次服 10g，每日 2 次。

二、慢性腹瀉

多見於慢性腸炎、腸結核、慢性結腸炎等的腹瀉和功能性腹瀉。

（一）寒濕型

這是脾陽虛弱，陰寒偏盛，運化水濕功能減弱的病證。

【主證】久病腹瀉，每日二到三次，大便稀薄，有食物殘渣，腹部隱痛而喜暖，面色蒼白，四肢不溫，口淡，舌質淡，苔白膩，脈沉緩。

【治法】溫中散寒，燥濕。

【方例】連理湯加減：黨參 10g、白朮 12g、乾薑 6g、茯苓 15g、黃連 6g。

（二）脾虛型

【主證】長期大便稀爛，或帶有不消化的食物殘渣，或長期便血，體虛乏力，飲食減少，食後覺脘腹部不舒，面色萎黃，舌質淡，苔白，脈緩弱。

【治法】益氣健脾。

【方例】參苓白朮散加減：黨參 12g、白朮 12g、茯苓 12g、扁豆 15g、薏苡仁（炒）15g、砂仁 6g。

理瀉方：黨參 15g、茯苓 15g、烏豆衣 10g、蠶砂 15g、白芍 12g、砂仁（後下）6g、烏藥 10g、火炭母 15g。此方對慢性結腸炎有較好的療效。

臨床運用：屬久瀉脾胃虛寒可加蔻仁，甚則適當加熟

附子、肉桂；氣陷脫肛加入黃耆、升麻；脾腎陽虛加入補骨脂、蔻仁、薑炭；腹脹在上腹部的選加枳殼、川朴花、佛手；在下腹部加烏藥；便血加地榆、白及。

（三）氣陷型

【主證】長期大便稀薄，便意頻頻，腹部脹墜，或滑泄不禁，或兼見脫肛，短氣，倦怠，食少，面色淡白，舌質淡，舌苔薄白，脈虛弱。

【治法】補脾提氣，無效時改用澀腸止瀉。

【方例】補氣舉陷湯：人參 10g、黃耆 15g、山藥 10g、升麻 6g、柴胡 6g、白朮 10g、當歸 10g、陳皮 6g、葛根 15g、炙甘草 5g。

赤石脂禹餘糧湯加味：赤石脂 30g、禹餘糧 30g、黨參 15g、白朮 10g、肉荳蔻 6g、訶子（煨）6g、木香 5g。

（四）氣鬱型

【主證】情緒激動易怒，怒則腹瀉，腸鳴腹痛，矢氣頻頻，不思飲食，脅脹，噯氣，舌苔薄，脈弦。

【治法】理氣解鬱，健脾。

【方例】四逆散加減：柴胡 10g、白芍 12g、枳殼 6g、白朮 10g、茯苓 12g、木香 5g、炙甘草 5g。

痛瀉要方加味：白朮 12g、白芍 10g、陳皮 5g、防風 6g、升麻（炒）2g、麥芽 15g。

（五）腎虛型（五更瀉）

【主證】經常在天亮前臍周作痛，腸鳴，繼而腹瀉，大便稀薄，瀉後則舒服，腹部怕冷，四肢不溫，腰酸，神疲，舌淡白，脈沉細。

【治法】溫補腎陽，收澀止瀉。

【方例】四神丸加味：補骨脂 12g、五味子 6g、肉荳蔻（煨）6g、吳茱萸 5g、木香 6g。

復陽丹加減：熟附子 10g、乾薑 6g、五味子 10g、胡椒 3g、炙甘草 5g、赤石脂 30g、石榴皮 12g。

簡易方及其他療法

一、簡易方

1. 藿香 6g、陳皮 6g、神麴 10g，水煎服。治中寒瀉或寒滯瀉。

2. 布渣葉 10g、麥芽 15g、枳殼 10g、茵陳 12g、銀花炭 10g、大腹皮 10g，水煎服。治濕熱和傷食泄瀉。

3. 胡椒 3g、生薑 6g、淡豆豉 6g，水煎服。

4. 肉荳蔻 10g、升麻 3g，水煎服。

5. 蓽撥 3g、高良薑 6g、肉桂 1g，水煎服。

上三方治寒瀉。

6. 白朮 10g、炮薑 3g、山楂炭 10g，水煎服。

7. 黨參 10g、熟附子 10g、訶子（煨）6g、生薑 5 片，水煎服。

8. 崗稔根 30g、高良薑 6g、番石榴葉 30g，水煎服。

上三方治虛寒瀉和五更瀉。

9. 炒糯米一撮、生薑 3 片、神麴 6g、石榴皮 10g，水煎服。

10. 淮山藥 30g、扁豆（炒）15g、烏梅 6g，水煎服。

11. 棉花根 60g，水煎服。

上三方治脾虛泄瀉。

12. 黃蓍 15g、烏梅 12g、益母草 30g，水煎服。治氣陷腹瀉。

13. 仙鶴草 30g，水煎服。治慢性腹瀉。

14. 風水藤 30g、兩面針根 15g，水煎分 2 次服。治寒瀉。

15. 火炭母 15g、天香爐 15g、布渣葉 15g、 扭肚藤 30g，水煎服。

16. 大腹皮（乾）15g、玉米心 30g、扭肚藤 30g，水煎服。

上兩方治濕熱積滯腹瀉。

17. 辣蓼根 60～90g，用水 1000ml，煎為 300ml，為一日量，分 3 次服。治中寒和寒滯瀉。

18. 大蒜適量，搗爛，貼敷足心或臍中。治寒瀉、久瀉不止。

二、針灸療法

【穴位】第一組——長強、陰陵泉。

第二組——天樞、足三里、止瀉（臍下 2.5 吋）。

兩組交替使用。

【治法】偏熱者用瀉法，偏於虛寒者宜用平補平瀉法或針灸並施。每針 1 次，留針 20 分鐘。

止瀉穴：在外踝尖直下，赤白肉交界處，用艾條灸 3～5 分鐘。

三、耳針

【取穴】大腸、小腸、胃、脾點。每次選 1～2 個穴

位，埋針 3～5 天。

✳ 第二十一節　腹　痛

腹痛是臨床常見的症狀。腹部臟腑經脈最多，易受外邪侵襲或臟腑氣血失調的影響而發生疼痛。

病因病理

一、外邪侵襲

外邪侵入腹中常可引起疼痛。如感受寒邪，可使氣的流通受阻，血脈凝滯而產生疼痛（所謂「寒凝氣滯」）；若感受熱邪，則邪熱燻蒸，脈絡脹滿也會產生腹痛。同時熱邪還常與濕邪結合或化火鬱結成毒而致病。

二、飲食不節

暴飲暴食，過食肥膩難消化的食物，或過食辛辣刺激的食品，阻礙或損傷了脾胃運化功能，而成積滯或熱結胃腸而發生疼痛。

三、臟腑功能失調

過食生冷寒涼，損傷脾胃陽氣，體質虛弱，脾陽不足，久病耗損，腎陽虛弱不能溫運脾陽，均可導致脾的運化功能減弱，寒濕停滯面發生腹痛。其次，憂思惱怒傷肝，肝氣鬱結，氣鬱化火，而致肝經循行的部位疼痛。

四、氣滯

氣滯不通，不通則痛，這是腹痛最基本的原因之一。

五、血瘀

這是血的病理變化，能阻滯血脈的通暢而發生疼痛。

6.蟲積：因寄生於腹部的蟲體阻塞了臟腑經脈而致腹痛。

診治要點

1.為便於臨床辨證，武當道教醫藥學上習慣將全腹分為脘、脅、臍、少腹和小腹等部分。大抵脘痛多屬胃，臍周痛屬脾與腸，脅肋和少腹痛屬肝，小腹痛屬子宮與膀胱。

2.腹痛突然發生多屬實，久痛時發時止多屬虛；疼痛劇烈而拒按屬實，疼痛輕微而喜按屬虛。

3.寒痛為絞痛，得熱痛減，痛為刺痛，虛痛為隱痛，氣滯痛為脹痛。

4.氣滯痛範圍較廣，或游走不定，時痛時止；血瘀痛部位較為固定，疼痛可持續不停，或晚間增重。

5.氣滯痛，若腹有結塊，則形狀時大時小，時現時消；血瘀痛結塊固定不移，形狀不變。氣滯痛在噯氣或放屁後覺舒服；血瘀痛則氣出而痛不見減輕。

6.治療腹痛，除針對病因和受病臟腑施治外，應隨證加入一些理氣止痛藥，如木香、延胡索、川楝子、烏藥、香附、沉香等，以減輕症狀。此外，針灸療法有較好的止痛效果，可單獨應用或配合使用。

分症施治

一、脘痛

脘痛可見於許多疾病中，如急慢性胃炎、潰瘍病、胃

神經官能症、膽囊炎、膽石症、急性胰腺炎、膽道蛔蟲症等。武當道教醫藥辨證一般分為胃脘痛、食滯脘痛、膽熱鬱結、熱結胃腸、蛔厥腹痛等五型。

（一）辨證要點

1. 既往病史：胃脘痛和膽熱鬱結，過去可有同樣疼痛發作史；食滯痛，有過度飽食或吃不清潔食物史；蛔厥，可有嘔蟲或便蟲史。

2. 性別、午齡：蛔厥絕大部分可見於青少午和兒童；膽熱鬱結在中年婦女較為多見。

3. 痛的性質：胃脘痛、食滯痛多是隱痛或脹痛；蛔厥為鑽痛；膽熱鬱結為絞痛。膽熱鬱結和蛔厥腹痛多為陣發性，並痛引右側肩背部；熱結胃腸、膽熱鬱結均可見肚皮繃緊或硬，拒按明顯；其他的則有按痛，常能忍受；某些胃脘痛反而喜歡按壓。

4. 伴見症狀：

（1）嘔吐：胃脘痛除氣鬱型有輕度嘔吐噁心及血瘀型可有嘔血外，一般多無嘔吐；但其他脘痛則常伴見程度不同的噁心嘔吐，其中蛔厥者可見嘔蟲，膽熱鬱結多嘔吐苦水。

（2）發熱：熱結胃腸和膽熱鬱結有發熱，後者還常伴覺明顯怕冷；其他一般無發熱。

（3）黃疸：膽熱鬱結可伴見黃疸；蛔厥見黃疸的較少。

5. 腸癰（急性闌尾炎）初起也可見脘部疼痛，以後轉移右下腹，應注意鑑別。

（二）辨證治療

1. 胃脘痛（胃氣痛）：參考潰瘍病主治。

2. 食滯脘痛：見於消化不良、脹滿拒按，不想吃，噯腐氣，嘔吐，痛時想大便，便後痛稍減輕，舌苔濁膩，脈滑。

【治法】消滯和中。

【方例】木香導滯丸加減：木香 6g、枳實 10g、神麴 10g、麥芽 15g、澤瀉 10g、連翹 10g。

保和丸（成藥）：每次 6～10g ，每日 2～3 次。

3. 膽熱鬱結：可見於急性膽囊炎、膽石症等。

【主證】突然脘部偏右側劇烈絞痛，呈陣發性，痛連及右肩背部，痛劇時噁心嘔吐，局部拒按，或有怕冷發熱，黃疸，口乾苦，大便秘結或灰白色，舌苔黃膩，脈弦滑數。

【治法】清熱疏肝，利膽通結。

【方例】大柴胡湯加減：柴胡 10g、黃芩 10g、枳實 10g、白芍 12g、法半夏 10g、大黃（後下）10g、蒲公英 15g。

利膽排石方：金錢草 30g、威靈仙 30g、茵陳 15g、鬱金 10g、枳殼 10g、木香 10g、大黃（後下）10g、黃芩 10g， 適用於膽石症。

4. 熱結胃腸：可見於某些急性胰腺炎等。

【主證】脘腹急劇疼痛，脹滿拒按，痛劇汗出，口乾渴或伴嘔吐，或有黃疸，發熱，大便燥結，尿短少，舌苔黃燥或黃膩，脈弦數。

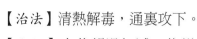

【治法】清熱解毒，通裏攻下。

【方例】大柴胡湯加減：柴胡 15g、黃芩 10g、枳殼 1g、白芍 15g、鬱金 10g、延胡索 10g、木香 10g、大黃（後下）15g。

臟毒清解方：銀花 10g、連翹 10g、板藍根 15g、川楝子 10g、赤芍 12g、枳殼 10g、桃仁 10g、木香 10g、大黃（後下）10g。

對病情嚴重，繼發休克，或合併腹膜炎伴有腸麻痺，或經過治療觀察不見好轉者，應及時請西醫搶救，必要時作外科手術處理。

5. 蛔厥腹痛：參考蛔蟲病證治。

二、脅痛

兩側脅部屬肝，凡肝病、肝癰、肝火均可有脅痛。

（一）辨證要點

1. 肝病脅痛，疼痛較輕，多有間斷，為脹痛、隱痛；肝癰脅痛較重，持續不停；肝火脅痛為陣發的刺痛。

2. 肝癰脅痛，多有發熱，寒戰；肝病多不發熱或僅有低熱；肝火脅痛多不發熱。

3. 肝病一般病程長而病勢緩；肝癰多發病急，進展快，病情重；肝火脅痛則病程短暫而病情輕。

4. 肝病一般屬虛中挾實證或虛證；肝癰、肝火脅痛均屬實證。

（二）辨證治療

1. 肝病：參閱病毒性肝炎。

2. 肝癰：這是熱毒犯肝或濕熱蟲積鬱結於肝，損傷

肝臟脈絡，導致血脈阻滯成瘀，肝絡腐敗成膿，瘀腐內結成癰的病證，可見於肝膿腫。

【主證】發熱怕冷，汗出，面色萎黃，消瘦，右脅疼痛，或局部隆起而拒按，口苦，不想吃東西，或兼見膿血樣大便，病人則局部潰破流膿血如咖啡色，氣味臭穢，舌苔黃膩，脈弦數。

【治法】清肝瀉火，解毒排膿。

【方例】柴胡清肝湯加減：柴胡 10g、赤芍 12g、黃芩 10g、梔子 10g、天花粉 15g、連翹 10g、冬瓜仁 30g。兼下痢膿血者，加白頭翁 10g。

化肝解毒湯加減：銀花 15g、蒲公英 15g、牡丹皮 10g、梔子 10g、赤芍 12g、敗醬草 10g、甘草 5g。

3. 肝火脅痛：可見於肋間神經痛、帶狀疱疹、胸膜炎、神經性疼痛等。

【主證】脅肋部感覺一陣陣閃痛，痛如刀刺，局部有壓痛，呼吸或活動時常牽引作痛，口乾苦，大便結，舌苔黃，脈弦滑。

【治法】清肝瀉火，解鬱止痛。

【方例】龍膽瀉肝湯加減：龍膽 10g、黃芩 10g、梔子 6g、生地 12g、白芍 10g、澤瀉 10g、甘草 6g。

四逆散加減：柴胡 10g、白芍 12g、牡丹皮 10g、延胡索 10g、川楝子 10g、甘草 3g。

三、臍周痛

臍周痛屬脾與大腸的病證，一般分中寒、濕熱積滯、氣滯、虛寒、熱毒結腸和蛔蟲痛等六個證型。臨床多見於

急慢性腸炎、腸結核、胃腸神經官能症、腹膜炎和蛔蟲病
等。

（一）辨證要點

1. 病史：中寒腹痛有飲食生冷或腹部受寒史；虛寒腹痛可有慢性腹瀉史；蟲痛有蛔蟲病史；熱毒結腸多為某些病證轉變所致。

2. 起病情況：熱毒結腸腹痛，起病急迫；中寒腹痛，濕熱積滯腹痛和蟲痛，起病也較急，氣滯腹痛和虛寒腹痛，均起病較緩。

3. 疼痛性質：中寒腹痛、濕熱積滯腹痛、氣滯腹痛和蟲痛，均為陣發性絞痛；虛寒腹痛，則多為持續隱痛而喜暖喜按；熱毒結腸，則是持續性熱灼痛，疼痛十分劇烈，患者難於忍受而拒按。

4. 大便情況：中寒腹痛常伴腹瀉，大便水樣，瀉後痛減；濕熱積滯腹痛，痛一陣，瀉一陣，但排便不暢；虛寒腹痛則大便稀溏，便後腹痛不減；熱毒結腸則常見便秘。

5. 伴見症狀：中寒腹痛冰冷；氣滯腹痛常腸鳴，矢氣，排氣後較舒服；熱毒結腸腹痛常有有肚皮繃緊，甚或板硬，且常有噁心嘔吐和發熱怕冷。

6. 臍周痛必須注意排除腸梗阻，以免誤治。

（二）辨證治療

1. 中寒腹痛：多見於急性腸炎，腹部受冷。

【主證】飲食生冷或腹受涼後，突然腹部冷痛，喜溫喜按，大便稀溏，苔薄白，脈弦緊。

【治法】溫寒止痛。

【方例】正氣天香散加味：紫蘇葉 10g、香附 10g、陳皮 15g、乾薑 6g、烏藥 10g、炙甘草 3g。

2. 溫熱積滯腹痛：參閱腹瀉的有關證型。

3. 氣滯腹痛：可見於胃腸功能紊亂、某些腸道炎症。

【主證】腹部陣發性絞痛，脹痛，時輕時重，腸鳴，矢氣，不想食，苔薄白，脈弦。

【治法】行氣止痛。

【方例】烏藥湯加減：烏藥 10g、香附 10g、延胡索 10g、白芍 10g、木香 5g、炙甘草 3g。

柴胡疏肝湯加減：柴胡 10g、白芍 10g、枳殼 10g、陳皮 5g、香附 10g、炙甘草 3g。

4. 虛寒腹痛：可見於胃腸神經官能症、慢性腸炎等。

【主證】腹痛日久，時作時止，痛時喜按喜暖，飲食減少，腹脹，口淡，大便稀爛，舌質淡，舌苔白，脈沉細。

【治法】溫寒止痛，兼補脾腎。

【方例】理中湯加味：黨參 15g、白朮 12g、乾薑 6g、丁香 3g、肉荳蔻 6g、炙甘草 3g。

5. 熱毒結腸：可見於各種原因所致的急性腹膜炎。

【主證】腹部劇痛拒按，腹壁板硬，發熱，噁心嘔吐，口乾渴，大便秘結，小便短赤，脈滑數或弦數有力。

【治法】清熱解毒，行氣活血。

【方例】大黃牡丹皮湯加減：大黃（後下）10g、桃仁 10g、牡丹皮 10g、冬瓜仁 30g、銀花 15g、黃連 6g、皂角刺 10g。

秘傳腸癰方：銀花 60g、蒲公英 30g、冬瓜仁 30g、大黃 15g、牡丹皮 15g、木香 10g、川楝子 10g、甘草 10g、紅藤 30g、白花蛇舌草 50g。

如急性瀰漫性腹膜炎，已引起嚴重腸麻痺、中毒性休克等，應請西醫搶救，並考慮外科手術治療。

6.蛔蟲痛：參閱蛔蟲病。

五、下腹痛

下腹分兩個部分，下腹部正中稱小腹，兩側稱少腹。小腹痛與子宮、膀胱關係密切，少腹痛則屬肝經疾患。下腹痛常因氣鬱和濕熱，亦可由於寒邪直中。各種疾患如泌尿系結石、泌尿系統感染、神經官能症、疝氣以及痛經、盆腔炎、宮外孕等都是下腹痛的常見病證。

有關婦科疾病和急性闌尾炎引起的下腹痛，請參閱本叢書的「婦科」和「外科」部分。

（一）砂淋（可見於泌尿系結石）

【主證】陣發劇烈絞痛，由少腹向會陰部放射或痛在小腹，可伴噁心嘔吐、尿血、尿痛，舌苔薄，脈沉弦。

【治法】利水通淋，行氣止痛。

【方例】石韋散加減：石韋 10g、冬葵子 10g、瞿麥 10g、滑石 20g、車前子 10g、地龍 10g、烏藥 10g。

二金散加味：海金沙 20g、雞內金 15g、金錢草 35g、狗脊 15g、鬱金 10g、牛膝 10g。

（二）膀胱濕熱（可見於急性膀胱炎）

【主證】突然小腹刺痛，小便頻急而量少，色黃濁或紅赤，排尿時刺痛，或有時怕冷怕熱，腰痛，舌苔黃濁，

脈滑數。

【治法】清熱利濕。

【方例】八正散加減：車前子 10g、瞿麥 10g、滑石 20g、梔子 10g、黃柏 10g、牛膝 10g、鬱金 10g、甘草 5g。

導赤散加減：生地 12g、木通 10g、黃芩 10g、連翹 12g、蒲黃（炒）12g、甘草 3g。

（三）肝氣鬱滯（可見於神經官能症、神經性腹痛、某些腹腔內慢性炎症）

【主證】性情急躁或憂鬱，一側小腹脹痛，時痛時止或痛無固定的部位，大便時稀時結，舌苔薄白，脈弦。

【治法】疏肝解鬱。

【方例】四逆散加減：柴胡 10g、白芍 12g、枳殼 10g、當歸 10g、香附 10g、炙甘草 3g。

金鈴子散加味：苦楝子 10g、延胡索 10g、白芍 10g、烏藥 10g、鬱金 10g。

（四）狐疝（可見於腹股溝斜疝）

【主證】小腹疼痛，咳嗽也牽引作痛，陰囊一側偏大似有物狀，可上可下，臥下時則收入腹中，站立時則入陰囊，脹痛發作，舌苔薄白，脈弦。

【治法】理氣止痛，提氣升陽。

【方例】導氣湯加減：川楝子 12g、木香 10g、小茴香 6g、枳殼 10g、升麻 3g、黃蓍 12g。

（五）寒疝（可見於睪丸炎、副睪結核等）

【主證】小腹隱痛連及睪丸，按壓覺疼痛，陰囊腫硬

而冷，陰莖不舉，舌質淡，脈沉弦。

【治法】溫寒暖肝。

【方例】暖肝煎加減：當歸 10g、肉桂 3g、小茴香 6g、烏藥 10g、茯苓 10g、荔枝核 15g。

當歸四逆湯加減：當歸 12g、桂枝 6g、白芍 10g、細辛 3g、炙甘草 3g、吳茱萸 3g。

簡易方及其他療法

一、簡易方

1. 肉桂 3g、白芍 12g、炙甘草 6g，水煎服。治虛寒腹痛。

2. 布渣葉 10g、麥芽 15g、枳殼 10g、茵陳 12g、銀花 10g、大腹皮 10g，水煎服。治濕熱積滯腹痛。

二、指壓療法

用雙手拇指尖在背部靈台、至陽穴（第六、七胸椎棘突間和第七、八胸椎棘突間），逐漸施壓至患者到壓處痠痛和腹痛消失為止。對胃脘痛、肝病脅痛和蟲痛有較好療效。

三、針灸療法

（一）脘痛

【主穴】梁丘、中脘、足三里。

【配穴】腹脹配內關、上巨虛；食慾不振溫灸脾俞、胃俞。

【治法】用平補平瀉法，多捻轉或配合電針，也可針灸並施。

（二）脅痛

【主穴】太衝、肝俞、期門、膽俞。

【配穴】脅脹滿配支溝、陽陵泉、食慾不振配足三里。

【治法】用瀉法，宜多捻轉。並可配用梅花針在痛區點刺。

（三）臍周痛

【主穴】上巨虛、天樞、足三里。

【配穴】嘔吐配內關；腹瀉配大腸俞；關元；發熱配曲池、合谷；蛔蟲痛刺四縫（擠出黏黃液）、百蟲窩（血海穴上 1 吋處）。

（四）下腹痛

【主穴】三陰交、關元、歸來。

【配穴】小便頻急配膀胱俞；隱痛連睪配太衝；腹痛喜按喜溫灸氣海、八髎。

【治法】用平補平瀉法，可配用電針。

四、穴位注射療法

【主治】脘痛。

【主穴】梁丘、中脘、足三里、胃俞。

【治法】每次選二穴，每穴注入 5%當歸注射液 1ml，每日 1 次。

五、耳針

（一）脘痛

【取穴】胃、脾、神門點。選 1～2 個穴位，埋針 3～5 天。

（二）脅痛

【取穴】肝、膽、神門、胸點。每次選一至二穴，埋針三至五天。

（三）臍周圍痛

【取穴】大腸、小腸、神門點。每次選 1～2 個穴位，埋針 3～5 天。

（四）下腹痛

【取穴】小腸、膀胱、肝、神門點，每次選 2～3 個穴位，埋針 3～5 天。

✵ 第二十二節　腹　脹

腹脹是感覺腹部脹滿的症狀。一般屬武當道教醫藥的「氣脹」「痞滿」「氣鼓」等範圍。常與食慾不振、噯氣、矢氣、大便不正常等症同見。

病因病理

1. 體質虛弱，疾病耗損，脾陽（氣）虛，運化功能減退。或陽虛致陰寒凝滯，冷積寒結胃腸，均可使氣的流通受阻。

2. 外邪入裏化熱或內熱熾盛，熱結胃腸，阻塞氣機。

3. 精神刺激，情志失調，肝氣鬱結，橫逆犯脾，影響脾運化功能。

4. 飲食不節，食積停阻胃腸，氣機阻滯。

診治要點

1. 腹脹按臨床可分寒結、熱結、肝氣犯脾、脾虛和傷食等證型。

其中寒結、熱結、傷食三型起病較急，而肝氣犯脾和脾虛兩型起病較緩。

2. 各型腹脹中，以寒結和熱結兩型的病情較重，往往不僅病人感覺腹部脹滿，而且外觀多有脹急現象。但其他各型的腹脹一般程度較輕，多係病人自覺感受的症狀，外觀則多無脹急之形。

3. 寒結和熱結型腹脹，常有大便秘結不通，且病情嚴重時還會出現頻頻嘔吐、腹痛拒按和腹皮繃緊或腹肌板硬等證候，肝氣犯脾和傷食型，多伴食慾不振、噯氣、矢氣、大便不正常（便秘或腹瀉）等；

脾虛型則以飲食減少，食後腹脹增加，大便稀溏和腹部喜溫喜按為特點。

4. 本篇是討論胃腸脹氣引起的腹脹。至於嚴重水腫病的腹腔積液，肝硬化腹水，晚期血吸蟲病和某些腹腔腫瘤引起的腹脹，請參閱水腫、肝硬化、血吸蟲病、腫瘤以及其他各科有關內容。

5. 腹脹的產生雖然有多種不同的病因，臨床也必須辨清寒熱虛實而隨證施治。但由於其病理變化終屬氣滯，故治療上每多配合使用行氣消脹的藥物，如枳實、厚朴、大腹皮、枳殼、陳皮、砂仁等。不過此類藥物易於耗損正氣，脾虛病人不宜多用。

辨證施治

一、寒結型

可見於麻痺性腸梗阻、幽門梗阻、胃擴張等。

【主證】脘腹脹滿，便秘不通，面色蒼白，畏寒肢冷，脘腹隱痛或按痛，或有嘔吐，舌苔白，脈沉弦。

【治法】溫陽健脾，攻下積結。

【方例】溫脾湯加減：附子（炮）10g、乾薑 6g、大黃（後下）10g、芒硝（沖）15g、當歸 10g、丁香 3g、小茴香 5g。

二、熱結型

可見於急慢性腹膜炎、腸梗阻、毒血症、手術後腹脹等。

【主證】腹脹滿作痛而堅硬拒按，大便秘結不通，口唇乾焦，口渴舌燥，手足微有汗出，或伴發熱，煩躁，神志昏迷，舌苔焦黃或乾黑燥裂，脈沉滑有力。

【治法】攻下熱結，消痞除滿。

【方例】大柴胡湯加減：柴胡 15g、黃芩 15g、大黃（後下）12g、枳實 10g、厚朴 10g、白芍 24g、當歸 20g。

大承氣湯加味：大黃（後下）15g、芒硝（沖）10g、厚朴 30g、枳殼 10g、桃仁 10g、赤芍 15g、萊菔子（炒）30g，適用於一般性腸梗阻，氣脹較明顯者。

三、肝氣犯脾型

多見於胃腸神經官能症、肝臟疾患、慢性膽囊炎、膽石症等。

【主證】脘腹脹滿，時有脅痛，不思飲食，腸鳴，矢氣，大便失常，舌苔薄，脈弦。

【治法】疏肝理氣。

【方例】柴胡疏肝散加味：柴胡 10g、白芍 12g、枳殼 10g、甘草 3g、香附 10g、川芎 3g、木香 10g。

四、脾虛型

可見於胃腸下垂、胃酸缺乏、慢性腸炎、結腸過敏症等。

【主證】腹脹滿或墜下不適，食後脹增，飲食減少，大便稀溏，舌質淡，脈虛弱。

【治法】補氣健脾。

【方例】香砂補氣湯加減：藿香 6g、砂仁（後下）5g、黨參 12g、白朮 10g、茯苓 12g、蠶砂 10g、厚朴 6g。

五、傷食型

多見於消化障礙、急慢性胃腸炎等。

【主證】脘腹脹悶，按之疼痛，厭食噯氣，大便稀溏酸臭或便秘不通，舌苔厚膩，脈滑。

【治法】消食導滯，行氣消脹。

【方例】枳實消痞丸加減：枳實 10g、半夏麯 10g、厚朴 10g、麥芽 15g、茯苓 12g、黃連 6g。

簡易方及其他療法

一、簡易方

1. 萊菔子（微炒）3g，水一碗煎至半碗服。

2. 薑汁炒遠志 15g，水煎服。

3. 高粱莖（高粱離地面 3cm 處，周圍有鬚根長出的部分）適量，煎水加紅糖少許服。

4. 翻白葉 10g、馬蹄香 6g、三條筋 10g，水煎服。

5. 薑、蔥、鹽各 100g，炒熱熨腹部。

6. 小茴香 15g、食鹽 250g，炒熱裝布袋摩熨腹部。

二、針灸療法

【主穴】足三里‧中脘‧三焦俞‧內關。

【配穴】便秘配支溝、照海；頻噯氣、排氣配大腸俞或氣海；體質虛弱溫灸脾俞、下脘。

【治法】用平補平瀉法，可間歇用梅花針點刺腹部或脾俞、胃俞、氣海等。

三、穴位注射療法

維生素 B_1 100mg，於足三里穴位注射（左右穴交替），每日 1 次。

在足三里、陽陵泉（左右交替）每穴注入維生素 B_1 200mg，每日 1 次，即每次維生素 B_1 總量 600mg。應用於麻痺性腸梗阻。

四、耳針

【取穴】脾、胃、大腸點。每次選 1～2 個穴位，埋針 3～5 天。

✳ 第二十三節　便　秘

便秘，是指大便秘結不通，或排便間隔時間延長，或想大便而排出困難的症狀。

病因病理

1. 飲食物經消化、吸收後，所剩餘的渣滓（糟粕）部分是由大腸形成糞便而排出體外。任何病因導致了大腸這一功能的失常，即可引起便秘。

2. 過食辛辣，腸道積熱，熱病後餘熱未清，津液耗傷，均可導致腸道燥熱，大便乾結而排出困難。

3. 抑鬱過度或久坐少動，以致氣機鬱滯，傳導失常，影響糟粕通降，因而大便秘結，所謂「氣內滯而物不行」。

4. 過度疲勞或飲食失調傷脾，氣血生化不足，病後，產後或年老體弱氣血兩虛，使氣虛則大腸傳送無力，血虛則不足以滋潤大腸。

5. 年老體弱或疾病耗損，導致腎陰陽兩虛，兩虛則津液不足，大便乾燥，陽虛則不能蒸化津液，溫潤腸道。另外，年老體弱，陽氣不足，陰寒內生，凝結於腸，影響傳送和津液輸佈，也可致大便秘結不通。

診治要點

1. 便秘，臨床可分為燥熱、氣滯、氣虛、血虛、腎虛和寒結等證型。其中的燥熱、氣滯兩型屬實證，氣虛、血虛、腎虛三型屬虛證，寒結型屬虛中挾實證。

2. 各型便秘中，燥熱、氣滯、腎虛和寒結四型，經常是三五日或幾日才大便一次；血虛型的大便次數減少不明顯，只是便質乾燥，排出困難；氣虛型則往往有便急感，

大便並不十分乾結，但排便量少，排出不盡，並有排便時須竭力努掙，便後汗出，氣短，疲倦無力等特點。

3. 燥熱和氣滯兩型的便秘，多伴有腹部脹滿或疼痛，寒結也有腹痛或腸鳴，但喜熱怕冷，得溫減輕，按之舒服；氣虛、血虛和腎虛三型便秘，多不感覺明顯腹部不適。

4. 便秘應與腸道的各種良性或惡性腫瘤、腸黏連、成人巨結腸、痔瘡、肛裂等外科疾患和子宮肌瘤、子宮前突、子宮後傾、卵巢囊腫等婦科疾患引起的便秘相鑑別。

5. 本篇所討論的是一般的單純性便秘（包括習慣性便秘），至於在溫病或其他疾病過程中出現的一時性便秘，則當隨證治療。

6. 對於習慣性便秘的治療，不是單純地使用瀉下通便法就能完全解決問題的。一般地說，偏於裏實的可先予瀉下通便，適當兼顧其虛，偏於裏虛的，則必須攻補兼施，配合補藥同用或使用潤腸通便法，使大便易於排出，而不致損傷正氣。

7. 患習慣性便秘，經常依賴藥物通便並不是好辦法，因為往往停藥後又再復發。

特別是那些除了大便秘結之外而沒有其他兼證可見的患者，則需每天適當參加體力勞動或體育鍛鍊，同時養成定時排便的習慣，再配合藥物治療才能鞏固療效，達到根治的目的。

8. 平時多吃蔬菜，多飲開水，或每天清早飲一杯涼的淡鹽水，可預防便秘的發生。

辨證施治

一、燥熱型

多見於消化不良、急性腸炎恢復期以及某些感染性疾病後期。

【主證】大便乾結不通，面紅唇乾，口渴，口臭，腹脹痛，或不想吃東西，脘部脹悶，噯氣，小便黃，舌苔黃干，脈滑有力。

【治法】清熱潤腸，通便。

【方例】麻仁丸加味：火麻仁 15g、杏仁 10g、枳實 6g、厚朴 6g、白芍 10g、大黃（後下）10g、防風 10g、蜂蜜 20ml。

增液承氣湯加減：玄參 20g、麥冬 12g、生地 20g、知母 15g、大黃（後下）10g。熱性病後，陰虛津傷者適用。

二、氣滯型

可見於抑鬱性精神病、神經衰弱以及某些腸道器質性病變（如腸炎、痢疾恢復期、增生性腸結核等）引起的便秘。

【主證】大便不通，脅痛，腹脹，噯氣，腸鳴，不思飲食，舌苔薄膩，脈弦。

【治法】解鬱理氣，行滯通便。

【方例】四逆散加減：柴胡 10g、白芍 12g、枳實 10g、鬱李仁 10g、桃仁 10g、木香（後下）6g、杏仁 10g。

六磨飲加減：木香 6g、烏藥 10g、萊菔子 10g、大黃（後下）10g、枳殼 10g、檳榔 10g。

三、氣虛型

多見於慢性肺氣腫、內臟下垂、營養不良、潰瘍病、飲食過少、年老體弱等引起的便秘。

【主證】雖有便急，但排便時努掙乏力，汗出，氣短，大便不乾結但排出不淨，可感肛門墜迫，面色淡白，精神疲倦，舌質淡嫩，舌苔薄白，脈虛弱。

【治法】益氣潤腸。

【方例】黃耆湯：黃耆 20g、陳皮 5g、火麻仁 10g、蜂蜜（沖）15g。

四、血虛型

多見於貧血產生的便秘。

【主證】大便乾結難下，面色萎黃或淡白，或有頭暈，心悸，唇舌色淡，舌苔薄，脈細。

【治法】補血潤腸。

【方例】四物湯加減：熟地 20g、當歸 15g、白芍 10g、火麻仁 15g、柏子仁 10g。

五仁丸加減：桃仁 10g、鬱李仁 6g、陳皮 5g、生首烏 15g、阿膠（烊化）10g。

五、腎虛型

多見於老年性腸平滑肌衰弱、甲狀腺機能減退、神經衰弱等引起的便秘。

【主證】大便數日不解，形體消瘦，精神不足，腰酸腿軟，小便清長，舌質淡紅，舌苔薄白，脈沉細。

【治法】補腎潤腸。

【方例】濟川煎加減：肉蓯蓉 20g、當歸 15g、牛膝 15g、枳殼 6g、熟地 20g。

蓯蓉潤腸丸：肉蓯蓉 15g、沉香（後下）3g、麻仁 10g。

六、寒結型

可見於結腸運動性功能紊亂等引起的便秘。

【主證】大便秘結不通，腹中微痛，得溫則減輕，面色蒼白，喜熱怕冷，手足不溫，小便清長，口淡，舌質淡，舌苔白，脈沉弦。

【治法】溫寒通結。

【方例】溫脾湯加減：熟附子 10g、乾薑 6g、黨參 10g、當歸 10g、大黃（後下）10g。

簡易方及其他療法

一、簡易方

1. 番瀉葉 10g，開水泡服。

2. 草決明 15～30g，水煎服。或乾炒後研末，每次用開水泡服 10g。

上二方均可治燥熱便秘。

3. 瓜蔞仁 12g、杏仁 10g、青皮 6g，水煎服。治氣滯便結。

4. 吳茱萸 3g、當歸 12g，水煎，沖蜂蜜 15g 服。治虛寒便秘。

5. 核桃肉 5 枚，晚上睡前服，在便通暢後改每次 3

枚，連服 1～2 個月。

6. 黑芝麻 15～30g，大米適量，加入水共磨成稀糊狀，煮熟吃。

上兩方治虛性便秘。

7. 胖大海 3～4 個，用開水泡後飲服。

8. 黃蓍 15g、蘆薈 10g，水煎服。

二、針灸療法

【主穴】支溝．照海．大腸俞。

【配穴】腹脹配中脘，腹痛配天樞、足三里。

【治法】用平補平瀉法，可配用梅花針點刺八髎。

三、耳針

【取穴】大腸、小腸、皮質下點。每次選 1～2 個穴位，埋針 3～5 天。

✸ 第二十四節　黃　疸

黃疸，以目黃、身黃、小便黃為主證。

病因病理

《內經》說：「溫熱相交，民當病癉」。認為濕熱互結，可以致黃。《症因脈治》一書則更明確地指出黃疸與膽有關，如「若疸證皆生於熱，膽火居多」。同時，前人也有認為不僅膽的受病可致黃疸，血的受病也會致黃疸。故提出：「蓋血為榮，面色紅潤者，血榮之也，血去則面見黃色」。「蓋氣不生血，所以血敗，血不華色，所以色敗」。指出正常膚色是由於血的充潤，如果血有虛損，血

色敗壞，亦可面見黃色。因此黃疸的病因病理總的來說有兩種：

一是外感熱邪犯膽以及脾胃熱或肝熱傳膽，而致膽熱，膽汁滿溢外洩，滲於經絡而外達肌表，則見身目發黃。

二是血虛或氣不生血，病邪入血傷血，或血有瘀阻，致血虧血色敗壞，顯現於外而身目色黃。

診治要點

1. 按武當道教醫藥辨證，黃疸可分膽黃、急黃、瘀黃、虛疸四種。前一種是膽的受病，後三種屬血的受病。

亦有把黃疸分為陽黃和陰黃兩大類的，陽黃指濕熱黃疸，陰黃指寒濕黃疸（但也指虛證黃疸）。

2. 膽黃，一般發病較急，病情較短，黃疸色鮮明，易顯易退，常伴有上腹部或脅疼痛，過去可有同樣發病史。

3. 急黃與其他黃疸不同，起病最為急劇，突然發病，迅速加深，常伴有熱毒入血等危重證候。

4. 瘀黃一般發病較慢，病程較長，黃疸顏色不鮮明，常頑固不退，並有一系列血瘀見證。

5. 虛疸的黃疸色較淺淡，多日久不退。小便常不短少，尿色不深，並有頭暈、氣短、心悸等虛證表現。

6. 黃疸一證，雖然發病原因較多，但臨床上仍以濕熱所致者最為常見，清熱利濕是常用的有效方法，因而治療黃疸強調通利小便。即使其他類型的黃疸如急黃、瘀黃，除針對病因分別以涼血解毒和活血散瘀施治外，往往亦需

適當配用清利的藥物。但虛疸因屬虛證，則不能使用清利之劑。

辨證施治

一、膽黃

多見於急性黃疸型傳染性肝炎、急性膽管炎、急性膽囊炎、膽石症、肝膿瘍等病的黃疸。臨床所見的黃疸，絕大多數屬此類。

（一）熱型

【主證】身目發黃，鮮明如橘子色，發熱，口苦，腹痛，大便乾結，小便短黃，舌苔黃，脈弦數。

【治法】清泄膽熱。

【方例】加味茵陳蒿湯：茵陳 15g、梔子 10g、大黃 10g、龍膽草 12g、車前草 30g。

大柴胡湯加減：柴胡 10g、黃芩 10g、蒲公英 15g、元明粉（沖）12g、大黃（後下）10g、木香 10g、金錢草 30g。本方對膽囊炎、膽石症等黃疸較為適合。如大便稀溏，減去元明粉，大黃不後下，並加黃連 10g。

（二）濕熱型

【主證】身目發黃，身重睏倦，脘腹脹滿，厭食，口乾不想飲水，大便稀溏，小便短色深黃，舌苔黃膩，脈緩滑。

【治法】清熱利濕。

【方例】茵陳五苓散加減：茵陳 15g、白朮 10g、茯苓 15g、豬苓 12g、澤瀉 12g、厚朴 6g。

甘露消毒丹加減：茵陳 12g、黃芩 10g、藿香 6g、滑石 12g、木通 10g、鬱金 6g。

二、急黃

多見於暴發型肝炎、鉤端螺旋體病、敗血症等症的黃疸。

【主證】起病急，突然發黃，黃疸迅速加深，常伴高熱，寒戰，煩躁不安，甚則神志不清，譫妄，或有鼻血，便血，皮膚瘀斑，尿短色深黃，舌紅，舌苔黃，脈滑數。

【治法】涼血解毒，瀉熱清心。

【方例】加味犀角散：水牛角 30～60g、黃連 10g、升麻 5g、梔子 10g、茵陳 15g、蒲公英 15g、赤芍 10g、土茯苓 20g。

犀角地黃湯加減：水牛角 30g、梔子 10g、黃連 10g、牡丹皮 10g、生地黃 12g、茜草根 15g、白茅根 30g。

三、瘀黃

多見於肝硬化、肝癌、胰頭癌等病的黃疸。

【主證】黃疸色暗而帶黑，頸胸部可見血痣如蜘蛛狀，身體消瘦，飲食減少，腹脹滿，甚則膨隆，腹內有痞塊或伴疼痛，或有低熱、鼻血、尿血、便血，唇舌紫瘀，脈澀。

【治法】活血散瘀，養肝健脾。

【方例】膈下逐瘀湯加減：當歸 10g、川芎 6g、丹參 15g、赤芍 10g、紅花 6g、枳殼 10g、黨參 12g、楮實子 15g。

理肝去黃湯：柴胡 15g、當歸 10g、白朮 15g、山萸肉 12g、麥冬 15g、仙鶴草 20g、茜草根 12g、地龍 10g。

四、虛疸

虛疸屬黃疸虛證，有些人認為屬於面色黃而兩目不黃的「虛黃」病證。多見於某些肝細胞性黃疸、膽小管性肝炎黃疸和慢性溶血性貧血的黃疸。

（一）氣血虛弱型

【主證】身日淡黃，精神疲乏，頭量，氣短，倦怠無力，飲食減少，大便稀，小便如常，尿色不深，舌質淡，舌苔薄白，脈細無力。

【治法】益氣補血。

【方例】歸蓍建中湯：當歸 12g、黃蓍 15g、白芍 12g、桂枝 6g、大棗 4 枚、生薑 6g、炙甘草 3g、飴糖（麥芽糖）15g。

益氣補血方：黨參 15g、黃蓍 15g、淮山藥 15g、當歸 10g、枸杞子 12g、桑葚子 15g。

（二）陽虛型

【主證】身目黃而晦暗，體倦無力，怕冷，手足不溫，飲食減少，脘腹脹滿，腰酸腿軟，大便稀，舌質淡，舌苔膩，脈沉緩。

【治法】溫補脾腎，祛濕。

【方例】茵陳理中湯加減：茵陳 10g、黨參 12g、白朮 12g、乾薑 6g、白蔻仁 5g。

茵陳朮附湯加減：茵陳 10g、白朮 12g、熟附子 10g、茯苓 12g、黨參 15g、乾薑 5g。

簡易方及其他療法

一、簡易方

1. 雞骨草、田基黃、金錢草各 35g，水煎服。

2. 蒲公英 20g、板藍根 15g、車前草 30g，水煎服。

3. 青黛、明礬（研細末）各 1g，和勻，水送服，每日 4 次。

以上三方治膽黃。

4. 硝礬散：硝石、明礬各等份，研細末，每次服 1g，以大麥粥和服，每日 3 次，可用於瘀黃、膽黃。

5. 鷹不泊根 60g、食糖 30g，水三碗煎至一碗服。可用於陽虛黃、瘀黃。

6. 雞血藤、五爪龍各 30g，水煎服。治氣血虛弱型黃疸。

二、針灸療法

【主穴】膽俞、陽陵泉、肝俞、足三里。

【配穴】發熱配曲池、大椎，嘔吐配內關、中脘，脅痛配太衝，食慾不振配三陰交、脾俞。

【治法】實證用瀉法，虛證用補法，可配合艾灸。

三、穴位注射療法

取穴同針灸療法，每次選 2～3 個穴位，每穴注入維生素 B$_1$ 注射液 0.5～1ml，日 1 次。

四、耳針

【取穴】肝、膽、脾、內分泌、三焦點。每次選 2～3 個穴位，埋針 3～5 天。

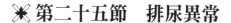

✳ 第二十五節　排尿異常

排尿異常，武當道教醫藥臨證一般包括多尿、少尿、排尿困難和小便失禁、遺尿等症狀。

病因病理

由於尿液的貯藏和排泄主要在膀胱，而尿的生成和排泄的控制則賴於脾、腎，故排尿異常與脾、腎、膀胱的病變密切相關。此外，津虛、瘀阻致尿液的生成和排泄障礙，也可發生本症。

1. 生活失常、疾病影響、年老體弱導致腎陽（氣）虛，腎陰（精）虧損，以致攝納不固，膀胱約束無力，或氣化不及，膀胱排尿障礙。

2. 濕熱下注或熱邪內結膀胱，使膀胱氣化不利，影響儲尿和排尿功能。

3. 久病或勞倦憂思傷脾，脾虛運化功能減弱，則水液輸佈障礙；脾虛中氣不足，氣虛下陷，升運無力，則膀胱氣化不足或不能約束水液。

4. 津液虧損，水液不足以下注膀胱，尿液生成減少。

5. 熱入血分，瘀熱互結，或病久傷血，瘀血結塊，阻塞膀胱、尿道，影響氣化和排尿功能。

診治要點

1. 多尿和遺尿、尿失禁一般都屬於虛證，少尿和排尿困難則有虛證也有實證。虛證不外分腎虛（腎陽虛、腎陰

虛、腎氣不攝）、脾虛（氣虛、氣陷）和津虛等證型，實證為濕熱、結熱、瘀阻和蓄瘀等。

2. 實證一般為起病較急，病程較短，虛證起病多緩，病程較長。實證小便多黃赤，虛證小便多清長。

3. 少尿或排尿困難如為突然發生，伴有小便頻急，排尿疼痛或小腹脹痛難忍者，多屬實證；如長期有同樣發病史並感排尿無力，時常中斷，小腹脹墜不適者，多屬虛證。

4. 危重病人於神志昏迷時出現小便失禁，有的屬於失神（病邪犯心），有的則是正脫的瀕死現象。臨床上都不應以小便失禁為主證論治。

5. 治法：多尿和遺尿、尿失禁，一般以補腎固澀縮小便或補中益氣升陷為主；少尿和排尿困難，則除對病因治療外，還需適當配用清利小便的藥物。但津虛所致的少尿，必待津液恢復而小便自然通利，切不可用清利藥物治療。

辨證施治

一、多尿

（一）腎陽虛型

可見於尿崩症、年老體弱、某些慢性腎功能衰竭和前列腺肥大等。

【主證】小便清長，夜間較頻，腰酸腿軟，神疲乏力，面色淡白，畏寒肢冷，性慾減退，舌質淡嫩，脈沉弱。

【治法】溫補腎陽。

【方例】菟絲子丸加減：菟絲子 10g、肉蓯蓉 12g、熟附子 10g、桑螵蛸 10g、覆盆子 16g、五味子 6g、牡蠣 15g。

（二）腎陰虛型

可見於糖尿病、急性功腎功能衰竭多尿期、精神性煩渴症等。

【主證】小便頻數量多，口渴多飲，形體消瘦，頭暈乏力，心煩，腰酸，舌質紅，少苔，脈細數。

【治法】滋補腎陰。

【方例】麥味地黃湯加減：麥冬 10g、五味子 6g、生地 20g、山萸肉 12g、山藥 12g、覆盆子 10g、黨參 12g。

（三）腎氣不攝

可見於老年人、精神緊張等。

【主證】小便頻數而清，夜間小便更多，往往排尿後仍有尿意，腰酸背痛，舌質淡紅，舌苔白，脈沉細。

【治法】固攝腎氣。

【方例】桑螵蛸散加減：桑螵蛸 10g、沙苑蒺藜 12g、龜板 15g、龍骨 20g、遠志 5g、菖蒲 5g、黨參 10g。

縮泉丸加味：益智仁 10g、山藥 10g、烏藥 10g、覆盆子 10g。

二、少尿

（一）膀胱濕熱型

多見於泌尿系統感染、尿道炎或發熱病人。

【主證】尿少或頻短，尿色深黃，可有尿刺痛或小腹

脹痛，渴欲飲水，舌苔黃，脈滑數。

【方例】八正散加減：車前子 10g、木通 10g、瞿麥 10g、滑石 12g、黃柏 10g、牛膝 10g。

（二）脾虛型

可見於慢性腎炎、肝硬化等。

【主證】小便短少，面目及四肢浮腫，身重體倦，飲食減少，大便稀爛，舌苔白，脈緩。

【治法】健脾利水。

【方例】五苓散加減：白朮 10g、茯苓 15g、澤瀉 10g、豬苓 10g、陳皮 6g。

（三）腎虛型

可見於慢性腎炎、心力衰竭和某些脊髓炎等。

【主證】尿少，腰以下浮腫，腰痛，怕冷，面色蒼白，舌質淡，舌苔白，脈沉細。

【治法】補腎利水。

【方例】溫陽利水湯加減：熟附子 12g、白朮 12g、茯苓 15g、白芍 10g、澤瀉 10g、桂枝 6g。

（四）津虛型

可見於失水、急性腎功能衰竭早期等。

【主證】尿少，皮膚乾燥，口唇破裂，口渴咽乾，舌紅少津，脈細數。

【治法】養陰生津。

【方例】沙參麥冬湯加減：沙參 12g、麥冬 10g、花粉 10g、玉竹 12g、石斛 12g、扁豆 15g、茅根 15g。

（五）瘀阻型

可見於某些肝硬化、慢性前腺炎、暴發型肝炎、敗血症等。

【主證】小便短少色黃，面色暗晦，小腹刺痛，或有低熱，或腹部有腫塊，或小便帶血，舌色紫或有暗藍斑點，舌苔濁，脈澀。

【治法】活血祛瘀，利水。

【方例】桃花化濁湯加減：桃仁 10g、紅花 6g、赤芍 12g、丹參 10g、牛膝 10g、茵陳 12g、車前子（包煎）10g、澤瀉 12g、降香 3g、梔子 10g。

三、排尿困難（癃閉）

小便排出不暢為「癃」，小便閉塞不通稱為「閉」，合稱為癃閉。可見於急、慢性尿瀦留。

（一）腎虛型

多見於老年性膀胱弛緩等。

【主證】排尿無力、中斷，腰酸腿軟，面色淡白，畏寒肢冷，舌質淡，舌體胖，脈沉細。

【治法】補腎溫陽，行水。

【方例】鹿茸丸加減：鹿膠（烊化）10g、熟附子 10g、肉桂 2g、牛膝 10g、五味子 6g、澤瀉 12g、石斛 10g、黃蓍 15g、鹿茸 6g（研末沖服）。

（二）氣虛型

多見於前列腺肥大、精神緊張、癔病等。

【主證】排尿費力，點滴而下，或小腹脹墜欲解不出，身倦無力，氣短，飲食減少，舌質淡，脈緩弱。

【治法】補中益氣。

【方例】補中益氣湯加減：黃蓍 15g、黨參 10g、白朮 12g、當歸 10g、陳皮 3g、升麻 5g、肉桂 1g、通草 10g。

黃蓍甘草湯：黃蓍（生）12g、甘草 2g。

（三）蓄瘀型

多見於某些膀胱或尿道結石、膀胱出血、慢性前列腺炎等。

【主證】排尿點滴不暢或阻塞不通，小腹脹滿刺痛或急痛難忍，尿色紫紅或伴有血塊，舌暗紅或邊有暗藍斑點，脈澀。

【治法】行瘀散結。

【方例】桂枝茯苓丸加減：桂枝 10g、赤芍 12g、桃仁 10g、紅花 6g、丹參 12g、茯苓 10g、澤蘭 10g、地龍 10g、小茴香 3g。

代抵當丸加減：歸尾 10g、生地 12g、桃仁 10g、穿山甲 10g、大黃 10g、芒硝（沖）10g、肉桂 3g、牛膝 15g。

（四）膀胱結熱型

可見於急性前列腺炎、尿道結石等。

【主證】小便熱赤，點滴而下，甚或小便閉塞不通，小腹脹滿疼痛，口渴不欲飲水，舌質紅，舌苔黃，脈數。

【治法】瀉膀胱結熱，助膀胱氣化。

【方例】通關丸加味：黃柏 12g、知母 12g、肉桂 1g、車前子 10g。

四、遺尿、小便失禁

這是小便不能控制而自行排出的症狀。臨床上把遇有尿意而不能控制，隨即排出的稱為小便失禁；把在睡眠中小便自遺，醒後方知，稱為遺尿。兩者在病理和治療上基本相同。

（一）氣陷型

可見於女性尿括約肌衰弱、精神緊張等。

【主證】小便不禁或遺尿，在疲勞時多發生，尿色清，面色淡白，身倦無力，或有小腹脹墜，舌質淡，脈虛弱。

【治法】益氣升陷，固澀小便。

【方例】補中益氣湯加減：黃蓍 15g、黨參 10g、炙甘草 5g、當歸 10g、升麻 5g、益智仁 10g、五味子 6g。

固脬湯加減：黃蓍 15g、白朮 10g、升麻 5g、沙苑蒺藜 10g、山萸肉 10g、桑螵蛸 10g。

（二）腎虛型

多見於老年人、某些脊髓炎、前列腺肥大、截癱等。

【主證】小便不能控制，頻數量多色清，頭暈腰酸，畏寒肢冷，舌質淡，脈沉細。

【治法】補腎固澀。

【方例】鞏堤丸加減：熟地 12g、山萸肉 10g、菟絲子 10g、補骨脂 10g、益智仁 10g、韭子 10g、山藥 12g。

生料鹿茸丸加減：熟附子 10g、肉桂 2g、肉蓯蓉 12g、桑螵蛸 10g、巴戟 12g、牡蠣 15g、鹿茸 10g、雞內金 10g。陽虛較甚者適用。

簡易方及其他療法

一、簡易方

1. 韭菜子 10g，研末，烙入饃中，分 2 次吃，連用數日。

2. 白果（銀杏）煨熟或炒香，每次吃 8～10 粒（小兒減半），每日 2 次。

上兩方治多尿、遺尿。

3. 酢漿草（鮮）60g，搗爛取汁，加蜜糖同服。

4. 金錢草 30g，虎杖 15g，水煎服。

5. 玉米鬚（或芯）60g、小茴香 3g，水煎服。

上三方治尿少，排尿不暢屬實證者。

6. 黃蓍 30g、麻黃 6g，水煎服。

7. 地龍 10g、茴香 3g，水煎服。

上二方治老年人小便不通。

8. 皂角 1g，研細末，吹鼻取噴，治實證尿閉。

9. 食鹽 250g 炒熟，布包熨小腹（或恥骨上熱敷）。

10. 甘遂 10g，研為細末，加入麵粉適量，冰片 0.5g，溫開水調成糊狀，敷於中極穴位（臍下 4 吋），一般 30 分鐘即能小便通利。加熱敷療效更好。

11. 蔥頭、王不留行、皂角各適量煎水坐浴，外洗小腹。

以上對不完全性尿路梗阻或感染引起的尿瀦留有效。

二、針灸療法

【主穴】三陰交、中極、太谿。

【配穴】多尿及遺尿、尿失禁加懸灸腎俞、關元、命門，少尿及排尿困難配膀胱俞、陰谷，梅花針點刺臍下任脈區及八髎。

【治法】用平補平瀉法。下腹部進針宜斜刺，勿過深，防刺穿膀胱。排尿困難在針刺前後可用手由上向下、由外向內輕揉按膀胱區以促使排尿。

三、耳針

【取穴】膀胱、小腸、神門、腎、皮質下敏感點。每次選 2～3 個穴位，電針或埋針 3～5 天。

四、指壓療法

按壓利尿穴可治急性尿瀦留。神闕與恥骨聯合的垂直線中點即「利尿穴」，用大拇指以逐漸加大的壓力按壓，一般持續 5～15 分鐘就能排尿（切勿中途停止用力）。

✳ 第二十六節　四肢疼痛

四肢痛按武當道教醫藥多屬「痹證」。

病因病理

痹，是閉阻不通的意思。任何病邪留滯四肢的血脈、經絡，使氣血運行不暢，便會引起四肢的肌肉、關節發生疼痛。

1. 人體正氣先虛，肌表抵抗力減弱，風、寒、濕邪乘虛侵襲，這是痹證最常見的病因。正如《內經》說：「所謂痹者，各以其時，重感於風寒濕之氣也。」

2. 平素體質陽氣偏盛，或已有內熱蘊蓄，一旦感受風

寒濕邪，入裏化熱，壅阻經脈而疼痛。

3. 血分瘀熱阻滯，或寒邪侵入血脈，使氣血凝滯，不通則痛，如斑痛症和血痺證等。

4. 痺證日久不癒，氣血耗損，筋骨失養，可造成筋肉萎縮，關節變形，屈伸不利，此為「久痺入絡」。

診治要點

1. 風濕痺，濕熱痺，過去可有同樣發作病史，熱痺與斑痛症多發生在青少年。

2. 熱痺、久痺入絡均以關節疼痛為主。熱痺的關節痛為紅腫灼熱，以膝、踝、肩、肘、腕等較大的關節疼痛為常見；但久痺入絡的關節痛常見於指、趾的小關節。

3. 風濕痺的疼痛可發生於關節，也可發生於肌肉；濕熱痺則僅肌肉疼痛；血痺和斑痛均見於四肢的末端，但後者僅限於下肢。

4. 熱痺的關節可見紅腫及溫度增高，久痺入絡則可見關節腫大、強直、畸形和附近肌肉萎縮；斑痛症有陣發性皮膚發紅灼熱。

5. 風濕痺和濕熱痺是痠痛，按摩能減輕，熱痺為灼熱痛，疼痛較劇而拒按，久痺入絡為鈍痛；斑痛症為刺痛，夜間增劇，喜冷敷；血痺亦為刺痛，並有麻木感。

6. 內科四肢痛須注意與外科的流注病（多發性膿瘍）、流痰（髖關節結核）、脫疽（脈管炎）和骨瘤等鑑別。

7. 由於四肢痛是外邪入侵閉阻經脈所致，故對初病患

者就按風、濕、寒、熱辨證，採用祛邪通絡為主，但對久病不癒，正氣已虛的應大補氣血，兼顧祛風通絡或活血通脈。

辨證施治

一、風濕痺

多見於關節風濕、肌肉風濕等。

【主證】肌肉或關節痠痛，屈伸不利，天氣轉變則發作，夜間多疼痛加重，晨早活動後較輕，舌苔薄白，脈緩滑。

【治法】祛風濕。

【方例】防風湯加減：防風 16g、羌活 6g、桂枝 6g、秦艽 10g、當歸 10g、五加皮 10g。

穿海湯：穿破石 24g、海風藤 18g、走馬胎 12g、雞骨香 12g、威靈仙 12g、桑寄生 24g。

二、濕熱痺

多見於肌肉風濕。

【主證】周身肌肉痠痛，身重體倦，口乾苦不想飲水，小便短黃，舌苔白黃，脈滑。

【治法】清濕熱，通經絡。

【方例】二妙散加味：黃柏 10g、蒼朮 10g、海桐皮 12g、薏苡仁 15g、木瓜 10g、豨薟草 15g。

桑靈方：桑枝 30g、威靈仙 12g、薏苡仁 30g、木防己 15g、秦艽 12g、銀花藤 30g。

三、熱痹

多見於急性風濕性關節炎。

【主證】關節紅腫熱痛，游走不定，疼痛劇烈而拒按，不敢屈伸活動，煩悶，汗出，或有發熱咽痛，口乾，舌苔黃，脈滑數。

【治法】清熱、涼血、通絡。

【方例】石膏湯加減：石膏 30g、知母 30g、黃柏 10g、防己 10g、銀花藤 30g、生地 30g、桂枝 5g、甘草 6g。

宣痹湯加減：防己 12g、連翹 12g、梔子 10g、薏苡仁 20g、桑枝 30g、牡丹皮 10g、秦艽 12g。

熱痹方：防風 10g、威靈仙 10g、赤芍 12g、玄參 15g、銀花藤 20g、防己 12g、桑枝 20g、龍膽草 10g。

四、斑痛證

這是血分瘀熱引起的病證，臨床上可見於紅斑性肢痛病等。

【主證】兩下肢的足部陣發性疼痛，局部發肢有潮紅斑，並感灼熱，壓痛，喜用冷水浸泡，晚間或垂足時痛較重，但患側下肢活動如常，不化膿潰破，舌質稍紅，舌苔薄，脈弦細。

【治法】清熱涼血，活血祛瘀。

【方例】桃紅飲加減：桃仁 6g、紅花 10g、當歸尾 10g、玄參 12g、威靈仙 10g、銀花 12g。

涼血四物湯加減：當歸尾 10g、生地 12g、赤芍 10g、紅花 6g、地龍 10g、牛膝 10g。

五、血痺

這是寒邪凝滯血脈，血行不暢所致。可見於肢端動脈症和末梢神經炎。

【主證】四肢麻木，刺痛，指端蒼白，冰冷，指甲發紫，舌質淡，舌苔薄，脈細澀。

【治法】溫經散寒，活血通脈，補血養血。

【方例】當歸四逆湯加減：當歸 12g、桂枝 10g、赤芍 12g、細辛 3g、木通 6g、紅棗 5 枚、紅花 6g。

獨桂方：獨活 10g、桂枝 10g、當歸 12g、烏頭（製）10g、桑寄生 30g、甘草 6g。

六、久痺入絡

多見於類風濕性關節炎等。

【主證】久患痺痛不癒，甚則指節腫大屈伸不利，肌肉萎縮，面白消瘦，體倦乏力，舌苔白，脈細緩。

【治法】補氣血，祛風通絡。

【方例】三痺湯加減：黃耆 12g、黨參 10g、當歸 12g、白芍 10g、防風 10g、烏梢蛇 10g、土鱉蟲 5g、海風藤 30g。

簡易方及其他療法

一、簡易方

1. 龍膽草 10g、防己 10g、蠶砂 10g、海桐皮 12g、葛根 15g，水煎服。治濕熱痺。

2. 虎杖根 30g、紅棗 4 枚、甘草 6g，水煎服。治風濕痺。

3. 老鸛草 15g～30g，水煎服。

4. 三椏苦 30g、算盤子根 30g、半楓荷 30g、兩面針 15g，水煎服。

5. 金剛藤 30g、蛇泡勒 30g、榕樹枝 30g、崗梅根 30g，水煎服。

6. 西河柳（或柳枝）30～60g，水煎分 2 次服。

上三方治熱痹。

7. 豆豉薑 15g、毛麝香 15g、走馬胎 15g、雞血藤 30g，水煎服，治血痹。

8. 五爪龍 30g、雞血藤 30g、過江龍 30g、半楓荷 30g，水煎服，治痹證日久，身體虛弱。

二、針灸療法

【主穴】上肢——曲池、肩髃、陽池、合谷、大杼。

下肢——陽陵泉、足三里、犢鼻、風市、環跳、解谿、崑崙。

【配穴】關節痛為游走性的配風門；痠痛重著配腎俞。

【治法】用瀉法。關節紅腫熱痛宜針不灸，痠痛無熱可針灸並施，亦可在局部用梅花針點刺。

三、穴位注射療法

取穴同針灸療法，每次選 2～3 個穴位，每穴用 5% 當歸注射液 0.5～1ml 注入，日 1 次。

四、耳針

【取穴】腎、脾及患部相應壓痛點。每次選 1～2 個穴位，埋針 3～5 天。

第二章

疾病辨治

✳ 第一節　內科急性感染性疾病（溫病）

內科急性病感染性疾病包括凡是感染引起的傳染性或非傳染性急性發熱病。根據它的臨床表現，與武當道教醫藥的急性熱病很符合，武當道教醫藥總稱為溫病。臨床實踐證明，用溫病的理、法、方、藥治療內科急性感染性疾病效果較好。

在此，概括地敘述溫病，學習時可與本書各種傳染病及感染性疾病相互參考。

病因病理

外因是感受了溫熱病毒（溫邪）。溫邪是在不同季節的不同氣候條件下產生的，但是，這些外邪能否使人生病，還要決定於人體的抗病力，這是內在因素，就是武當道教醫藥常說的「正氣存內，邪不可干」。

溫邪必須在人體正氣虛弱，抗病力差，不能抵禦外邪時，才能侵入人體而發病。所以，武當道教醫藥有「邪之所湊，其氣必虛」的說法。

在不同的氣候條件下產生不同的外邪，使人體發生五種不同類型的溫病：溫熱、暑溫、濕溫、風溫和瘟疫。這

五種類型各有臨床特點，病因不同，治療也不一樣。但是，它們的病理變化和病情的轉變又有共同的規律性和階段性。

溫病的病情轉變（傳變）歸納有衛分、氣分、血分、陰分和陽分等五個階段。衛分屬於表層，症狀表證，病情輕；氣分較裡層，表現裡熱的症狀，病情較重；血分更加深層，有神志方面的症狀，還可出斑疹、出血，病情更重；陰分和陽分屬於溫病的晚期的危重階段。

從表裏的角度看，衛分在表，所以叫表病；氣分、血分、陰分、陽分都是在裏的，叫裏病。在此階段，叫做病位。不同的病位，又決定了治療方法的差異。

一般溫邪侵犯人體，先由衛分開始，然後進入氣分，再深入血分，進而便嚴重地損害了陰分和陽分。但是也有一些溫邪直接侵犯裏層，叫「直犯」或「直中」，這時，一開始便出現被侵犯的那個病位的證候，如溫熱便是直中氣分，一發病便表現氣分的裏熱證候。

診治要點

1. 溫病中，不同的病因可以有不同類型的病證，它們的傳變和發展又有共同的規律性。溫病的辨證可由兩個不同的角度入手，從病因角度叫做病因辨證，從傳變角度叫病位辨證。

病因和病位是統一的，病因和病證總要透過病位呈現出來，而病位的病證也離不開病因。而且，所有的溫病又都由臟腑在病理改變表現出來。

2. 在病因辨證中，溫熱（春溫）發生於冬春季節，發病突然，病情嚴重，病程長，初起即表現為裏熱證，治療用清熱瀉火、解毒法。暑溫發生於暑天，高熱，出汗，易出現氣傷津耗的徵象，也常夾濕，治療除用清熱解暑法外，往往並用滲濕藥。

濕溫多發生於雨濕較盛的春夏季節，起病慢，病程長，以脾胃症狀為主，一般宜用苦寒清熱藥，但濕有輕有重，有熱重於濕，也有濕重於熱，而且濕的表現部位又有上、中、下之分，所以臨床用藥除了區別濕與熱的偏盛外，還要分別濕的部位，適當地選用化濁、燥濕、滲濕的藥物。

風溫多發生於冬春季節，病初表證明顯，但可急速傳裏，傳裏時病情突然加重。臨床治療，若僅衛分見證，以疏風解表為主，如果犯肺，用甘寒、苦寒清熱藥，配清痰和止喘藥。

瘟疫有十分明顯的傳染性，發病急而重，變化迅速，初起一般無衛分見證，常突然發高熱，邪易入血分，而形成危重證候，治療時用大劑量的清熱解毒藥，邪入血分時須盡快用清血熱藥。

3. 在病位辨證中，邪犯衛分（表熱證）表現惡寒，鼻塞等表證，病情輕，治療用疏解風熱法。邪在氣分（裏熱證），沒有表證，發熱很高，出汗後熱不退，不惡寒或出汗後有怕風、口渴，這個階段，邪可侵犯肺、胃、肝、膽、脾、腸、膀胱等臟腑，治療以清氣分熱為主。邪入血分（血熱證），病情嚴重，多見於溫病後期，治療以清血

熱、解毒為主，處理要迅速及時。

熱邪傷陰，多是溫病的末期，這時邪已衰退，但陰分也受到損傷，治療用清虛熱、滋肝腎的方法。熱傷氣陰時，也是溫病後期的病證，熱邪不僅損傷了陰分，還傷了氣分，治療用益氣養陰，兼清虛熱的方法，但是如果熱邪熾盛，陰分嚴重受傷時，可以出現熱盛陰脫，是最危重的階段，應及時滋陰救脫。

熱閉陽脫（內閉外脫證），也是溫病中最嚴重的一種，治療以補陽益氣、固脫止汗為主，兼清熱解毒和開竅，熱盛陰脫和熱閉陽脫如不及時搶救會導致死亡，應注意請西醫配合救治。

4. 由於病邪的特點，又構成了與病位關係的特點。暑邪易致氣津兩傷，所以暑溫容易出現氣傷津耗的現象；風溫多侵犯肺衛，因此風溫初起必有表證；由於脾胃容易受濕，所以濕溫常表現以脾胃症狀為主；疫毒易入血分，因此病情常很嚴重。

5. 「一分惡寒，一分表證」，對於指導溫病病位辨證很有意義，就是說有怕冷的現象，表示有表證的存在，但是應注意與熱邪犯膽的一陣發熱一陣怕冷（寒熱往來）和邪在氣分或熱毒入血的高熱寒戰相區別。

6. 「一分發熱，一分邪在」，亦是診治溫病的原則之一，意思是說，有發熱便說明有病邪的存在。所以，治療時祛邪應該是主要方面，但是必須考慮到「熱傷陰」的可能，要時刻注意陰分的損傷，在病邪處於劣勢時要及時養陰。

7. 溫病和感冒都屬於外感病。溫病病情比較重，但感冒病情比較輕；溫病必定發熱，甚至是高熱，但感冒發熱不高或不發熱；溫病經常內傳臟腑造成病勢深入，但感冒多數只侵犯肺臟和肺所屬的體表組織。

辨證施治

一、衛分病

（一）風溫犯表

【主證】發熱，微惡寒，無汗或少汗，頭痛咳嗽，口微渴，舌苔薄白，脈浮數。

【治法】疏風熱解表。

【方例】銀翹散：連翹 12g、銀花 15g、桔梗 10g、薄荷（後下）5g、竹葉 10g、甘草 3g、荊芥（後下）10g、淡豆豉 10g、牛蒡子 10g。

（二）濕溫犯表

【主證】發熱，但熱度不高，惡寒，無汗，頭重脹，覺得身體很沉重，關節酸重，疲倦，胸悶想吐，舌苔白膩，脈緩。

【治法】清熱、祛濕、透表。

【方例】濕溫初起方：藿香 6g、佩蘭 10g、蒼朮 10g、陳皮 3g、竹葉 10g、銀花 12g、連翹 10g、淡豆豉 10g、雲苓皮 15g、滑石 20g、通草 3g、甘草 3g。

（三）暑溫犯表

【主證】高熱，在暑天發病，惡寒，頭痛，胸悶欲吐，有汗或無汗，舌質較好，舌苔白膩，脈數。

【治法】解表清暑。

【方例】新加香薷飲：香薷 6g、厚朴 10g、銀花 15g、連翹 12g、扁豆花 10g。

二、氣分病

（一）衛氣同病

【主證】惡寒、發熱，身痛，口渴，舌質紅、舌苔黃，脈數。

【治法】解表清氣。

【方例】三黃石膏湯：黃連 10g、黃芩 12g、黃柏 6g、生石膏 30g、梔子 10g、麻黃 3g、淡豆豉 10g、蔥白 10g。

葛根芩連湯：葛根 10g、黃芩 10g、黃連 10g、甘草 3g。

（二）熱結胃腸

【主證】高熱，多汗，口渴，大便秘結或腹瀉黃臭稀水（熱結旁流），腹部脹，腹痛不能壓按，煩躁甚至胡言亂語，舌質紅，舌苔黃，脈數有力。

【治法】清熱瀉下。

【方例】大承氣湯：大黃（後下）10g、厚朴 6g、枳實 10g、芒硝（沖）15g。

（三）溫邪困肺

【主證】發熱，咳嗽，氣喘，胸痛，舌質紅，舌苔黃，脈數。

【治法】清熱止喘。

【方例】麻杏石甘湯：麻黃 5g、北杏仁 10g、甘草 3g、生石膏 30g。

（四）熱邪犯膽

【主證】一陣發熱一陣怕冷（寒熱往來），脅痛，口苦，頭暈眼花，胸悶、噁心，食慾不振，心煩，脈弦。

【治法】清肝膽熱。

【方例】龍膽瀉肝湯：龍膽草 10g、黃芩 10g、梔子 10g、澤瀉 10g、木通 10g、車前子 10g、當歸 6g、柴胡 6g、甘草 3g、生地 12g。

（五）熱邪犯脾

【主證】黃疸，發熱，有時微惡寒，腹部脹，脅部痛，胸悶，食慾不振，噁心，疲倦，尿短色黃，舌苔白膩，脈滑。

【治法】苦寒清熱，利尿滲濕

【方例】茵陳蒿湯：茵陳 18g、梔子 10g、大黃 10g。熱重者適宜。

茵陳四苓散：茵陳 15g、豬苓 12g、澤瀉 10g、白朮 10g、茯苓 15g。濕重者適宜。

（六）熱入肝心

【主證】高熱，煩躁不安，或者神志昏迷，譫語，抽搐，甚至角弓反張，舌質紅絳，脈細數。

【治法】清心開竅，鎮肝息風。

【方例】清宮湯：玄參 10g、蓮子芯 3g、竹葉捲心 10g、連翹 12g、水牛角 60g、連心麥冬 10g。

昏迷較深加服安宮牛黃丸（成藥）1 丸沖服，每日 1～3 次，或至寶丹每次 3g，每日 1～2 次。抽搐明顯用紫雪丹 0.5g 沖服，每日 1～2 次。

（七）熱結膀胱

【主證】發熱，尿頻，尿急，尿痛，下腹痛，腰痛，舌質紅，舌苔黃，脈數。

【治法】清熱滲濕。

【方例】八正散：車前子 10g、木通 10g、瞿麥 10g、萹蓄 10g、滑石 20g、甘草 3g、梔子 10g、大黃 10g。

三、血分病

（一）氣血同病

【主證】高熱、口渴，煩躁不安，或出斑疹，舌質紅絳，舌苔黃，脈數。

【治法】清氣血熱。

【方例】清瘟敗毒飲：生石膏 30g、知母 10g、甘草 3g、生地 20g、黃連 6g、梔子 6g、黃芩 10g、連翹 12g、桔梗 6g、赤芍 10g、玄參 10g、牡丹皮 6g、淡竹葉 12g、水牛角 60g。

化斑湯：生石膏 18g、知母 10g、甘草 3g、玄參 12g、水牛角 60g、粳米一小撮。

（二）熱毒入血

【主證】高熱，寒戰，煩躁不安，出斑疹，甚至譫語，吐血，出鼻血，便血，舌質深絳少苔，脈數。

【治法】涼血解毒。

【方例】犀角地黃湯：水牛角 60g、生地黃 30g、赤芍 15g、牡丹皮 12g。

四、傷陰病

（一）熱邪傷陰

【主證】下午低熱（午後潮熱），心煩容易惱怒，出汗，兩顴有紅暈，手足心熱，舌質紅乾少苔，脈細數。

【治法】清虛熱，滋肝腎。

【方例】青蒿鱉甲湯：青蒿 6g、鱉甲 20g、生地黃 15g、知母 10g、牡丹皮 10g。

（二）熱邪傷津

【主證】口渴，不覺飢餓，唇乾裂，大便秘結，舌質紅乾無苔。

【治法】生津養液。

【方例】增液湯：玄參 12g、麥冬 15g、生地黃 20g。

（三）熱盛陰脫

【主證】高熱，臉發紅，口乾，舌燥，精神疲乏，手足心熱，甚至心慌，手足抽搐，舌質絳無苔，脈虛。

【治法】滋陰救脫，平肝息風。

【方例】救逆湯：炙甘草 6g、乾地黃 15g、白芍 12g、麥冬 12g、阿膠（烊化）10g、生龍骨 30g、生牡蠣 30g、羚羊角粉 12g（沖服）。

大定風珠：白芍 12g、阿膠（烊化）10g、生龜板 30g、乾地黃 12g、麻仁 12g、五味子 12g、生牡蠣 3g、麥冬 12g、炙甘草 3g、雞子黃一枚、鱉甲 30g。

五、傷陽病

熱閉陽脫

【主證】發熱（熱度常很高），但四肢冰冷，出汗多，

面色蒼白，嘴唇及指甲青紫，煩躁不安，神志淡漠，口乾又不想喝水，舌質淡，脈微細數。

【治法】補陽益氣，固脫止汗為先，兼以清熱解毒，開竅。

【方例】四逆湯：熟附子 12g、乾薑 10g、炙甘草 3g，沖服安宮牛黃丸 1 丸，或至寶丹 6g 沖服，每日 2～3 次。

✳ 第二節　普通感冒

普通感冒屬上呼吸道感染，武當道教醫藥叫感冒為外感、傷風。

病因病理

1. 感冒病因，外因有氣候過於強烈（如夏天太炎熱、冬天太寒冷）或氣候突然變化（如夏天突然轉涼，冬天突然氣溫升高）。當人體正氣虛弱、抗病力下降時，以上外因便發生作用，外邪乘虛侵入而發生感冒病。

2. 外邪可歸納為風、寒、暑、濕、燥、火六種。它們有一定的季節性，如暑邪在夏季發生，寒邪盛行冬季。但是，有一些外邪的季節性卻不明顯，如風邪就是四季存在的。外邪的季節性與地區也有關係。如濕邪常於雨季或較潮濕地區存在。

總之，外邪有一定的季節性，但由於自然界氣候變化複雜，常常在同一季節裡可能有不同的外邪。

3. 外邪侵犯人體，通常是從皮毛等體表組織開始的，

由於「肺合皮毛」「肺開竅於鼻」、咽喉是肺的門戶，因而牽涉到肺和它所屬的鼻、咽等部分，所以感冒常見有咳嗽等肺部的見症和鼻塞、流涕、噴嚏和咽乾喉痛等鼻、咽部症狀。

4. 感冒病按臨床見證可分為傷風、傷寒、感冒風寒、感冒風熱、傷暑、傷濕、感冒秋燥和感冒挾濕等型。傷風、傷寒是單一的風或寒引起的，僅有鼻咽或皮毛肌表見證。感冒風寒或感冒風熱由風邪與寒或熱結合起來侵犯人體致病，有發熱、咳嗽等見證，感冒風寒屬寒證，感冒風熱屬熱證。傷暑由暑邪損傷正氣致病，有多汗、頭暈、疲倦等虛性症狀。傷濕是外在的濕邪（外濕）引起的，濕邪有凝滯、黏膩的特性，常見身體沉重，四肢疲倦無力，頭重等症狀，而且起病慢，病程較長，治療也不能很快見效。感冒秋燥發生在風高氣燥，雨量稀少的秋季，燥氣由外侵入，首先損傷肺的津液，出現乾咳少痰、口渴咽乾等外燥傷（肺）津的症狀。感冒挾濕由於感受了寒邪或熱邪以後，脾的功能失調，產生內濕，臨床可見消化不良、胸悶、噁心嘔吐、食慾不振、腹脹、腹瀉等。

診治要點

1. 傷風，一般不發熱，惡寒，多數發生在冬季，惡寒明顯，但沒有發熱或者熱度不高；感冒風寒，惡寒比發熱重一些，感冒風熱，發熱比惡寒重一些；感暑，在夏季或初秋氣候炎熱時發病，病人常有疲倦、頭暈等虛性症狀；傷濕，起病慢，病程長，多數不發熱，感冒秋燥，見於秋

季，一般病情較輕，感冒挾濕，除有感冒的症狀外，還有噁心嘔吐。腹痛、腹瀉等消化系統症狀，相當於胃腸型感冒。

2. 普通感冒必須和溫病（內科急性感染性疾病）鑑別：①兩種病雖然都屬於外感病，但是感冒病情輕，溫病病情較重；②感冒發熱不高或不發熱，溫病必有發熱，甚至是高熱；③感冒多數是侵犯肺臟和肺所屬的體表組織，而不往裏傳變，但溫病卻經常內傳臟腑。

辨證施治

一、傷風

【主證】鼻塞聲重，流清涕，噴嚏，頭痛，怕風，舌苔薄白，脈浮緩。

【治法】疏解風邪。

【方例】蔥豉湯：蔥白 10g、淡豆豉 10g。

蒼薄湯：蒼耳子 10g、薄荷 6g、生薑 5g。

二、傷寒

【主證】惡寒、頭痛，頸和背部的肌肉有牽拉感，身疼，不渴，不發熱或熱度不高，舌苔白膩，脈浮緊。

【治法】辛溫解表。

【方例】麻黃湯：麻黃 6g、桂枝 10g、北杏仁 10g、炙甘草 3g。

桂枝湯：桂枝 6g、白芍 10g、炙甘草 3g、生薑 6g、大棗三枚。

上溫方：紫蘇葉 5g、羌活 5g、防風 6g、荊芥 6g、白

芷 5g、前胡 10g、神麴 6g。

三、感冒風寒

【主證】惡寒、發熱（但熱度不高），無汗，頭痛身疼，鼻塞，聲音重濁，咳嗽，痰稀白，舌苔白滑，脈浮。

【治法】祛風散寒，宣肺止咳。

【方例】荊防敗毒散加減：荊芥 10g、防風 10g、柴胡 12g、前胡 10g、桔梗 6g、北杏仁 10g、陳皮 6g、甘草 6g。

辛解方：紫蘇梗 10g、薄荷（後下）3g、牛蒡子 10g、桔梗 10g、瓜蔞皮 5g、陳皮 3g、蒼耳子 10g。

四、感冒風熱

【主證】發熱，微惡寒，有汗、頭痛，口乾口渴，咳嗽痰黃稠，或有咽喉腫痛，舌苔薄黃，脈浮數。

【治法】辛涼解表，清熱宣肺。

【方例】銀翹散：銀花 15g、連翹 12g、桔梗 10g、薄荷（後下）5g、竹葉 10g、甘草 5g、荊芥（後下）10g、淡豆豉 10g、牛蒡子 10g。

桑菊飲：桑葉 10g、菊花 10g、北杏仁 10g、連翹 12g、薄荷（後下）5g、桔梗 10g、甘草 10g、蘆根 15g。

解熱上涼方：連翹 12g、金銀花 12g、薄荷（後下）5g、桑葉 10g、前胡 10g、菊花 6g、芥穗 5g、甘草 3g。

五、傷暑

【主證】發熱，頭暈頭痛，多汗，疲倦，口渴，小便黃，尿量少，脈浮滑。

【治法】清解暑熱，淡滲利尿。

【方例】清涼滌暑湯：滑石 20g、甘草 3g、青蒿 6g、白扁豆 15g、連翹 12g、茯苓 15g、通草 6g、西瓜皮 18g。

加減：咳嗽加北杏仁 10g、瓜蔞皮 12g。

新加香薷飲：香薷 10g、厚朴 10g、銀花 15g、連翹 12g、扁豆花 10g，對發熱而無汗的病人較適宜。

六、傷濕

【主證】頭重墜，疲倦，四肢痠痛，口不渴，無發熱或熱不高，舌苔白膩，脈緩。

【治法】宣濕化濁。

【方例】宣痺湯加減：防己 12g、薏苡仁 30g、大豆卷 12g、晚蠶砂 12g、桑枝 30g、佩蘭 6g、威靈仙 60g。

加減：發熱加梔子 10g、地骨皮 15g。

七、感冒秋燥

【主證】乾咳少痰，或痰中帶血絲，咳嗽時引起胸痛，口乾鼻燥，咽喉痛，想喝水，或有些怕冷和發熱，舌質乾苔少，脈滑或數。

【治法】清熱宣肺，潤燥止咳。

【方例】桑杏湯：桑葉 10g、南杏仁 10g、沙參 10g、川貝母 3g（研粉沖服）、淡豆豉 10g、梔子 10g、梨皮 10g。

潤咳方：百部（蜜炙）6g、南杏仁 12g、甜桔梗 10g、川貝母 3g（研粉沖服）、瓜蔞皮 10g、沙參 10g、柿蒂 5g。

八、感冒挾濕

【主證】發熱，惡寒，疲倦，頭重墜痛，食慾不振，胸悶，噁心嘔吐，腹脹，腹瀉，舌苔白膩，脈濡或數。

【治法】解表化濕。

【方例】藿香正氣散：藿香 6g、紫蘇 10g、白芷 10g、大腹皮 10g、茯苓 12g、白朮 10g、陳皮 3g、法半夏 10g、厚朴 6g、桔梗 10g、炙甘草 3g。

香蘇散加減：香附 10g、紫蘇葉 10g、陳皮 3g、藿香 6g、神麴 12g、連翹 12g、黃芩 10g。發熱較高的病人適宜。

簡 易 方 及 其 他 療 法

一、簡易方

1. 紅糖 15g、生薑 12g，水煎服或開水泡服。治傷風。

2. 豆豉 30g，水煎服。治傷風。

3. 蔥白十根、生薑 10g，水煎熱服。蓋被使人取微汗。治感冒風寒。

4. 蜀羊泉 30g、白茅根 30g、蔥白 3g，水煎服。治感冒風熱。

5. 野菊花 15g、崗梅根 30g、地膽頭 15g，水煎服。治感冒風熱。

6. 蒲公英 15～30g。水煎服。治感冒風熱。

二、針灸療法

【主穴】大椎、合谷。

【配穴】發熱配曲池，鼻塞配迎香，頭痛配風池、太

陽，食慾不振配足三里，咳嗽配天突、肺俞，咽痛速刺少商出血。

【治法】用瀉法，多捻針（每分鐘捻針 50～100 次，至額上微汗出更好）。

三、拔罐療法

先在脊柱塗上潤滑油（麻油或花生油），從第七頸椎開始拔罐，然後迅速把火罐沿脊椎滑移到第四腰椎，然後向外上方停在肺俞穴。再用上法推停在另一側肺俞穴，15分鐘開罐。

四、刮痧療法

用邊緣平滑的瓷湯匙蘸潤滑油（花生油或麻油）刮頸背，頸從風池穴向下，背從背脊兩旁向上向下。刮時用力要均勻，不要太重，防止刮破皮膚，刮到出現紫色出血點為止。

✳ 第三節　流行性感冒

流行性感冒是由流感病毒引起的急性呼吸道傳染病。從它的臨床表現來看，基本屬武當道教醫藥溫病的「風溫」範圍。

病因病理

風溫病是因風溫外邪在人的抗病力低下時侵入致病的。多發生在冬春季節，侵犯人體時從肺衛開始，但有急速傳裏的可能，傳裏時病情突然加重。傳裏與否，取決於人體的抗病能力和外邪致病能力的強弱。按流行性感冒的

臨床表現可歸納為三種類型：

一是風溫侵犯肺衛，這是一種以表證為主的類型；另一種是表現為肺和氣分的見症，這是因為在風溫致病力較強或人的抗病力很弱的情況下，感染了風溫外邪之後，急促傳至氣分，而突出地表現了這方面的症狀；還有一種是風溫外邪急速傳到肝和心，導致更嚴重的後果。

診治要點

1. 流行性感冒可分為肺衛受邪型（相當於單純型流行性感冒）、風溫閉肺型（相當於肺炎型流行性感冒）和熱入肝心型（相當於中毒型流行性感冒）。

2. 肺衛受邪型具有發熱、惡寒、鼻塞、流涕等表證；風溫閉肺型則表現有高熱、口渴、咳嗽、氣喘等氣分的見證；熱入肝心型出現昏迷，甚至抽搐等肝、心的症狀。

3. 熱入肝心型是流行性感冒中危重的類型，治療必須及時，必要時應請西醫配合治療或進行搶救。

辨證施治

一、肺衛受邪型

【主證】鼻塞，流涕，噴嚏，咽痛，發熱，惡寒，頭痛，全身痠痛無力，舌苔薄白，脈浮數。

【治法】疏風、解表、清熱。

【方例】銀翹散加減：連翹 12g、銀花 12g、桔梗 10g、薄荷（後下）5g、荊芥 6g、牛蒡子 10g、板藍根 20g。

流感方：連翹 12g、牛蒡子 10g、桑葉 10g、花粉 10g、菊花 10g、黃芩 12g、薄荷（後下）5g。

二、風溫閉肺型

【主證】高熱，口渴，一陣陣的劇烈咳嗽，氣喘，嘴唇青紫發紺，甚至咯血，舌苔黃，脈數。

【治法】清熱，宣肺，止喘。

【方例】麻杏甘石湯加減：麻黃 5g、北杏仁 10g、生石膏 30g、射干 6g、大青葉 30g。

葦莖湯加減：葦莖 30g、北杏仁 10g、生苡仁 15g、冬瓜仁 15g、麻黃 3g、黃芩 12g、鴨跖草 15g。

三、熱入肝心型

【主證】高熱不退，神志昏迷，胡言亂語，甚至抽搐，舌質紅或絳，脈弦數。

【治法】清心、涼肝、開竅。

【方例】清宮湯加減：水牛角（先煎）30g、竹葉捲心 10g、連翹 12g、麥冬 12g、玄參 12g、羚羊骨（先煎）12g、菊花 12g、地龍干 10g。

如昏迷明顯的加安宮牛黃丸 1 個或至寶丹 3g，抽搐明顯的加紫雪丹 0.5g 沖服。

簡易方及其他療法

一、簡易方

1.滿山香（乾）300g，水煎，分 2 次服。另可以把滿山香全草切碎，加水浸過藥面，煮沸後再煎熬 1 小時，共兩煎，混合濃縮至每 100ml 含滿山香（乾）30g，再加白

糖適量，每日服 200ml，每 6 小時 1 次，每次 50ml。

2. 流感：大青葉 30g、生石膏 30g、柴胡 10g、桂枝 10g、黃芩 12g、杏仁 12g、前胡 10g，水煎，分 2 次服。

3. 大青葉（生）50g 或（乾）20g，水煎服。

4. 黃皮樹葉（乾）10g，水煎服。

5. 椿樹根皮（去粗皮）15g、杉樹尖 7 個，水煎服。

6. 馬鞭草 30g，半枝蓮 15g，水煎服。

7. 鴨跖草 50g，蜀羊泉 30g，水煎服。

二、針灸療法

發熱、頭痛，全身痠痛，針刺合谷、風池、曲池，咳嗽配列缺、天突，鼻塞配迎香、足三里。

刮痧療法見「普通感冒」。

✳ 第四節　病毒性肝炎

病毒性肝炎，現代醫學分為黃疸型肝炎和無黃疸型肝炎兩種。

武當道教醫藥辨證將黃疸型肝炎及無黃疸型肝炎（亦可在某個時期因病情的變化出現黃疸）的整個病程中出現黃疸時，都包括在「黃疸」病裡。因此，有黃疸的肝炎，可參考「黃疸」症。出現昏迷的，可參考「昏迷」症。這裡著重敍述無黃疸型肝炎。

病因病理

1. 雖然武當道教醫藥也提及感受時疫濕濁是肝炎外在的病因，但更強調內因的作用。從武當道教醫藥的角度來

看，肝炎的基本病因病理是肝的陰陽失調，而具體表現在陰虛陽亢，但是陽亢的原因是陰虛，由於肝陰虛而不能制約肝陽，才使肝陽亢盛起來，所以肝炎病因病理的主要矛盾還在於陰虛——肝陰虛損。

2. 肝陽亢盛在肝炎的表現形式是肝氣盛，肝氣盛可以導致：肝氣本身的鬱結；氣鬱化火或形成膽熱；肝氣橫逆，犯及脾胃，而損傷脾的運化功能，產生濕濁，也可以造成脾胃氣虛，氣鬱日久，導致血瘀形成，並進一步轉化成瘀結生熱或瘀阻血溢的出血現象，出血以後又可加重血瘀的形成。

3. 肝陰虛則表現為肝陰虛損或肝血不足等兩種形式。「肝腎同源」，肝陰和腎陰有互相依存的關係，肝陰虛必然會涉及到腎。此外，心血的供應，來源於藏在肝的血，肝血不足也會造成心血不足。所以，肝炎的病因病理雖然重點在肝，而又牽涉到膽、脾、胃和心腎等臟腑的一系列變化。

診治要點

1. 無黃疸型肝炎臨床可分為肝氣鬱結型、脾膽濕熱型、肝腎陰虛型、肝脾兩虛型和肝虛血瘀型。

2. 辨證論治：必須按病證證型的不同進行辨治，應該具體情況具體分析，如脅痛最常見的原因是氣的鬱滯，叫做「不通則痛」，一般常用疏肝解鬱，理氣行氣的藥物治療，但不應該認為除了這個方法就不能止脅痛了，要針對病因用藥才會有更好的止痛效果。

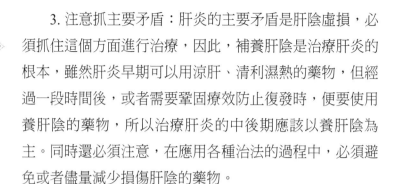

3. 注意抓主要矛盾：肝炎的主要矛盾是肝陰虛損，必須抓住這個方面進行治療，因此，補養肝陰是治療肝炎的根本，雖然肝炎早期可以用涼肝、清利濕熱的藥物，但經過一段時間後，或者需要鞏固療效防止復發時，便要使用養肝陰的藥物，所以治療肝炎的中後期應該以養肝陰為主。同時還必須注意，在應用各種治法的過程中，必須避免或者儘量減少損傷肝陰的藥物。

過於苦寒和辛燥的藥物對肝陰有損傷，所以在需要用清熱藥的時候，不宜過於苦寒，用解鬱行氣時，避免食用辛燥和助陽的食物（如辣椒、胡椒、韭菜、大蒜、油炸食物等），適宜多吃些滋陰的食物（如魚類、鴨、淡菜、甲魚、蛋類、瘦肉等）。

4. 治療用藥可參考肝功能的變化。據臨床初步觀察，轉氨酶偏高的，用一些涼肝和清利濕熱的藥有一定效果，如果絮濁試驗不正常的，宜用養肝陰藥物。

辨證施治

一、脾膽濕熱型

【主證】脅部疼痛，飽食或飲食不當時更明顯，疲倦，腹脹，口淡有苦味，或有甜味，食慾不振，厭食油膩，小便黃或者像濃茶一樣，量少，大便稀溏，舌苔濁膩或帶黃，脈緩滑。

【治法】清熱利濕。

【方例】茵陳蒿湯加減：茵陳 20g、梔子 10g、車前草 30g、蒲公英 15g、茅根 15g。

二、肝氣鬱結型

【主證】兩脅脹痛，情緒激動時更加明顯，容易惱怒，胸悶不舒，食慾不振，噁心噯氣，睡眠不寧，脈弦。

【治法】舒肝解鬱。

【方例】四逆散：柴胡 10g、白芍 12g、枳殼 10g、甘草 3g。

解鬱合歡湯：合歡花 10g、柴胡 6g、鬱金 10g、沉香（後下）1g、茯苓 15g、白芍 10g、丹參 12g、梔子 10g、柏子仁 10g、當歸 10g、薄荷 6g、大棗 5 枚。

疏肝解鬱湯：丹參 12g、白芍 12g、玫瑰 10g、厚朴花 10g、合歡花 10g、川楝子 10g。

三、肝腎陰虛型

【主證】脅部隱痛，精神疲乏或睡眠不好時則明顯，頭暈，心悸，失眠多夢，腰酸腿軟，小便黃，或者有低熱和手足心熱，脈弦細或兼數。

【治法】養陰涼肝。

【方例】一貫煎：沙參 12g、麥冬 12g、當歸 10g、生地黃 15g、枸杞子 12g、川楝子 10g。

滋水清肝散：熟地黃 12g、山萸肉 10g、牡丹皮 10g、茯苓 15g、澤瀉 10g、柴胡 6g、白芍 12g、梔子 10g、酸棗仁 10g。

養肝湯：女貞子 12g、楮實子 12g、五味子 10g、白蒺藜 10g、熟棗仁 10g、製首烏 12g。

二至丸加味：女貞子 12g、旱蓮草 15g、珍珠母 30g、白芍 12g。

四、肝脾兩虛型

【主證】脅部隱隱作痛，休息好時痛減輕，勞累之後痛加重，頭暈、氣短，身體疲倦無力，四肢麻木，指甲沒有紅潤的光澤，食慾不振，大便溏稀又無力排出，舌質淡舌體胖，脈細弱。

【治法】養肝和血，健脾益氣。

【方例】人參養榮湯：黨參 12g、肉桂 1g、五味子 10g、白芍 12g、黃蓍 12g、白朮 10g、茯苓 12g、當歸 10g、熟地黃 12g、橘皮 6g、甘草 3g、遠志 6g。

益氣養榮湯：黨參 12g、熟地 12g、製首烏 15g、桑寄生 15g、淮山藥 15g、扁豆 12g、生薏仁 15g、楮實子 12g、旱蓮草 15g、烏豆衣 10g。

五、肝虛血瘀型

【主證】消瘦，面色瘀暗沒有光澤，頸胸部有血縷痣（蜘蛛痣），脅下有痞塊（肝腹腫大質較硬），頭暈，肢端麻木，指甲枯白，覺得胸和脾腔裡很熱，情緒煩躁，睡眠不寧，腹部脹，吃得很少，口乾但又不想喝水，小便量少，大便溏或黑便。

或兼有脅部刺痛，晚上痛更明顯，唇和舌質紫瘀，脈細澀或兼數。

【治法】滋養肝腎，通絡散瘀。

【方例】左歸飲加減：熟地 12g、山藥 12g、枸杞子 10g、山萸肉 10g、當歸 10g、延胡索 10g、紅花 10g、丹參 12g、桃仁 10g、柴胡 10g。

養肝散瘀湯：製首烏 15g、烏豆衣 12g、淮山藥

15g、楮實子 3g、丹參 12g、赤芍 10g、茜根 10g、木香 6g。

簡易方及其他療法

一、簡易方

1. 蒲石三草湯：蒲公英 20g、石上柏 15g、車前草 10g、珍珠草 15g、旱蓮草 12g、茅根 20g，脾膽濕熱型適宜。

2. 板藍根 30g，水煎服，以肝炎急性期較適宜。

3. 蒲公英 50g 或糯稻根 60g，水煎服。

4. 夏枯草 30g、紅棗 30g，水煎服。日分 2 次。

5. 糯稻根 30g、紅棗 10 個，水煎服，遷延性肝炎較適宜。

6. 白背葉根 90g、豬骨 12g，水 5 碗，煎取一碗，分 2 次服，慢性肝炎及轉氨酶增高的較適宜。

7. 崗稔根 30g、旱蓮草 30g，水煎服。

8. 五味子乾燥後研細末（或製丸劑）每次服 3～5g，每日 3 次。對降轉氨酶有效，但停藥後易復升。要堅持服用 2～3 個月，經研究它的降轉氨酶的成分。主要在五味子的核仁裡。

二、針灸療法

【主穴】太衝、肝俞、膽俞、陽陵泉。

【配穴】食慾不振配足三里，嘔吐刺內關，肝痛刺支溝、期門（或梅花針點刺肝區）。

✳ 第五節　痢　疾

　　痢疾是痢疾桿菌或阿米巴原蟲引起的腸道傳染病。武當道教醫藥古時叫做「腸澼」「滯下」，後來逐步統稱為「痢疾」。但是，也有根據不同的表現或病因而有不同的叫法，如「赤痢」（瀉下血色黏液）「白痢」（瀉下白色黏液）「休息痢」（慢性痢疾）「疫毒痢」（相當於重型或中毒型痢疾）。

病因病理

　　人體脾胃功能不好時，暑濕穢濁和疫毒等乘虛侵入，使腸道氣滯血阻，傳導失常而成痢疾。如果疫毒外邪猛烈，可以迅速侵犯肝心，發生神昏譫語、躁動不安等症狀，嚴重的可導致正氣不支，突然出現正脫的危象。如果痢疾長期不癒，會損傷脾胃，造成脾胃氣虛。

　　病人一向陽虛的，或者平時喜歡吃寒涼生冷食物的，又會引起腸胃寒濕凝聚，造成脾陽損傷，脾陽與腎陽的關係密切，脾陽損傷長期不癒，便會涉及腎陽，出現脾腎陽虛。

診治要點

　　1. 根據痢疾的臨床表現可分為急性痢疾和慢性痢疾兩大類型，急性痢疾中又可分濕熱型和疫毒型，慢性痢疾分脾胃氣虛型和脾腎陽虛型。

　　2. 由於某些中草藥有一定抗阿米巴原蟲的作用，所以

治療痢疾時也要注意細菌性痢疾和阿米巴痢疾的鑑別，如屬阿米巴痢疾，應在辨證的基礎上加入有抗阿米巴原蟲作用的中草藥。

3. 疫毒痢是一種危重的類型（包括了重型細菌性痢疾、中毒型細菌性痢疾和暴發型阿米巴痢疾），除了有昏迷、躁動等症外，還有明顯的失水徵象，因此要注意水和電解質的平衡，能夠靜脈補液是很有好處的。有少數病人可能有高度毒血症的表現，或循環衰竭和中毒性腦炎的危重證候，必須及時搶救。

辨證施治

一、急性痢疾

（一）濕熱型

【主證】突然出現陣發性腹痛，腹瀉開始時排出少量的糞便，以後轉為白色膠狀黏液有血絲，最後呈鮮紅膠凍樣，每天十多次，有裏急後重感，或有惡寒發熱，頭痛，舌苔微黃膩，脈滑。

【治法】清濕熱，行氣止痛，或兼解表。

【方例】白頭翁湯加減：白頭翁 15g、黃連 10g、秦皮 12g、厚朴 10g、荊芥 10g、玄胡 10g。

清腸方：白頭翁 15g、黃芩 10g、茵陳 12g、蠶砂 10g、藿香 6g、薏苡仁 15g、滑石 20g、木香（後下）5g。

葛根芩連湯加味：葛根 15g、黃芩 12g、黃連 6g、苦參 12g、荊芥 10g、甘草 3g。有惡寒、頭痛而發熱等表證

時適用。

（二）疫毒型

【主證】起病急驟，高熱寒戰，煩渴，瀉下黯紫色的膿血，腹痛及裏急後重都很嚴重，還常伴有頭痛煩躁，噁心嘔吐，甚至昏迷，譫語，抽搐，或面色蒼白，四肢冰冷，舌質紅，苔黃，脈大數或沉伏。

【治法】清熱，解毒，涼血。如有面色蒼白、四肢冰冷、昏迷等正脫徵象時，首先救脫，可參考「休克」處理。

【方例】黃連解毒湯加減：黃連 10g、黃芩 10g、黃柏 6g、白頭翁 15g、赤芍 10g、丹皮 10g、地榆 15g。

高熱、昏迷加服安宮牛黃丸 1 丸。

昏迷、抽搐加服紫雪丹 2g。

昏迷較深的加服至寶丹 3g。

二、慢性痢疾

（一）脾胃氣虛型

【主證】疲倦無力，飲食減少，氣短，口淡無味，怕冷，長期大便稀溏，常有膿血，每天一次至幾次，甚至有脫肛，舌質淡，苔白，脈弱。

【治法】健脾益氣。

【方例】香砂補氣湯加減：黨參 12g、白朮 12g、茯苓 15g、炙甘草 3g、木香 5g、陳皮 6g。

（二）脾腎陽虛型

【主證】黎明前腹痛腸鳴，痛時則瀉，瀉後腹部較舒服，大便稀甚至失禁，精神疲倦，腰酸腿軟，怕冷足冷，

舌質淡白，脈沉細。

【治法】溫補脾腎，收澀止瀉。

【方例】養臟湯加減：黨參 12g、當歸 10g、訶子（煨）6g、肉荳蔻 6g、肉桂 2g、白芍 2g、炙甘草 3g、赤石脂 12g、乾薑 10g。

四神丸加味：破故紙 10g、肉荳蔻 6g、吳茱萸 6g、五味子 10g、黨參 12g、熟附子 10g、白朮 10g、炙甘草 3g。

簡易方及其他療法

一、簡易方

1. 地錦草、辣蓼、鳳尾草、鐵莧菜、血見愁、雞眼草、水楊梅、算盤子、馬鞭草，以上藥物可任選 1～3 種，乾藥各用 15～30g，鮮藥加倍，水煎服，每日 1～2 劑，治細菌性痢疾有效。

2. 鴉膽子仁，每次 10 粒，龍眼肉（或饅頭皮）包裹吞服，每日 3 次。白頭翁 15～30g，水煎服，每日 1～2 次。地丁草 15g，水煎服，每日 1 次。鐵掃帚 60g，水煎服。以上藥物對阿米巴痢疾有效，可單獨選用，也可加入證治的方藥中。

3. 仙鶴草（新鮮）500g，水煎至 500ml，每天分 3 次口服，連續 10 天為一療程，可用至 3 療程，治慢性痢疾。

4. 前胡焙乾研粉，每服 10g，每天 1～2 次，治慢性痢疾。

5. 川厚朴 10g，水煎服，每天服 2 劑，治阿米巴痢疾。

二、針灸療法

【主穴】足三里、天樞、止瀉（關元上 5 分）。

【配穴】裏急後重配陰陵泉、大腸俞，發熱刺曲池、大椎，嘔吐刺內關、中脘，休克刺人中、內關、湧泉。

【治法】急性期伴有發熱宜針，用瀉法。慢性期可針灸並施，每日 1～2 次，多捻針，留針時間 20～30 分鐘。

三、耳針

【取穴】大腸、小腸、皮下交感點，每次選 2～3 個穴位，埋針 3～5 天。

✳ 第六節　肺結核

肺結核是一種最常見的結核病，人體抵抗力低落時，感染結核桿菌，侵犯肺部得病，相當於武當道教醫藥的「癆瘵」或「肺癆」。

病因病理

古代武當道教醫藥已經觀察到肺結核的傳染性，且很重視內在因素在發病中的作用。

武當道教醫藥認為長期勞累和營養不良，過度憂慮和情緒抑鬱，以及早婚和生育太多等都是導致肺結核的內因。從肺結核的臨床表現來看，可以歸納成三種類型：

1. 是因為肺熱傷津的肺燥型。

2. 是肺陰虛和肺氣虛兩型。雖然肺結核的病變在肺，

但是和腎、脾的關係也很密切。腎精不足，使虛火上擾，煎熬肺的津液，引起肺陰虛。脾主運化，把吸收的營養物質，輸送到肺來供養全身，如果脾氣虛，這些營養物質不足，肺氣也就虛弱了。

3. 久咳可致瘀血積留，瘀熱相結，便可成癆。

診治要點

1. 咳嗽是肺結核常見的症狀，從咳嗽和痰的表現可以幫助辨證，肺燥型者乾咳，無痰或少痰，咯痰很困難，肺陰虛型咳出黃痰，黏稠，脾氣虛型咳出白色稀痰。

2. 肺燥型有明顯的口渴、舌乾等津液不足症狀，治療應以生津潤燥為主；肺陰虛型有手足心熱、脈數等火旺的症狀，治療宜養陰、清肺；肺氣虛型有身體疲倦和氣短等氣虛症狀，治療時應補氣、健脾。

3. 久病不癒者，要考慮有無瘀熱相結的癆症，可配用祛瘀通絡藥。

辨證施治

一、肺燥型

【主證】乾咳，無痰或少痰，咯痰困難，或痰中帶血絲，口渴，咽乾痛，聲音嘶啞，舌乾舌尖紅。

【治法】生津潤燥。

【方例】百合固金湯加減：生地黃 10g、麥冬 10g、百合 12g、川貝（研末沖服）3g、白芍 10g、玄參 10g、桔梗 10g、百部 10g。

養肝湯：沙參 12g、天冬 10g、雪梨皮 12g、川貝（研末沖服）3g、石斛 10g、枇杷葉 10g。

二、肺陰虛型

【主證】午後潮熱，手足心熱，午後兩顴紅暈，盜汗，咳嗽痰黃稠黏，或痰中帶血，消瘦，口苦，胸部疼痛，心煩易怒，舌質紅，脈細數。久病而且經常咳血的病人，舌質可能會出現紫紅色的瘀點。

【治法】養肺陰，清肺火，或兼祛瘀通絡。

【方例】養陰清肺湯加減：生地黃 12g、麥冬 12g、川貝（研末沖服）3g、百部 10g、夏枯草 10g、黃芩 10g、地骨皮 10g。

月華丸加減：天冬 10g、生地黃 12g、淮山藥 12g、百部 10g、沙參 10g、川貝（研末沖服）3g、桑葉 10g、丹參 10g、桃仁 10g，咳血較久，瘀熱相結成癆的比較適宜。

三、肺氣虛型

【主證】呼吸短促，活動後更明顯，咳嗽多痰，痰稀色白，精神疲倦，懶言，說話的聲音低微，出汗多，食慾不振，舌質淡，脈弱。

【治法】補肺，健脾益氣。

【方例】寧肺湯加減：黨參 10g、當歸 10g、白朮 10g、熟地黃 12g、白芍 10g、五味子 10g、桑白皮 10g、茯苓 12g、黃精 12g、白及 10g。

兼症的治療

一、多汗

（一）盜汗

1. 浮小麥、糯稻根各 30g、碧桃乾 10g，水煎服。

2. 韭菜根 60g，水煎服。

3. 雞內金焙乾研末，沖服，每日 3 次，每次 3g。

（二）自汗

1. 玉米芯 60g、孩兒參 30g，水煎服。

2. 黑豆 15g、浮小麥 20g、烏梅 3g，水煎服。

3. 牡蠣（研極細末）外撲止汗。

二、大咯血

1. 花蕊石散 1g，沖服。

2. 鮮藕：洗淨搗汁，每次服半杯。

3. 白及（研極細末）沖服，每日 3 次，每次 3 ～ 6g。

4. 鮮大、小薊，洗淨搗汁，沖服。

簡易方及其他療法

一、簡易方

1. 十大功勞葉 30g，水煎服，適用於陰虛發熱。

2. 肺癆驗方：丹參 10g、黃芩 10g、百部 20g，日服 1 劑，水煎，分 2 次服。適用於肺結核，午後低熱，咳嗽。對於慢性纖維性空洞型肺結核和淋巴結核也有一定效果。

3. 肺癆方：夏枯草 30g、紅糖 6g，水煎，分 2 次服，每日 1 劑，一個月為一療程。

二、針灸療法

【主穴】肺俞、膏肓、尺澤。

【配穴】體虛可多灸膏肓及足三里，痰多針豐隆，潮熱取大椎。

✳ 第七節　中　暑

中暑是高溫對人體的綜合作用產生不良影響的嚴重後果，大概包括了武當道教醫藥「痧症」的「暑閉」「暑厥」和「暑風」等證。

病因病理

中暑是在高溫環境下或炎夏烈日下的時間太長，暑邪熱氣侵襲人體而引起的。

從武當道教醫藥的角度來看，對於暑邪熱氣的侵襲，不同的體質，有不同的症狀表現。身體壯實的青壯年，大多表現神志障礙，或心煩，嘔吐，屬於痧症或暑閉證，這是暑邪犯心傷害了心陽，導致陽氣外脫。如果平素陰虛肝旺的人，由於暑邪傷陰，使筋脈缺乏滋養，便會出現四肢抽搐，屬於暑風證。

診治要點

1. 中暑是急症，應迅速救治，尤其是暑閉證，必要時請西醫進行搶救。

2. 暑閉證以清熱為主，通竅為輔，並且還要採取積極的物理降溫措施，暑厥證以溫陽補氣為主，止汗為輔。

3. 凡中暑病人必須立刻離開現場暑熱環境，轉到陰涼通風的地方。

辨證施治

一、暑閉證

【主證】頭暈，頭痛，胸悶，高熱，面及皮膚乾燥發紅，隨即暈倒，或者譫妄，舌質紅乾，脈洪數。

【急救處理】

①迅速把病人搬到陰涼通風的地方，用井水或冰袋敷頭部、二腋和腹股溝，並用 50%酒精擦全身，同時搧風或用風扇吹涼。必要時還可以把病人全身除頭部外浸在涼水中。以上的處理過程中，還要用力按摩病人四肢，防止周圍血循環停滯。

②針灸：體針：十宣（先刺出血）、百合、人中、湧泉。強刺激反覆行針。耳針：神門、交感。

③刮痧法：用刮痧板或用邊緣光滑的磁匙或銅錢蘸生油（或麻油），在脊柱兩側、脅間、胸骨、肘和膝窩等處，自上向下或自背後向胸前刮，先輕後重，到出現紅紫色出血點為止。

④立即灌服成藥：武候行軍散 1g，開水沖服。通關散少許吹鼻使病人打噴嚏。安宮牛黃丸一個，開水化服。

【治法】甘寒清熱，通竅益氣。

【方例】人參石膏湯：黨參 15g（或孩兒參 30g）、生石膏 30g、知母 12g、甘草 3g、粳米一小撮。

紫雪丹：每次 2g 沖服。

二、暑厥證

【主證】頭暈，心慌，四肢無力，面色蒼白，多汗，手足冰冷，隨即暈倒，脈細數。

【治法】溫陽，補氣，止汗。

【方例】參附龍牡湯：人參 12g、熟附子 10g、龍骨 30g、牡蠣 30g

（關於暑厥的治療可參考「休克」）

三、暑風證

【主證】四肢抽搐，或者小腿肌肉抽疼，大量出汗，頭暈眼花，噁心，口渴，小便量少，舌質紅苔少，脈弦數。

【治法】平肝息風，養陰清暑。

【方例】羚角鉤藤湯加減：生石決明 30g、生牡蠣 30g、鉤藤 10g、菊花 10g、桑葉 10g、生地黃 15g、竹茹 15g、西瓜翠皮 15g、扁豆 12g、羚羊角粉 1g（分 3 次沖服）。

另外，還可用烏梅 5 個，加鹽一撮，煎水，等稍涼便慢慢地喝下去。

預　防

1. 做好防暑降溫措施。合理安排勞動和休息，農業勞動可根據具體情況採用「早出工，晚收工，中午多休息，晚上換班不停工」等方法。

2. 田間勞動做好個人防護，戴寬邊草帽，組織供應防暑飲料，可選用：

（1）六一散：滑石 20g、甘草 3g、薄荷少許。放在有蓋的壺裡，用沸開水泡 5 分鐘便可飲用，可以連續泡三至四次，做為一天飲用。

（2）含鹽的茶水。

（3）綠豆湯。

（4）鮮荷葉、鮮竹捲心、鮮蘆根、鮮藿香、鮮佩蘭，任選 2～3 種，煎水或開水泡。

（5）酸梅湯：烏梅 20g、生山楂 20g、生甘草 10g、生穀芽 20g，煎水 2000ml，待涼服用。

注意及時發現先兆中暑的病人，一般在高溫環境下勞動一定時間以後，有大量出汗，口渴，頭昏，耳鳴，胸悶，心跳心慌，四肢無力等現象時，便是先兆中暑，應該馬上休息，離開高溫環境，在陰涼的地方躺臥，飲用淡鹽水或防暑飲料，不久便可恢復，可防止發生中暑。

✳ 第八節　大葉性肺炎

大葉性肺炎是肺炎球菌或其他細菌引起的一種侷限的肺部病變，從臨床表現看屬武當道教醫藥「風溫」病的範圍。

病因病理

風溫病是由於風溫外邪因人體抵抗力下降時而侵入致病的。初期常常是從侵犯肺衛開始的，衛氣與外邪抗爭，便表現發熱惡寒。可是衛氣與肺相通，衛氣鬱阻則肺氣不宣而咳嗽。但是風濕病有迅速傳裡的可能，因此在侵犯衛

分的時候常常已涉及氣分，所以出現風濕閉肺的既有衛分見症又有氣分見症的衛氣同病的類型。

如熱邪繼續深入，則由氣分迅速侵入血分，而出現氣分血分的熱邪都熾盛的氣血同病類型，這時由於熱邪壅塞於肺，肺氣不利，便高熱，喘咳，口渴，胸痛，苔黃；熱邪侵入血分，熱傷肺絡，而見痰中帶血，或痰呈鐵鏽的顏色，血熱熾盛，心神受擾便致煩躁或譫語；血分的熱則舌質紅絳。如果熱邪極盛，則會耗損陽氣，或者病人體質素來虛弱，陽氣已經很虛弱，經不起熱邪的侵擾，更會出現熱閉正脫的危重證候。

病的後期，熱邪不僅損傷了陰分，又同時傷及氣分，這時雖然熱邪已經處於劣勢，但病人也表現一派午後低熱、神疲體倦等氣陰虛弱的見症。

診治要點

1. 臨床常見風溫閉肺、氣血同病、熱閉陽脫和熱傷氣陰等四型。

2. 由於風溫病傳裏迅速，所以發病初期，外邪犯衛時，亦有氣分的見症。

3. 由於風溫病具有熱邪很盛並且傳變迅速的特點，所以在治療時用藥必須較大劑量，才能控制病邪。

4. 熱閉陽脫與中毒性休克相符，是危重病症，按武當道教醫藥「急則治其標」的原則應先補陽益氣，止汗固脫。但在救治之後，仍須按照溫病的辨證施治方法進行治療，清解裏熱，必要時應請西醫配合救治。

辨證施治

一、風溫閉肺型

【主證】發熱，惡寒（甚至寒戰），咳嗽氣粗，頭痛，身疼，口渴，小便黃，尿量少，或大便秘結，舌質紅，舌苔黃，脈數。

【治法】宣肺清熱。

【方例】麻杏甘石湯加減：麻黃 5g、北杏仁 10g、生石膏 30g、魚腥草 30g、黃芩 10g、蒲公英 30g。

涼膈散：大黃（後下）10g、甘草 3g、薄荷（後下）6g、梔子 10g、黃芩 10g、連翹 10g、芒硝 10g、竹葉 10g。以口渴、大便秘結、小便黃量少等裏熱症狀明顯的病人較適宜。

葦莖湯加減：葦莖 30g、薏苡仁 25g、冬瓜仁 15g、北杏仁 10g、魚腥草 30g、鴨 草 15g、黃芩 12g。

二、氣血同病型

【主證】高熱口渴，咳嗽氣喘，胸痛，痰中帶血，或痰是鐵鏽的顏色，煩躁或譫語，舌質紅絳，舌苔黃，脈數。

【治法】清氣涼血，化痰定喘。

【方例】清瘟敗毒飲加減：生石膏 30g、生地黃 12g、水牛角（先煎）65g、梔子 10g、桔梗 10g、黃芩 12g、知母 10g、赤芍 10g、玄參 10g、連翹 10g、甘草 3g、牡丹皮 10g、竹葉捲心 10g。

清營湯加減：水牛角 30g、生地黃 15g、玄參 10g、

竹葉捲心 6g、銀花 15g、連翹 12g、黃連 10g、葦莖 24g、冬瓜仁 15g、北杏仁 10g、魚腥草 25g、麥冬 10g。

三、熱閉陽脫型

【主證】高熱，但四肢冰冷，或高熱驟然下降，出汗多，面色蒼白，唇及指甲青紫，煩躁不安，神志淡漠，口渴，又不願喝水，舌質淡，脈微細數。

【治法】補陽益氣，止汗固脫。

【方例】人參四逆散加味：熟附子 12g、乾薑 10g、炙甘草 6g、人參 6g、五味子 12g、肉桂 3g。

補陽固脫的治療方法可參考「休克」

四、熱傷氣陰型

【主證】潮熱或手足心熱，神疲體倦，心煩不寧，咳嗽，不想飲食，多汗，口乾，舌質淡紅或紅，脈細。

【治法】益氣養陰，兼清虛熱。

【方例】生脈散加味：黨參 12g、麥冬 10g、五味子 6g、石斛 12g、地骨皮 12g。

清骨散加減：銀柴胡 10g、胡黃連 10g、鱉甲 20g、地骨皮 12g、青蒿 6g、知母 10g、麥冬 10g。

透熱方：青蒿 6g、象牙絲 10g、地骨皮 10g、糯稻根 15g、生龍齒 15g（先煎）、白薇 10g，對正虛不甚，低熱未退者較適宜。

簡易方及其他療法

一、簡易方

1. 魚腥草（鮮）15～60g 或（乾品）10～30g、虎杖

30g，水煎服。

2. 一枝黃花 30g、一點紅 30g、鴨跖草 15g，水煎服。

二、針灸療法

【主穴】肺俞、合谷、肺熱穴（第三至四胸椎旁開五分）、孔最。

【配穴】發熱配曲池，高熱可在尺澤或十宣穴速刺放血一小點，痰多配豐隆，胸痛配內關、膻中。

【治法】用瀉法。

三、穴位注射療法

取每毫升注射用水含 2 萬～5 萬單位青黴素（或 0.1g鏈黴素）注射上述穴位，每次選背及四肢各一穴，每穴注射 0.5～1ml，日 2 次，待病人症狀消失，熱退可停注。

四、拔火罐療法

先用梅花針在背部、肩胛內側緣兩旁點刺，至表皮輕度發紅，然後拔火罐 4～6 個。

※ 第九節　肺膿腫

肺膿腫是由一些致病菌引起的肺部感染，早期為化膿性炎症，繼而形成膿腫。有高熱、咳嗽和膿血痰等臨床特點，與武當道教醫藥的「肺癰」很相符合。

病因病理

肺癰是因為外感風溫病毒後，由於治療不恰當或病人體質虛弱，造成病邪集結在肺，損傷血脈，血受到熱的燻灼，而發生凝滯，產生癰膿。如果這些鬱結在肺的癰膿不

能及時解除，又會進一步損傷肺氣和肺陰，而致正虛。

辨證施治

一、肺熱型

【主證】突然高熱，咳嗽，咳黏痰或膿痰，有臭味，可痰中帶血，胸痛，口渴，舌質紅，舌苔黃，脈滑數有力。

【治法】清熱解毒，祛痰排膿。

【方例】葦莖湯加味：葦莖 32g、冬瓜仁 30g、薏苡仁 30g、桃仁 10g、銀花 10g、甘草 6g、桔梗 15g、魚腥草 30g、黃芩 12g。

石膏湯加減：生石膏 35g、知母 12g、甘草 6g、銀花 30g、葦莖 30g、桔梗 15g、敗醬草 30g、蒲公英 30g。以高熱、口渴、想大量飲冷水等裡熱證明顯的適宜。

二、肺虛型

【主證】咳嗽，膿痰，反覆咯血，並且有不規則的發熱，多汗，消瘦，舌質紅苔少，脈細弱而數。

【治法】養肺陰，益肺氣，清虛熱，化痰或止血。

【方例】百合固金湯加減：生地黃 12g、麥冬 12g、川貝母 6g、百合 12g、桔梗 10g、甘草 6g、孩兒參 12g、五味子 6g。

加減法：咯血明顯的加藕節 12g、仙鶴草 12g、白及 10g。

清肺湯：沙參 12g、黃蓍 12g、合歡皮 30g、白及 12g、孩兒參 15g、甘草 3g、桔梗 10g、冬瓜仁 15g。

武當道醫內科臨證靈方妙法

簡易方及其他療法

一、簡易方

1. 鮮魚腥草 60g、桔梗 15g，水煎服，每天 1 劑。

2. 魚腥草 30g、鴨跖草 30g、半枝蓮 30g、野蕎麥 30g、虎杖根 15g、桔梗 15g、甘草 6g，水煎服，每日 1 劑。

3. 敗醬草 90g、川貝母 6g、紅棗 5 個，水煎服。

4. 魚腥草 15g、黃精 15g、白及 10g、桔梗 15g，適合於肺虛型。

二、針灸療法

參考「大葉性肺炎」。

✳ 第十節　支氣管哮喘

支氣管哮喘是一種常見的多發性、肺部過敏性疾病。發作時有氣喘痰鳴、呼吸急促等特點。

武當道教醫藥稱「哮症」，但哮必兼喘，所以又統稱「哮喘」。

病因病理

哮喘發病的原因是脾腎虧虛、肺有痰積。痰積常有因外感、疲勞、飲食失宜、精神刺激等誘發，多反覆發作。痰積（又稱痰飲），是因脾虛運化功能失調，使水濕停聚，上貯於肺，日久而成。所以有「脾為生痰之源，肺為貯痰之器」的說法。

「肺主出氣、腎主納氣」，這樣一出一納便形成了呼吸運動，呼吸運動的正常進行，須有肺腎兩臟的配合。所以哮喘與肺有痰積、肺失肅降有關，也和腎虛、腎不納氣有關。

診治要點

1. 根據哮喘的臨床表現，可分為肺寒型、肺熱型、痰濕阻肺型、脾虛型、腎陽虛型和腎陰陽兩虛型。肺寒型、肺熱型、痰濕阻肺型表現在發作期；脾虛型、腎陽虛型和腎陰陽兩虛型則表現在緩解期。

2. 哮喘發作期主要表現在肺，緩解期主要在脾腎，按照武當道教醫藥「急則治標，緩則治本」的原則，發作期治肺，緩解期補脾腎，但重點在腎。

3. 哮喘發作嚴重時，要適當配用西藥，控制症狀。鞏固療效，防止復發則以武當道教醫藥以「扶正祛邪法」為主。防止復發宜秋冬補陰陽，春夏季益氣。

4. 雖然哮喘發作時治以祛邪為主，緩解時治以扶正為主，但經治療後喘仍未停止者也應同時扶正，不宜長期祛邪而忽視了扶正。

5. 發作時要注意辨明寒熱，一般哮喘以寒證為多，緩解時補腎陽為主、兼補腎陰，如果病人不能耐受補陽藥，也可純補腎陰。

6. 對長期服用激素控制發作的病人，宜用補腎陽藥來逐漸撤去激素，同時配用補陰藥以防止補陽藥產生耗陰作用。

辨證施治

一、肺寒型

【主證】面色蒼白浮腫，四肢較冷，咯清稀白沫痰，口不渴，或喜熱飲，舌質淡，舌苔薄白，脈弱。如兼表證便有怕冷，微熱，頭身疼痛，咳嗽多，無汗，脈浮緊。

【治法】祛寒、定喘。

【方例】蘇子降氣湯加減：法半夏 12g、蘇子 12g、前胡 10g、厚朴 10g、陳皮 6g、當歸 12g、生薑 10g、肉桂 2g、甘草 6g。

三拗湯加味：麻黃 6g、北杏仁 10g、甘草 10g、白芥子 6g、蘇子 10g、補骨脂 15g、當歸 12g、熟地黃 20g、細辛 3g。

解表逐飲湯：麻黃 10g、白芍 10g、細辛 3g、乾薑 10g、甘草 3g、桂枝 10g、法半夏 10g、五味子 10g。

射干麻黃湯：射干 6g、麻黃 6g、生薑 10g、細辛 3g、紫菀 10g、款冬花 10g、大棗 4 枚 10g、法半夏 10g、五味子 10g。

二、肺熱型

【主證】怕熱，煩躁，唇紅，痰黏稠而黃，口渴，尿少，大便秘結，舌苔黃膩。有表證時便有發熱，出汗，咳嗽增多，脈滑數。

【治法】清熱，平喘，祛痰。

【方例】定喘湯加味：白果 20 個、麻黃 6g、蘇子 6g、甘草 3g、款冬花 10g、北杏仁 6g、桑白皮 10g、黃

芩 10g、法半夏 10g、地龍 12g、石韋 12g、人工牛黃末（沖服）1g。

麻杏石甘湯加味：麻黃 10g、北杏仁 10g、生石膏 15g、甘草 3g、大青葉 20g、連翹 12g。有表證的適宜。

三、痰濕阻肺型

【主證】咳嗽較重，痰特別多，容易咯出，呼吸有痰鳴，胸悶，舌苔濁膩，脈滑。

【治法】化痰、止喘。

【方例】三子定喘湯加味：蘇子 10g、白芥子 6g、萊菔子 12g、陳皮 6g、北杏仁 10g、法半夏 10g、麻黃 6g。

四、脾虛型

【主證】咳嗽痰多，面色萎黃或蒼白而有浮腫，食慾不振，大便稀，舌質淡苔白，脈細緩。

【治法】補脾益氣。

【方例】陳夏補氣湯：陳皮 6g、法半夏 10g、黨參 10g、茯苓 15g、白朮 10g、炙甘草 3g、生薑 10g、大棗 5 枚。

附桂理中湯：黨參 10g、乾薑 10g、炙甘草 3g、白朮 10g、熟附子 10g、肉桂 1g。

五、腎陽虛型

【主證】經常覺得氣短，勞累後則更明顯。講話時感氣不足，總是斷斷續續。心悸、心慌、多汗，咯黏泡沫痰，面色蒼白，怕冷，手足不溫，尿色清，尿量多，或夜尿多。舌質淡，舌苔白潤，脈沉細無力。

【治法】溫補腎陽。

【方例】右歸丸加減：補骨脂 15g、肉桂 2g、熟附子 10g、鹿角膠（烊化）12g、炙甘草 6g、五味子 10g。喘咳較減時較適宜。

六、腎陰陽兩虛型

【主證】面色蒼白，形瘦神疲，氣短心悸，手足心熱，口乾嚥燥，頭暈，耳鳴，舌質淡紅少苔，脈細數。

【治法】滋陰補陽。

【方例】左歸飲加味：熟地黃 15g、淮山藥 15g、枸杞子 10g、茯苓 15g、山萸肉 10g、甘草 3g、黨參 10g、麥冬 12g、五味子 10g、補骨脂 15g。

簡易方及其他療法

一、簡易方

1. 棉花根 90g、紅棗 120g，水煎喝湯吃棗，每日分 2 次服完。

2. 石韋 50g、冰糖 30g，水煎熱服，分 3 次，隔 4 小時 1 次，3 天一療程。

3. 烏賊骨粉：每日服 4 次，每次 3g。

4. 貓腸：曬乾研末，每日服 3 次，每次 3g。

5. 地龍乾粉：每日服 3 次，每次 3～6g。

6. 蛤蚧粉：發作時沖服 2～3g。

二、敷貼療法

1. 白礬末 30g 加麵粉及醋適量和勻做小餅，貼兩足心，再用布包好，一晝夜除去。

2. 肉桂、白附子、胡椒等份研末，放在膠布中心，貼

風門穴。

3. 傷濕止痛膏摻少許麝香，睡前貼兩側肺俞。

三、針灸療法

【主穴】肺俞、合谷、定喘、孔最。

【配穴】天突、豐隆、內關、膻中。

【刺法】用平補平瀉法。並可配用艾條懸灸肺俞、風門穴 15～20 分鐘。

❋ 第十一節　慢性支氣管炎

慢性支氣管炎是一種常見病。初發病時症狀不重，病程緩慢，常常不被注意，到病變進展並發阻塞性肺氣腫時，則肺功能已遭受損害，健康、勞力常受極大影響。

慢性支氣管炎有咳嗽、咳痰的特點，屬武當道教醫藥「咳嗽」「痰飲」範圍。

病因病理

根據慢性支氣管炎咳嗽、咳痰的特點分析，咳嗽是由於肺氣不宣或肺氣上逆造成的。肺上通咽喉，開竅於鼻，管理呼吸，是氣體出入、交換的地方，因此，肺功能受到影響，肺氣失於宣降，即引起咳嗽。咳嗽的表現在肺，同時痰也貯存在肺，痰壅滯在肺便引起咳嗽。這是由於脾的運化功能失調，水液停滯生痰。

另外，腎陽虛弱，腎不納氣，呼吸運動受到障礙，也會出現咳嗽、氣短。總之，內傷咳嗽和咳痰，它的表現在肺，根本病變還在脾腎。

診治要點

從病因病理來看，慢性支氣管炎其標在肺，基本在脾腎，按照武當道教醫藥「急則治標，緩則治本」的原則，發作期治肺，以清肺化痰為主，緩解期治脾腎。一些發作較輕的病人也應根據情況兼顧其本加入健脾或補腎藥。

辨證施治

見「咳嗽」。

簡易方及其他療法

一、簡易方

1. 紫花杜娟 60g，水煎服，每日 1 劑。

2. 滿山紅 15g、蒲公英 15g，水煎服，每日 1 劑。以偏熱類型的較適宜。

3. 虎杖、十大功勞、枇杷葉各 35g，每日 1 劑，水煎分 3 次服，10 天一療程，停藥 3～5 天繼續治療。

4. 痰飲丸（蒼朮 10g、白朮 10g、乾薑 3g、熟附子 3g、肉桂 3g、炙甘草 3g、白芥子 6g、蘇子 6g、萊菔子 10g，研末成小丸）每服 6g，每日 2 次。對腎虛型慢性支氣管炎適宜，有固本預防效用。

二、針灸療法

【主穴】肺俞、合谷、定喘、孔最。

【配穴】咽癢聲嘶配天突，發熱刺曲池，痰多加豐隆，久咳氣弱溫灸膏肓、腎俞、足三里。

【治法】用平補平瀉法，可針灸並施。

三、穴位注射療法

發作期用 5%穿心蓮或膠性鈣注射液，選用上述針灸穴位 2～3 個，每穴注 0.5～1ml。

緩解期可注射 5%當歸注射液，選用上述針灸穴位 2～3 個，每穴注 1ml，日 1 次。

四、耳針

肺、腎上腺、皮質下、神門、喘點，每次選 2～3 個穴位，電針 15～20 分鐘，或埋針 3～5 天。

✳ 第十二節　肺源性心臟病

肺源性心臟病是指肺、胸或肺動脈的慢性病變引起肺循環阻力增高，造成右心室肥大，最後發生心力衰竭的一類心臟病。

肺源性心臟病的各種臨床表現，可分別見於武當道教醫藥的「哮喘」「痰飲」「水腫」等病症中。

病因病理

肺源性心臟病，從武當道教醫藥的角度看，此病與心、肺兩臟有關。「心主血」「肺主氣」，兩者互相協同，共同管理人體的血液循環，心血足則肺氣充沛，肺氣充沛則血液循環正常。相反，肺氣不足影響血液循環，心的功能不佳也會影響肺的呼吸。

本病常由長期喘咳，耗傷肺氣所致，由於肺與心有密切關係，因此又常影響心氣。另一種原因是痰飲壅滯在肺

中，肺氣不宣，心血瘀阻。

此外，在以上的基礎上，臨床上常見感受外邪，而致發熱、咳而氣喘的證候。本病日久常可累及脾、腎兩臟，脾不健運，痰濁內生，肺中痰飲更甚，脾腎陽虛，水液代謝障礙則水腫，納氣功能障礙則喘息。痰飲壅盛可閉阻竅道而出現呼吸衰竭的危重證候。

診治要點

1. 肺源性心臟病按臨床表現，可分肺氣虛損型、痰瘀阻塞型、伏飲感邪型、腎虛水逆型和痰閉竅道型等。

2. 肺氣虛損型可見於肺源性心臟病功能代償期，痰瘀阻塞型，可見於肺源性心臟病功能不全期，伏飲感邪型可見於肺源性心臟病合併肺部感染，腎虛水逆型可見於肺源性心臟病晚期心力衰竭，痰閉竅道型可見於肺源性心臟病並發呼吸衰竭。

辨證施治

一、肺氣虛損型

【主證】久咳，怕風易汗出，易外感，乏力神疲，說話聲低，遇勞則喘，舌質淡，舌體胖，脈細弱。

【治法】補肺、固表。

【方例】蓍朮生脈散：黃蓍 20g、白朮 15g、麥冬 12g、五味子 6g、黨參 12g。

二、痰瘀阻塞型

【主證】面唇青紫，心悸氣喘，不得安臥，咳嗽痰多

清稀如泡沫，舌質瘀紅，舌苔膩濁，脈滑或澀或結代。

【治法】溫通心陽，祛痰化瘀。

【方例】調榮飲加減：桂枝 10g、細辛 3g、甘草 6g、當歸 10g、葶藶子 10g、赤芍 12g、陳皮 6g、遠志 6g、蒲黃 12g。

三、伏飲感邪型

【主證】發熱，咳多氣喘，痰稠難咯，口乾不多飲，胸滿，面目四肢浮腫，舌苔黃膩，脈滑數。

【治法】清肺、逐飲。

【方例】己椒藶黃丸加味：防己 12g、椒目 6g、葶藶子 12g、大黃 6g、黃芩 15g、蒲公英 30g。

四、腎虛水逆型

【主證】面目浮腫，喘促，胸滿，食少，腹脹如鼓，下肢水腫，小便短少，舌質淡，舌體胖，舌苔白薄，脈沉細。

【治法】溫腎利水。

【方例】溫陽利水湯加減：茯苓 15g、白朮 15g、熟附子 10g、白芍 12g、細辛 3g、車前子 30g、葶藶子 10g、椒目 6g。

五、痰閉竅道型

【主證】突然煩躁不安或神昏嗜睡，喉中有痰鳴，呼吸節律不整，四肢抽搐，肌肉跳動，唇舌青紫，舌苔濁膩，脈細澀。

【治法】豁痰、通竅。

【方例】痰閉方：竹瀝 10g、地龍乾 12g、菖蒲 10g、

葶藶子 12g、麻黃 6g、細辛 6g、遠志 6g、甘草 3g、人工牛黃（沖服）1g。

簡易方及其他療法

一、針灸療法

【主穴】肺俞、心俞、督俞、內關。

【配穴】胸悶配膻中，氣短配膏肓、氣海、足三里，下肢浮腫配陰陵泉、脾俞，眩暈刺印堂。

【治法】用補法，可配用艾條懸灸。刺背部穴位針刺方向宜斜向胸椎，以針感向胸部擴散為佳。

二、穴位注射療法

取穴同上。藥液可選當歸或維生素 B_1 注射液，每穴注入 0.5～1ml，每日或隔日 1 次，一療程 10 次。

三、耳針

【取穴】心、肺、腎、交感、神門點，每次選 1～2 穴位，埋針 3～5 天。

✳ 第十三節　肝硬化

肝硬化是一種慢性疾病，多因慢性肝炎不癒，長期接觸損害肝臟的有毒物質（嗜酒、某些化學藥品），營養不良，寄生蟲病（血吸蟲、肝蛭蟲），慢性膽道疾患和慢性心力衰竭等引起。

肝硬化的臨床表現複雜，可分別概括在武當道教醫藥的「脅痛」「積聚」「癥瘕」「黃疸」和「臌脹」等證內。

病因病理

從武當道教醫藥的角度看，肝陰虛損、氣鬱血瘀是肝硬化的基本病理變化。肝陰虛損，引起肝陽亢盛，可以導致以下結果：一種是肝氣鬱結，使血脈瘀阻，形成臨床上常見的肝虛血瘀證候。此外，肝氣鬱結化火，火邪瘀結於裏，便能發黃、傷血，出現以黃疸和出血傾向為主的瘀熱結黃證型。

肝硬化常見的合併症，也是在原有病理基礎上發展到嚴重階段的表現。肝氣鬱結脈絡，嚴重瘀阻或犯脾胃，影響腎陽，使體液調節障礙出現腹水，瘀熱損傷血絡，致消化道大出血；肝陰虛損，陽熱亢盛，熱閉心竅，可發生肝昏迷。

診治要點

1. 按肝硬化的臨床表現，可分為肝虛血瘀、肝脾兩虛和瘀熱結黃等證型。而腹水是肝硬化最為常見的合併症，病理變化較為複雜，為了便於臨床治療，分為氣滯瘀阻、肝鬱濕困和脾腎陽虛等證型。

2. 臨床上常兩型合見，也可因病情好轉或惡化而互為轉變，因此必須按具體情況辨證施治。

3. 既然肝陰虛損、氣滯血瘀是肝硬化的基本病理變化，因此總的治療法則，應是調補肝腎兼以理氣解鬱，活血散瘀。在具體病證上，配合採用清熱去黃、涼血止血、扶脾益氣、瀉下逐水和化濁開竅等法。

4. 保持心情愉快，多練道教《六字養生訣》的「噓」字功，對肝硬化的治療是很有好處。並要慎用對肝臟有害的藥物，忌食用刺激性食品及酒類。

辨證施治

一、肝虛血瘀型

【主證】面色黯紅，唇紫瘀，頭暈，多夢，四肢麻木，脅下痞塊（肝脾大），兩脅隱痛，舌質淡紫，脈弦細。

【治法】滋肝養腎，散瘀通絡。

【方例】一貫煎加味：沙參 10g、麥冬 12g、枸杞子 10g、生地黃 15g、當歸 10g、川芎 6g、川楝子 10g、鱉甲 30g、丹參 15g、鬱金 10g。

二、肝脾兩虛型

【主證】面色黯晦或見輕度黃疸，消瘦，疲倦，氣短，頭暈，食慾不振，腹脹，兩脅隱痛，大便溏稀，舌質淡紅，脈細緩。

【治法】補肝養血，健脾益氣。

【方例】補氣養榮湯：當歸 10g、白芍 10g、白朮 15g、黃蓍 15g、烏豆衣 12g、楮實子 30g。

三、瘀熱結黃型

【主證】面色萎黃，鞏膜黃染，煩躁失眠，出鼻血牙齦血，兩脅刺痛，口乾但不想喝水，食慾不振，腹脹，大便有時秘結，有時溏稀，尿少，舌紅，脈弦滑。

【治法】散瘀涼血，清肝利膽。

【方例】茵陳蒿湯加味：茵陳 30g、梔子 10g、大黃 12g、茅根 30g、牡丹皮 10g、茜草根 15g、鬱金 10g。

合併症

一、腹水

（一）氣滯瘀阻型

【主證】消瘦，指（趾）甲枯白，沒有光澤，面色晦黯，鞏膜黃濁，飲食減少，兩脅隱痛，腹部脹大如鼓，青筋顯露，大便秘結，尿少，唇及舌質紫瘀，脈沉弦澀。

【治法】行氣散瘀，兼健脾利尿。如果腹水嚴重，以上方法久治無效，而正虛現象不甚的，又無出血傾向、發熱及潰瘍病或腸炎者可以考慮用瀉下逐水法，先祛水邪，再行補養。

【方例】調榮飲加減：莪朮 10g、延胡索 10g、當歸 12g、赤芍 10g、陳皮 6g、大腹皮 15g、茯苓 20g、車前子 15g、澤瀉 15g、大黃 10g。

（二）肝鬱濕困型

【主證】腹脹脅痛，噁心食少，噯氣，腹水或多或少，疲倦無力，尿黃少，舌質紅，舌苔黃膩，脈弦滑。

【治法】疏肝利濕。

【方例】疏肝理脾湯：柴胡 10g、白朮 15g、當歸 12g、鬱金 10g、車前子 30g、澤瀉 15g、茯苓 10g、豬苓 15g。

（三）脾腎陽虛型

【主證】面色蒼白，精神萎靡，怕冷，食慾不振，腹

脹，下肢浮腫，大便溏稀，尿少，舌質淡，苔白薄或白膩，脈細。

【治法】健脾補腎，溫陽利水。

【方例】扶陽歸化湯加減：黨參 12g、乾薑 10g、白朮 15g、熟附子 10g、澤瀉 10g、葫蘆巴 10g、補骨脂 12g、肉桂 12g、車前子 15g、砂仁 5g。

二、消化道大出血

【主證】消瘦，皮膚乾燥，胸部灼熱感，腹脹，脅部隱痛，便溏色黑，尿黃量少，舌質紅，脈弦數。病人突然吐血，量多時從口鼻湧出，呈咖啡色或鮮紅色，這時病人面色蒼白，煩躁不安，並有頭暈、心慌、四肢冰冷等現象。

【治法】涼血止血。

【方例】複方犀角地黃湯：水牛角 50g（先煎）、生地黃 15g、赤芍 10g、牡丹皮 10g、三七末（沖服）3g、茜草根 12g。

肝硬化合併消化道大出血，病情是嚴重的，應請西醫進行搶救。

三、肝昏迷

參考症狀辨治「昏迷」。

簡易方及其他療法

一、簡易方

1.穿山甲片 90g，炙酥，研末，每服 5g，每日 2 次。可治肝、脾腫大。

2. 螻蛄（土狗）6 個，焙乾，研成細末，分 3 次沖服。有消腹水的功用。

3. 活鯉魚 500g、赤小豆 30g，煮湯，魚、豆分多次吃完。有消腹水的功用。

二、針灸及其他療法

參考「病毒性肝炎」。

預防

肝硬化常為各種慢性肝病的結果，其他如長期接觸損害肝臟的有毒物質，營養不良，寄生蟲病等也在肝硬化的發生發展中起一定作用。

因此，大力預防和治療這些原發病，改善營養條件，避免損害肝臟的有毒物質的接觸和應用（如禁酒，慎用損害肝臟的藥物），是預防肝硬化的重要措施。

✳ 第十四節　潰瘍病

這裡是指消化性潰瘍，即胃、十二指腸潰瘍。本病以上腹部疼痛為主證。武當道教醫藥通稱「胃脘痛」或「胃氣痛」。

病因病理

潰瘍病的病因有：

1. 飲食不節。過飢過飽，常吃生冷寒涼、辛辣燥熱的食物，損傷脾胃。

2. 「怒傷肝」，惱怒可以使肝氣鬱結而造成肝氣橫

逆，侵犯脾胃，影響胃和降功能。「憂思傷脾」，憂愁和過度的思慮也可損傷脾胃。總之，惱怒、憂愁和過度思慮等情緒變化都可導致脾胃的損傷，日久便可形成潰瘍病。

以上兩個方面的原因，往往互相影響，同時存在。

「久病入絡」，潰瘍病久，可發生瘀血停積，損傷血絡，而出現黑便或吐血等。

診治要點

1. 潰瘍病胃脘疼痛，對氣候轉變、飲食、藥物的反應及疼痛的程度與性質有助辨證分型。

2. 本病可分為脾虛型、胃寒型、肝鬱型、肝火型、血瘀型等。臨床以脾虛型、胃寒型、肝鬱型常見，肝火型較少見，血瘀型則多見於久病之後。

3. 脾虛型屬正虛的類型，胃寒型屬邪實的類型，應該細辨、準確施治，療效才能明顯。但臨床亦常見兩型合併而為脾胃虛寒的病證。

4. 由於潰瘍病的發病與飲食，精神狀態有很大關係，治療期間飲食宜少食多餐，食物易消化富於營養，如軟飯、面條、粥、豆漿、魚、瘦肉、菜泥等，忌辛辣、燥熱和滯氣的食物，如辣椒、油炸食物、酒類、芋頭等等。應保持良好的心態，有效地疏洩自己的不良情緒，要樹立戰勝慢性病的信心。

5. 潰瘍病屬慢性疾患，疼痛緩解後，還應繼續調補脾胃。

辨證施治

一、脾虛型

【主證】胃脘疼痛，食慾不振，食後腹脹，大便帶有未消化的食物，消瘦，頭暈，體倦，舌質淡，脈細弱。

【治法】補脾益氣。

【方例】香砂補氣湯：黨參 10g、炙甘草 6g、茯苓 12g、白朮 10g、木香 3g、砂仁 6g。本方對食慾不振的較適宜。

黃蓍建中湯：炙黃蓍 15g、白芍 12g、桂枝 6g、炙甘草 12g、生薑 10g、大棗 12g、飴糖（即麥芽糖）30g。本方對消瘦、頭暈、體倦明顯的，較適宜。

二、胃寒型

【主證】胃脘疼痛，喜按，喜溫熱食物而不喜冷食涼藥，天氣冷時痛加重，口淡噁心，多清涎，舌苔白，脈沉細。

【治法】溫胃散寒。

【方例】良附丸加味：高良薑 10g、香附 10g、烏藥 12g、法半夏 10g、炙甘草 6g。噁心、口多清涎的病人適宜。

附桂理中湯：黨參 12g、乾薑 10g、炙甘草 3g、白朮 10g、熟附子 10g、肉桂 2g。胃寒兼氣虛的較適宜。

香朮湯：木香 10g、白朮 15g、茯苓 15g、炙甘草 6g、桂枝 10g。以胃寒兼脾虛的適宜。

三、肝鬱型

【主證】胃脘脹痛，或昇痛連兩脅，精神抑鬱，噯氣泛酸，舌苔薄白，脈弦。

【治法】疏肝解鬱。

【方例】四逆散加味：柴胡 10g、赤芍 10g、枳殼 10g、甘草 3g、香附 10g、瓦楞子 15g。以噯氣泛酸明顯的較適宜。

逍遙散加減：柴胡 10g、當歸 10g、白芍 6g、茯苓 10g、甘草 6g、川楝子 10g、延胡索 10g、丹參 12g。以脅痛及精神情緒抑鬱明顯的較適宜。

胃舒方：砂仁（後下）3g、延胡索 10g、海螵蛸 12g、佛手 10g、檳榔 3g、玫瑰花 5g。

四、肝火型

【主證】胃脘刺痛，不受燥熱藥物和食物，泛酸，口乾苦，舌苔微黃，脈弦。

【治法】清肝瀉火。

【方例】左金丸加味：黃連 10g、吳茱萸 3g、川楝子 12g、地龍 10g。

蒲芍清肝湯：柴胡 12g、蒲公英 15g、白芍 10g、浙貝母 10g、梔子 10g、甘草 3g。泛酸明顯的加烏賊骨 12g。

五、血瘀型

【主證】胃脘刺痛，拒按，痛有定處或痛牽涉背部，或見黑便，吐血，舌有紫斑（瘀斑），脈細澀。

【治法】止血散瘀，行氣止痛。

【方例】失笑散加味：蒲黃 12g、五靈脂 12g、香附 10g、刺蝟皮 15g、甘草 10g。

膈下逐瘀湯：五靈脂 10g、當歸 10g、川芎 6g、桃仁 10g、丹皮 10g、赤芍 10g、烏藥 10g、延胡索 10g、甘草 3g、香附 10g、紅花 10g、枳殼 10g

合併症

一、幽門梗阻

特點是病人過去有節律的胃脘痛逐漸消失，但覺得胃脘脹痛，噯氣泛酸加甚，尤其在進食後，胃內食物鬱積，每日（或數日）有嘔吐，嘔出物多為以前的食物。這與武當道教醫藥的「反胃」病相符合。

從武當道教醫藥的觀點看，反胃病是脾陽虛所致，所以要溫陽降逆，可用吳茱萸湯（吳茱萸 6g、黨參 12g、大棗 5 枚、生薑 10g），也可選用通幽湯（黨參 10g、白朮 10g、生赭石 15g、旋覆花 6g、法半夏 10g、吳茱萸 6g、赤芍 10g、檳榔 10g、肉桂 2g、桃仁 10g、厚朴 6g）。

二、大出血

潰瘍病常存在氣滯、寒凝等因素，這都可導致瘀血，瘀血傷絡，則可引起大出血。

常用的止血藥有：紫珠草粉 5g，1 日 3 次；紫金牛 50%濃度的煎劑 100～200ml 口服，1 日 1～2 次；地榆 15g，水煎服，1 日 2 次；側柏葉 50g，水煎服，1 日 1～3 次；白及粉 10g，1 日 3 次；田七末 3g，1 日 3 次；烏

及散（烏賊骨、白及各 50%）4～5g，1 日 3～4 次。

簡易方及其他療法

一、簡易方

1. 黑老虎散：有止痛、止酸的效果。救必應 60g、烏賊骨 12g、黑老虎 15g、青木香 30g、兩面針 30g，共為細末，每服 1～3g，每日 3 次。

2. 胃痛散（內有鳳凰衣、浙貝母、天花粉各等份）每日服 3 次，每次服 6g。

3. 甘草粉蜜湯：甘草 15g、粳米粉 12g、蜜糖 10g。

二、埋線療法

有止痛、止血的效果，並有簡、便、廉的優點。

1. 穴位埋線法：治療胃及十二指腸潰瘍。

埋線就是用透穴的方法，即由胃俞穴（雙側）透脾俞穴（雙側），中脘透上脘穴。

【穴位】胃俞：在第十二胸椎棘突與第一腰椎棘突之間旁開 1.5 吋。

脾俞：在第十一、十二胸椎棘突之間旁開 1.5 吋。

中脘：在臍上 4 吋。

上脘：在中脘穴上 1 吋。

【操作】穴位選後，用紫藥水做好標記，病人仰臥床上，皮膚常規消毒（範圍 20～25cm）後，在選定的穴位注射 0.5%～1%鹽酸普魯卡因，用不鏽鋼三角直針穿銠制 00 號至 1 號羊腸線。左手捏起皮膚，由中脘穴進針，上脘穴出針。把線拉入中脘穴皮下後，在上脘穴緊貼皮膚

處，將線剪斷，然後放開左手，斷端即自動退入皮下。蓋消毒紗布。注意線頭不要留在皮膚外面以防感染。

之後，病人俯臥，在背部由雙側胃俞穴至雙側脾俞穴以同樣方法進行埋線。

2. 植線法：治療胃及十二指腸潰瘍。

此療法是配合埋線療法，埋線療法的腸線未吸收時，15天後可以採用植線療法。

【穴位】足三里、梁丘、內關（每次選用1～2穴位）。

【操作】用腰椎穿刺針，將1cm長的00號羊腸線預先放入針腔，選定穴位後作皮膚常規消毒，然後將穿刺針對準穴位迅速刺入（一般可不用局麻，如病人怕痛亦可局麻後再植線），針刺至一定深度有酸麻脹感後，用穿刺針套心將腸線送入穴內，然後拔出穿刺針，針孔塗上碘酊即可。

以上兩種埋線（埋、植）方法，大多數病人無不良反應，少數病人埋線後會有疲倦乏力，周身不適，畏寒或局部疼痛等現象，數日內可以自然消失，不必治療，但應注意觀察埋線部位，如發現感染、化膿應作消炎處理。

三、針灸療法

【主穴】梁丘、中脘、足三里、胃俞。

【配穴】胃脘脹滿配內關，體質虛弱配脾俞、陽陵泉，針灸並施。

【刺法】用平補平瀉法，疼痛時宜留針或配電針。

四、穴位注射療法

用5%當歸注射液作穴位注射，在上述穴位，每穴注

入 1ml。

五、耳針

【取穴】神門、胃點、脾點等。

✳ 第十五節　急性腸胃炎

急性胃腸炎以嘔吐、腹瀉、腹痛為主證。相當於武當道教醫藥的「傷食」「吐瀉」和「熱霍亂」。

急性胃腸炎是因為人體抗病力低下時，暴飲暴食，過食生冷，油膩，或吃不清潔和腐敗變質的食物，或兼感受暑濕，使脾胃的運化功能失調，無法進行正常的食物消化而引起的。

另外，脾胃一向虛寒的病人，由於脾胃抗病力低下，外在寒邪可直接侵犯脾胃而發病。

診治要點

1. 武當道教醫藥根據急性胃腸炎的常見證候，分為濕滯型、熱滯型和中寒型。

2. 濕滯型腹痛多不劇烈，只是隱隱脹痛，口不渴，熱滯型腹痛較劇烈，口渴，大便後肛門有熱感；中寒型發生在脾胃虛弱的病人，腹痛喜按，嘔吐和腹瀉都比較嚴重。

3. 本病須與下痢（痢疾）和霍亂鑑別：下痢大便有多量膿血，大便時肛門有明顯的重墜感覺（裏急後重）；霍亂先瀉後吐，吐瀉嚴重，吐出物和大便像洗米水樣，一般沒有腹痛，很快出現脫水徵象。

辨證施治

一、濕滯型

【主證】胸悶噁心，嘔吐，口不渴，腹部隱隱脹痛，瀉下水樣，小便少，舌質淡紅，舌苔白膩，脈緩。

【治法】化濕、消滯。

【方例】藿香正氣散加減：藿香 6g、紫蘇葉 6g、厚朴 6g、大腹皮 10g、茯苓 12g、陳皮 6g、神麴 10g。

化濕方：佩蘭 10g、藿香 10g、厚朴 6g、法半夏 10g、陳皮 6g、滑石 12g、澤瀉 12g。適用於暑濕病人。

二、熱滯型

【主證】嘔吐次數較多，嘔出物有酸臭味，腹痛比較劇烈，口渴，腹瀉也比較劇烈，大便是黃色水樣，氣味臭，大便後肛門有熱的感覺，小便黃，或者有發熱，舌苔黃膩，脈滑數。

【治法】清熱，化滯。

【方例】枳實導滯丸：大黃 10g、枳實 10g、神麴 10g、黃連 6g、黃芩 10g、茯苓 10g、白朮 10g、澤瀉 10g。水煎服。

清滯方：山楂葉 10g、枳殼 10g、麥芽 15g、茵陳 12g、廣木香 15g、大腹皮 12g、銀花 10g。

三、中寒型

【主證】嘔吐和腹瀉比較嚴重，一日常常在 10 次以上，腹痛喜按，面色蒼白，四肢較冷，多汗，口不渴，舌質淡紅，舌苔白，脈細。

【治法】溫中袪寒。

【方例】附桂理中湯：熟附子 10g、肉桂 2g、黨參 10g、乾薑 10g、白朮 12g、炙甘草 3g。

大建中湯加味：蜀椒 3g、乾薑 10g、黨參 12g、白蔻仁 6g。

簡易方及其他療法

一、簡易方

1. 大蒜三小瓣，米醋一小杯（約 100ml）。將大蒜搗爛，和米醋慢慢嚥下。

2. 鳳尾草（乾用）30～60g 或（鮮用）60～90g，水煎服，治熱滯型胃腸炎。

3. 馬齒莧 60g，水煎服，治熱滯型胃腸炎。

4. 生薑 15g、紅糖 12g，開水泡或水煎服，適用於中寒型胃腸炎。

二、針灸療法

【主穴】內關、中脘、足三里、合谷、大腸俞、止瀉穴。

【配穴】腹痛加氣海、天樞，多汗、四肢較冷加灸神闕，發熱配曲池。

【治法】偏熱用瀉法，偏寒宜用平補平瀉，針灸同時使用，每日 1～2 次。

三、耳針

【取穴】大腸、小腸、胃、脾點。每次選 1～2 個穴位，埋針 3～5 天。

✸ 第十六節　慢性結腸炎

慢性腸炎以長期腹瀉為主證，屬武當道教醫藥「久泄」的範圍。

病因病理

「久泄」的根本原因是脾胃的功能障礙，所以有「泄瀉之本，無不由於脾胃」的說法。引起「久泄」的脾胃功能障礙主要表現脾胃氣虛和脾陽虛損。脾胃氣虛可以因為其他慢性疾病引起，或者體質素來虛弱。

另外，長期情緒緊張，惱怒或憂鬱造成肝氣鬱結，肝氣橫逆，也能導致脾胃氣虛。

脾胃氣虛發展到脾氣下陷，而出現久瀉不止，也可以發展到脾陽虛損，而脾陽和腎陽的關係密切，它們是互為影響的，脾陽長期虛損，便會影響到腎陽，形成常見的「脾腎陽虛」。

診治要點

1. 由於慢性腸炎的根本原因是脾胃功能障礙，所以治療要從脾胃著手，但也要根據具體情況，區別對待，如有肝氣鬱結的應配合疏肝解鬱，脾腎陽虛時還要兼補腎陽。

2. 武當道教醫藥有「利小便即所以實大便」的說法，治療腹瀉時，用利小便的方法可以止瀉，這個方法用於急性腹瀉較多，慢性腹瀉用得少。

3. 如果慢性腹瀉的次數較多，在辨證用藥的同時可酌

加收澀藥物，如煨訶子、赤石脂等。

4. 慢性腸炎應注意調理飲食，少吃生冷、油膩和難消化的食物。

辨證施治

見「腹瀉」症。

簡易方及其他療法

一、簡易方

1. 理瀉湯：黨參 15g、茯苓 15g、烏豆衣 10g、蠶砂 15g、白芍 12g、砂仁（後下 6g）、烏藥 10g、炒白朮 15g。對慢性結腸炎療效較好。

2. 五味子 60g、吳茱萸 15g，共研細末，每服 6g，早晨米湯送下。

3. 老棗樹皮 35g，水煎空腹服，每日 1 劑。

4. 冰硼散 10g、錫類散 3g，加在 0.25% 普魯卡因 50ml 內，加溫至 38℃，每晚睡前灌腸，5 分鐘內注完，注入時不斷搖勻藥液，15 次為一療程。適用於潰瘍性結腸炎。

二、其他療法

參閱「腹瀉」症。

❋第十七節　膽結石

現代醫學對膽石病的病因和發病機理尚未完全明瞭，一般認為膽汁鬱積，膽道感染及膽固醇代謝失調是發病的

主要因素，膽石常由綜合因素形成。膽石病的診斷常需 X 光檢查才能確定。但是本病可有膽絞痛和黃疸等表現，因此可見於武當道教醫藥「脅痛」「黃疸」等證之中。

病因病理

武當道教醫藥認為，膽石病可因肝氣鬱滯，引起膽汁滯結而成。脾蘊濕熱日久亦可成膽石。導致脾蘊濕熱，一是因過食油膩辛辣，損傷脾胃，致使濕熱蘊蓄，二是肝氣鬱結，侵犯脾胃，脾的運化功能障礙，而致濕熱滯留。

膽石既成，便會造成阻塞不通，而「六腑以通為用」「不通則痛」，因此產生不同程度的疼痛（包括右上腹脹痛，膽囊壓痛以致膽絞痛）。

診治要點

1. 按膽石病的臨床表現可分為氣滯型（相當於不伴有明顯梗阻與感染的肝膽管結石）和濕熱型（相當於有梗阻與感染的肝膽管結石）。

2. 本病因膽石阻塞不通而引起一系列證候，其中以疼痛最為突出，根據「通則不痛」的道理，治法應立足於「通」。根據前人經驗及個人臨床體會，對肝膽管結石，使用攻下通降為主的方法，排石率較高。

辨證施治

一、氣滯型

【主證】右上腹或心窩部常間歇性脹痛，噯氣、噁

心，舌苔薄白，脈弦。

【治法】行氣解鬱，利膽攻下。

【方例】四逆散加減：柴胡 12g、赤芍 15g、枳殼 10g、川楝子 10g、鬱金 10g、茵陳 20g、金錢草 30g。

排石湯：大黃（生）6g、木香 10g、枳殼 10g、金錢草 35g、威靈仙 40g、川楝子 10g、黃芩 10g，有攻下通降作用。

二、濕熱型

【主證】右上腹持續性疼痛，且陣發加劇，發熱，黃疸，口苦，口乾不思飲，大便秘結，尿黃，舌質紅，苔黃膩，脈弦數。

【治法】清熱利濕，攻下通降。

【方例】當歸龍薈丸加減：當歸 10g、龍膽草 12g、蘆薈 10g、黃連 6g、大黃 12g、柴胡 10g、木香 10g。

排石湯加減：生大黃 15g、木香 15g、雞內金 15g、枳殼 15g、金錢草 35g、威靈仙 40g、梔子 12g、延胡索 15g、虎杖 35g。

簡易方及其他療法

一、簡易方

金錢草，每日煎服 90g，連續 7～10 天。

二、針灸療法

【主穴】膽囊穴（陽陵泉 3～5cm）、陽陵泉、膽俞、太沖、內關、足三里。

【配穴】痛甚加中脘，高熱加曲池、合谷，嘔吐甚加

上脘。

【治法】用瀉法，強刺激。

三、耳針

【取穴】膽、肝、交感、神門等，強刺激。留針20～30分鐘，每天一次或數次。

※ 第十八節　膽囊炎

膽囊炎分急性和慢性兩種，急性膽囊炎可因寄生蟲、膽結石等造成膽囊出口梗阻而引起。過去還認為本病是細菌感染所致，但近年來證明，雖無細菌存在，高度濃縮的膽汁或反流入膽囊的胰液所產生的化學刺激，也能引起膽囊炎。

慢性膽囊炎過去認為多數病例與膽石病同時存在，但從我國的臨床觀察資料來看，無膽石病的慢性膽囊炎也很正常。

膽囊炎有右上腹痛、消化不良或黃疸等症狀，可見於武當道教醫藥「脅痛」「肝氣」或「黃疸」等證。

病因病理

從膽囊炎的臨床表現來看，病在肝膽。急性膽囊炎多有寒熱往來，胸脅悶痛，口苦，舌苔黃等症。慢性膽囊炎則表現了肝氣鬱結的見症；同時，鬱而化火，火邪瘀結在裏，便有口苦、泛酸、燒心等症。

肝氣鬱結又會損傷脾胃，導致脾虛。此外，長期的肝氣鬱結，可使血流不暢，形成血瘀。

診治要點

1. 膽囊炎可分為邪犯肝膽型（多見於急性膽囊炎或慢性膽囊炎急性發作）、肝氣鬱結型和血瘀型（均見於某些慢性膽囊炎）等。

2. 對年老體弱、病程不長或病情演變緩慢的急性膽囊炎患者及診斷未定，僅有消化不良或體質虛弱的慢性膽囊炎患者均適於內科治療。但急性膽囊炎如經內科治療超過 48 小時，病情惡化，白細胞增至 20000/mm^3 以上，疑有膽囊化膿、壞疽或有瀰漫性腹膜炎徵象者，應盡快施行手術。某些病例經內科治療後，開始還進步顯著，但不久腹痛又發，體溫、脈搏及白細胞均增高，亦應立即進行手術。慢性結石性膽囊炎確診後，膽囊切除術是合理的根治療法。慢性膽囊炎急性發作，在發作平息後，手術治療也是根治的方法。

3. 急性膽囊炎急性化膿病例，全身及局部症狀均較嚴重，頻繁嘔吐可導致虛脫，並常引起水、電解質紊亂，這時，應靜脈補液。

4. 對合併膽石病者，可加入利膽排石藥，如金錢草、鬱金、茵陳、元明粉、大黃等。

辨證施治

一、邪犯肝膽型

【主證】寒熱往來，口苦，胸脅悶痛，且有右肩胛下區放射痛，大便秘結，尿少色黃，或有黃疸，舌質紅，舌

苔黃，脈弦數。

【治法】清肝膽熱。

【方例】大柴胡湯加減：柴胡 15g、大黃（後下）
12g、黃芩 15g、法半夏 10g、枳實 12g、鬱金 15g。

熱盛者加連翹 15g、銀花 35g 以利膽。

有黃疸者加茵陳 15g、金錢草 35g 以利膽。

二、肝氣鬱結型

【主證】右脅隱痛，飯後脘腹脹滿，頻頻噯氣，或見
燒心，泛酸，口苦，食慾減退，噁心，大便溏稀，舌苔白
膩或黃，脈弦。

【治法】理氣解鬱。

【方例】柴胡疏肝散加減：柴胡 10g、香附 10g、枳
殼 10g、白芍（炒）10g、鬱金 10g、厚朴 10g。

兼燒心、泛酸、口苦、舌苔黃等氣鬱化火見症者加川
楝子 10g、蒲公英 35g、龍膽草 10g。

兼食慾減退、噁心、大便稀等脾虛見症者加茯苓
12g、黨參 12g、青皮 3g、法半夏 6g。

三、血瘀型

【主證】右脅刺痛持續不止，晚上增重，食慾減退，
口乾不渴，體倦或有低熱，舌質暗紅，脈沉澀。

【治法】活血祛瘀。

【方例】膈下逐瘀湯加減：當歸 10g、赤芍 10g、五
靈脂 12g、川芎 6g、延胡 10g、丹參 12g、枳殼 10g、桃
仁 10g。

低熱加梔子 10g。

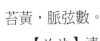

簡易方及其他療法

一、簡易方

1. 金錢草 60g、鬱金 12g、延胡 10g，水煎服。有一定利膽、止痛作用。

2. 敗醬草 15g、金錢草 35g、茵陳 35g，水煎服，有一定消炎、利膽作用。

3. 土加藤 60g、崗梅根 35g、救必應 25g、竹茹 12g，水煎服。有一定消炎、止嘔作用。

4. 龍膽草、陳皮、神麴各 10g，水煎服。

二、針灸療法

【主穴】太衝、陽陵泉、支溝、膽俞。

【配穴】發熱配合谷，食慾不振配足三里。

【治法】用瀉法。慢性可針灸並施。

✷第十九節　腎　炎

這裡所指的腎炎包括急性腎炎和慢性腎炎。腎炎以水腫為主要徵象之一，所以，武當道教醫藥常按「水腫」辨證施治。

病因病理

腎炎水腫，由於人體抗病力（正氣）下降時，外邪（主要是風邪）侵襲所致。外邪首先犯肺，肺氣不利，而影響其「通調水道」的功能，使水液的運行和輸布受到障礙，導致小便不利，出現水腫。

此外，脾氣虛弱，運化水濕和調節水液平衡的功能失調，導致水濕停積，也出現水腫。還有，腎氣虛弱，與其相表裏關係的膀胱也受到障礙，也可以造成小便不利和水腫，如果病情發展，脾腎的損傷更嚴重，還可能出現脾腎陽（氣）虛，導致濕濁內蘊或正虛邪盛，熱毒犯血，甚至陰衰陽脫等危重證候。

診治要點

1. 水腫初起，多因外感風邪，肺氣不利，久病不癒則造成脾腎虛損。按臨床所見屬急性腎炎或慢性腎炎急性發作的，可分風水型、水濕困脾型和邪入膀胱型等；慢性腎炎則可分脾虛濕盛型、脾腎陽虛型、脾腎氣虛型和陰虛陽亢型。

2. 尿毒症按臨床所見可分為陽虛濁蘊型、正虛血熱型和陰衰陽脫型等。

3. 急性腎炎中的風水型具有表證；水濕困脾型以浮腫為主，無表證和脾虛證；邪入膀胱型以尿血顯著，浮腫不甚為其特點。慢性腎炎的脾虛濕盛型有噁心嘔吐，大便溏稀等脾虛見證；脾腎陽虛型浮腫明顯，更有怕冷，四肢不溫等陽虛見證；陰虛陽亢型則浮腫不甚，而見眩暈、頭痛、心煩、唇紅、口渴等證。

4. 從臨床角度來看，急性腎炎基本屬實證，慢性腎炎屬虛證或虛中挾實證，尿毒病屬正虛邪實類型。

5. 在腎炎的基礎上再感外邪時，必須積極治療新的感染。

6. 一般來說，腎炎屬陽虛的治療效果較好，陰虛的則較為難治。

7. 慢性腎炎水腫期治療重點應在於陽虛，水腫消退後宜側重於補脾滋腎。

辨證施治

一、急性腎炎（或慢性腎炎急性發作）

（一）風水型

【主證】惡風發熱，頭痛，腰痛，面及四肢浮腫，尿少色黃，或血尿，或有咳嗽氣促，舌質淡紅或紅，舌苔白，脈浮數。

【治法】祛風清熱，宣肺利水。

【方例】麻黃連翹赤小豆湯加減：麻黃 6g、連翹 15g、赤小豆 35g、生石膏 35g、茅根 35g、紫蘇葉 10g。

加減：咳嗽加杏仁 10g、前胡 10g，尿血加小薊 35g。

（二）水濕困脾型

【主證】浮腫較明顯，尿少，疲倦，食慾不振，舌質為紅，舌苔白膩濁，脈緩。

【治法】利尿滲濕。

【方例】五皮飲加減：茯苓皮 35g、冬瓜皮 35g、大腹皮 15g、豬苓 12g、桑白皮 20g、陳皮 10g、澤瀉 12g。

（三）邪入膀胱型

【主證】尿血，尿少，腰痛，浮腫不甚，舌質紅，舌苔薄，脈細數。

【治法】涼血止血，利尿。

【方例】小薊飲子加減：生地黃 20g、小薊 35g、滑石 20g、甘草 6g、梔子炭 10g、茅根 15g、益母草 35g。

二、慢性腎炎

（一）脾虛濕盛型

【主證】浮腫，尿少色清，疲倦，腹脹，噁心嘔吐，不渴，食慾不振，大便溏稀，舌質淡紅，舌苔白膩，脈緩。

【治法】健脾利水，溫運脾陽。

【方例】五苓散加味：豬苓 12g、茯苓 15g、桂枝 10g、白朮 12g、澤瀉 12 g、赤小豆 35g、大腹皮 12g。

健脾利水方：黨參 15g、白朮 10g、茯苓 15g、淮山藥 15g、芡實 30g、薏苡仁 35g、澤瀉 15g、烏豆衣 10g、菟絲子 12g，適用於脾虛較甚的。

（二）脾腎陽虛型

【主證】浮腫嚴重，面色蒼白，食慾不振，食後腹脹，大便溏稀，腰酸腿軟，怕冷，四肢不溫，舌質淡，舌苔白薄，脈沉細。

【治法】溫補脾腎。

【方例】溫陽利水湯：熟附子 10g、白朮 10g、茯苓 15g、白芍 12g、生薑 10g。

黃耆補中湯加減：黃耆 35g、黨參 12g、白朮 15g、蒼朮 12g、澤瀉 15g、豬苓 15g、茯苓 15g、肉桂 2g、破故紙 10g、熟附子 12g，適用於脾陽虛的病人。

壯腰固腎方：黃耆 20g、菟絲子 15g、熟附子 12g、

巴戟 12g、芡實 25g、白朮 10g、續斷 12g、益母草 15g，適用偏於腎陽虛的病人。

（三）脾腎氣虛型

【主證】無水腫或輕度水腫，頭暈，腰酸，疲倦，食慾不振，舌質淡舌體胖，苔薄白，脈濡細無力。

【治法】補脾益腎。

【方例】大補元煎加減：黨參 12g、炙甘草 6g、山萸肉 10g、杜仲 12g、枸杞子 10g、淮山藥 15g、當歸 10g、黃耆 15g。

（四）陰虛陽亢型

【主證】眩暈或頭痛，視力減退，心煩，水腫不甚，唇紅口渴，舌質紅，脈弦細數。

【治法】滋補肝腎，平肝潛陽。

【方例】杞菊地黃湯：熟地黃 15g、山萸肉 10g、山藥 15g、茯苓 15g、牡丹皮 10g、澤瀉 12g、枸杞子 10g、菊花 10g。

左歸丸加減：生地黃 20g、山藥 15g、牛膝 10g、山萸肉 10g、龜板 15g、杜仲 12g、牡蠣 35g、草決明 15g。

三、尿毒症

尿毒症是腎炎的危重合併症，有必要及時請西醫進行搶救，出現昏迷時可參見「昏迷」症處理。

（一）陽虛濁蘊型

【主證】怕冷，面色蒼白或灰暗，頭暈，頭痛，嗜睡，不欲進食，噁心，嘔吐，呼氣有尿臭味，腹脹，尿少，舌質淡，舌體胖嫩邊有齒印，舌苔白膩，脈細緩。

【治法】溫補脾腎，化濕降濁。

【方例】溫脾湯加減：黨參 15g、熟附子 12g、乾薑 6g、大黃（製）10g、茯苓 15g、陳皮 10g、澤瀉 15g。

溫陽降濁物：熟附子 15g、黨參 15g、茯苓 15g、法半夏 10g、厚朴 10g、補骨脂 15g、肉桂 2g、竹茹 12g、玉米鬚 35g。

（二）正虛血熱型

【主證】消瘦，神志呆滯，發熱，時出鼻血或牙齦出血，唇紅乾，視物不清，小便不通，大便秘結，手足抽搐，舌質紅絳或有芒刺，舌苔焦黃，脈細數。

【治法】清熱，涼血，扶正。

【方例】犀角地黃湯加味：水牛角 35～70g、生地黃 35g、丹皮 10g、赤芍 10g、茅根 35g、石斛 15g、梔子 10g、大黃（後下）10g、黃芩 12g、吉林參（另燉）10g。

若昏迷不醒，痰涎壅盛可加安宮牛黃丸（用開水溶化鼻飼）；高熱、手足抽搐可用紫雪丹 2～3g，並加針刺曲池、合谷、人中。

（三）陽衰陽脫型

【主證】神識模糊，四肢不溫，面色暗滯，汗出不止，呼吸微弱，舌質淡紅少苔，脈微欲絕。

【治法】回陽救脫，益氣養陰。

【方例】回陽養陰湯：吉林參（另燉）10g、熟附子 15g、麥冬 12g、五味子 10g、生地黃 15g、石斛 15g。

簡易方及其他療法

一、簡易方

（一）消蛋白尿方

1. 黃蓍 35g，水煎代茶，每天飲用持續一個月。

2. 石韋 20g、薏苡仁 6g，每日水煎服。

3. 田雞（青蛙）1 隻、烏豆 35g，燜熟吃，每日 1 次，連續 3 個月。

（二）消水腫方

1. 螻蛄（土狗）焙乾研粉，每次服 2～3 隻，日 1～2 次。

2. 玉米鬚 35g、白茅根 35g，水煎服，急性腎炎適用。

3. 乾葫蘆一個（約 250g），水煎服。

4. 芋頭 1000g、紅糖 250g，將芋頭切片鍛灰和勻紅糖，沖服，每服 30g，日 3 次，適宜慢性腎炎。

二、針灸療法

【主穴】腎俞、三陰交、關元、足三里。

【配穴】發熱配曲池，噁心嘔吐配內關，頭痛配太陽，浮腫、小便短少配陰陵泉、合谷、脾俞、肺俞。

【治法】急性期宜用瀉法，慢性期用補法，多灸。

三、耳針

【取穴】腎、肺、脾、神門、高血壓取降壓溝點。每次 1～2 個穴位，埋針 3～5 天。

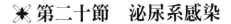

✳ 第二十節　泌尿系感染

泌尿系感染包括腎盂腎炎、膀胱炎和尿道炎等，屬武當道教醫藥的外感熱病，以腰痛和小便不利為主證，如果侵犯膀胱時，便屬「淋病」的範圍。

病因病理

引起泌尿系感染多是濕熱外邪。當人體抗病力低下時，從體表侵入傳至肝膽，也可直接侵犯膀胱，如果濕熱鬱結體內，便會損傷腎陰，腎陰不足又會加重膀胱的病變，因此，常常出現正虛邪實的腎陰虛而膀胱濕熱的證候。倘若病久，反覆發作，更會損傷脾臟，出現脾腎兩虛的慢性病變。

診治要點

1. 泌尿系感染按病的急慢、新久，機體的情況，病情的變化，臨床可以分為膀胱濕熱型、邪入肝膽型、腎虛火旺型和脾腎兩虛型。

膀胱濕熱型和邪入肝膽型屬於急性期的病變，腎虛火旺型和脾腎兩虛型屬於慢性期病變。

2. 治療上分辨新病或久病是重要的。一般急病、新病應清熱祛濕，利尿通淋以除病邪為主；久病便不能單靠清利，而應該從補腎著手，並且注意調理肝脾，適當配用清利濕熱藥。

辨證施治

一、急性期（包括慢性急性發作）

（一）膀胱濕熱型

【主證】尿頻，尿急，排尿不通暢，尿痛並有灼熱感，下腹部脹墜，尿黃，舌質紅，舌苔黃，脈滑。

【治法】清熱利濕。

【方例】石韋散加減：石韋 12g、木通 10g、車前子 10g、滑石 20g、冬葵子 10g、瞿麥 10g、白茅根 35g、連翹 12g。

八正散加減：車前草 35g、木通 10g、萹蓄 15g、滑石 35g、甘草 6g、大黃 6g、石韋 10g、銀花 15g。

（二）邪入肝膽型

【主證】惡寒發熱，胸悶作嘔，腰和脅部疼痛，口苦，尿頻急，尿黃或血尿，舌苔薄白或帶黃，脈弦數或滑數。

【治法】清肝膽熱，利尿。

【方例】大柴胡湯加減：柴胡 15g、法半夏 12g、黃芩 12g、枳實 12g、大黃 10g、銀花 15g、車前子 35g、滑石 35g、甘草 3g。

加減法：血尿加白茅根 50g、生地黃 15g、梔子炭 10g。

二、慢性期

（一）腎虛火旺型

【主證】頭暈，腰痠痛，下肢軟，疲倦，排尿不通

暢，尿頻，尿量少，小腹脹，食慾不振，口苦，舌苔白濁或微黃，脈細緩。

【治法】補腎陰，清濕熱。

【方例】知柏地黃湯加減：知母 10g、黃柏 10g、牡丹皮 12g、澤瀉 15g、茯苓 15g、生地黃 15g、金櫻子 15g、鹿含草 15g。

（二）脾腎兩虛型

【主證】疲倦無力，氣短，頭暈，食慾不振，上腹脹，下肢微浮腫，腰部隱痛，尿量少，大便稀，舌質淡嫩，舌苔薄白，脈沉弱。

【治法】健脾補腎。

【方例】菟絲子丸加減：菟絲子 12g、茯苓 12g、黃蓍 15g、蓮肉 15g、淮山藥 20g、續斷 12g、當歸 10g、楮實子 15g。

加減：尿頻、尿急者加覆盆子 12g、烏藥 10g。

簡易方及其他療法

一、簡易方

1. 連翹 12g、金錢草 35g、白茅根 35g，水煎服。

2. 血見愁 35g，水煎服。適宜於血尿。

3. 蒲公英 35g，水煎服。

4. 鮮益母草 35g，水煎服，一天分 2 次服，連服 6 天。

5. 海金沙、葫蘆茶、地膽頭 35g，水 3 碗煎取 2 碗，分 2 次服，每日 1 劑。

6. 楊柳葉 35g，水煎服。適宜於尿痛。

7. 馬齒莧 60g、生甘草 6g，水煎服。適宜於尿道炎。

8. 絲瓜絡 60g，水煎加蜜糖沖服。適宜於尿道炎。

二、針灸療法

【主穴】膀胱俞、關元、三陰交、太谿。

【配穴】腹痛配行間，小便不通暢配陰陵泉，發熱配曲池，體質虛弱懸灸百會、氣海、腎俞。

【治法】用瀉法。急性期宜針，慢性期可針灸並施。

三、耳針

【取穴】膀胱、腎、神門點。每次選 1～2 個穴位，埋針 3～5 天。

針灸及耳針可以做為輔助治療方法，特別對於解除尿頻、尿急等症狀有較明顯的效果。

❋ 第二十一節　泌尿系統結石

泌尿系統結石包括腎、輸尿管、膀胱和尿道內形成的結石，有腎絞痛、血尿和小便排出結石等特徵，屬於武當道教醫藥「石淋（沙淋）」「血淋」的範圍。

病因病理

泌尿系統結石因濕熱蘊結，煎熬尿裡的雜質而結成。濕熱傷及血絡，則出現血尿。

另外，因為濕熱蘊結，沙石停蓄尿路，阻塞氣機和尿液的流通，病人經常有腰、腹酸脹以至痠痛和排尿困難等症狀。

淋病較久，加以血絡受損，會使局部發生氣滯血瘀，更加重排尿功能的損害。

診治要點

腰部痠痛，尿頻，尿急有時排尿突然中斷，伴有尿痛，稍微活動後可繼續排尿，疼痛以後出現血尿。

有時發生腎絞痛，這是一種陣發性的劇烈疼痛，先在腰部，然後沿輸尿管向膀胱、外生殖器、大腿內側等處放射，這時病人被迫蹲下蹲曲，或坐立不安，可持續發作幾分鐘到幾小時。

或一日反覆幾次，亦可數月或幾年發一次。疼痛劇烈時伴有噁心，嘔吐，出冷汗，甚至虛脫。

辨證施治

【治法】清熱利濕，通淋排石。

【方例】八正散加減：車前子 15g、萹蓄 15g、滑石 35g、大黃（製）10g、雞內金 10g、石韋 12g、冬葵子 15g、牛膝 15g、地龍 10g。

加減：血尿明顯的加茅根 35g，小薊 35g，合併感染時加黃柏 10g、蒲公英 15g。

【注意事項】

（1）總的治法是清熱利濕，通淋排石。

（2）應用藥物排石治療，要多飲水，在腎區沒有疼痛的情況下，要多作跳躍運動，幫助沙石排出。有時服藥後會發生腰腹疼痛，這多是結石向下移動所致。

（3）藥物排石最好配合針灸療法。

（4）服藥期間可同時用金錢草或玉米鬚 60～90g，水煎每天代替茶飲用。

（5）用以上方法治療一段時間，排石無效時，如果病人體質還好，則上方配加行氣活血化瘀藥：厚朴 10g、當歸 10g、沒藥 10g、益母草 35g。

（6）用上方排石無效，病人體質較弱者，可在上方減去冬葵子並加入黃耆 15～35g、當歸 10g、肉桂 2g，以助體力使石易排出。

簡易方及其他療法

一、簡易方

1. 金錢草 60g、海金沙 30g，水煎服。

2. 玉米鬚、柳葉、赤小豆各 30g，滑石 15g，水煎服。

3. 佛耳草 35g，每日煎湯代茶。

4. 海浮石 100g，研末，水 2 碗，醋半碗，煎藥成 1 碗，溫服。

二、針灸療法

【主穴】腎俞、阿是穴、三陰交、足三里。

【配穴】上腹痛配京門（或章門），臍旁痛配天樞（或大橫），小腹痛配歸來（或府舍），小便短赤配陰陵泉。

三、拔火罐療法

先用梅花針點刺患側疼痛腰、腹區，至皮膚輕度潮紅後拔火罐，可與針刺交替使用。

四、耳針

【取穴】腎、膀胱、輸尿管點。每次選 1～2 個穴位，埋針 3～5 天。

✳ 第二十二節　高血壓病

高血壓病以血壓高為主要臨床表現，屬於武當道教醫藥「眩暈」「頭痛」和「肝風」等證範圍。

病因病理

高血壓病的主要原因是肝腎陰陽失調。肝陰不足可致肝陽上亢，腎陰不足也可引起陰虛陽亢。因為肝和腎是互相滋養的（「肝腎互生」），因此肝或腎陰虛，常互相影響，形成肝腎陰虛。由於陰陽是對立的統一體，肝腎陰虛，導致陽虛，又會出現陰陽兩虛。

此外，精神因素對高血壓的影響很大，中醫認為「怒傷肝」「恐傷腎」，長期惱怒、驚恐、情緒緊張可損傷肝、腎，產生高血壓。

診治要點

1. 根據高血壓的臨床表現可分為肝陽上亢、肝腎陰虛和陰陽兩虛等證型。

2. 由於高血壓病起於肝腎陰陽失調，因此應以調理肝腎陰陽為治療原則，臨床陰虛者固然常見，但不可忽視陰陽兩虛的存在，必須仔細辨證施治。

辨證施治

一、肝陽上亢型

【主證】頭痛，頭暈眼花，性情暴躁，面紅口苦，睡不安寧，舌質紅，舌苔黃，脈弦數。

【治法】清熱、平肝、潛陽。

【方例】天麻鉤藤飲加減：天麻 10g、鉤藤 15g、石決明 15g（或珍珠母 35g）、梔子 10g、黃芩 10g、懷牛膝 10g、杜仲 10g、桑寄生 15g、夜交藤 15g。

潛陽湯：生地黃 15g、白芍 10g、珍珠母 35g、夏枯草 10g、地龍乾 10g、懷牛膝 10g、菊花 10g。

二、肝腎陰虛型

【主證】頭暈眼花，耳鳴，兩顴部有紅暈，腰酸腿軟，夜尿多，舌質紅無苔，脈弦細。

【治法】滋養肝腎。

【方例】杞菊地黃湯：熟地黃 15g、山萸肉 10g、淮山藥 15g、澤瀉 10g、牡丹皮 10g、茯苓 12g、枸杞子 10g、菊花 10g。

延壽丹：製首烏 15g、牛膝 10g、菟絲子 10g、女貞子 10g、桑葉 10g、菊花 10g、豨薟草 12g、旱蓮草 10g、杜仲 15g、桑葚子 12g、黑芝麻 10g。

三、陰陽兩虛型

【主證】頭暈眼花，耳鳴，腰酸腿軟，失眠多夢，夜尿多，陽痿，心悸，舌質淡嫩，脈沉細。

【治法】補陽益陰。

【方例】濟生腎氣丸：熟地黃 15g、淮山藥 15g、山萸肉 10g、澤瀉 10g、茯苓 10g、牡丹皮 10g、肉桂 2g、熟附子 10g、車前子 10g、牛膝 10g。

右歸丸加減：熟地黃 12g、熟附子 6g、肉桂 2g、當歸 10g、杜仲 12g、淫羊藿 10g、仙茅 10g、龜膠（烊化）10g。

簡易方法及其他療法

一、簡易方

1. 小薊草 30～60g，水煎代茶服。有較好的降壓作用，對於早期高血壓病或血壓不太高的病人較適宜。

2. 臭梧桐 15～35g，水煎服。適用於陰陽兩虛的病人。

3. 馬兜鈴根（青木香）6～10g，水煎服。

4. 地骨皮 35g，水煎服。

5. 夏枯草 35g，水煎日分 2 次服。

6. 豬籠草 35g，水煎服，日 1 次。

7. 蓖麻子仁搗爛敷兩側湧泉穴，治高血壓危象或卒中。

8. 二仙湯：仙茅、仙靈脾（淫羊藿）各 10g，黃連、川芎各 6g。

二、針灸療法

【主穴】太衝、肝俞、足三里、曲池。

【配穴】頭暈眼花配風池、印堂，胸悶、心跳心慌配內關、心俞，失眠配神門、三陰交。

【治法】用瀉法，如病屬陰陽兩虛懸灸腎俞、太谿、肝俞。

三、耳針

【取穴】降壓溝、神門、交感、腎、肝點。每次選1～2個穴位，埋針3～5天。

✳ 第二十三節　腦血管意外

腦血管意外多見於中年以上患者，與動脈硬化有關，臨床表現為突然意識障礙和肢體癱瘓。

腦血管意外分出血性和缺血性兩大類。屬於出血性的有腦出血和蛛網膜下腔出血；屬於缺血性的有腦血栓形成和腦栓塞，其中以腦血栓形成最為常見。

從腦血管意外的臨床表現來看，分別屬於武當道教醫藥中風的「類中」部分、「大厥」「偏枯」「半身不遂」等病證。

病因病理

本病成因很複雜，從實、虛兩方面來歸納，屬實證的可因內風、火、痰和瘀，屬虛證的可因肝腎陰虛，氣血虧損。常由精神刺激、飲食不節、飲酒過量、勞累過度等外因誘發。

肝腎陰虛可引起肝陽暴亢，導致中經絡和中臟腑兩種後果。肝陽暴亢既可生風化火形成痰邪和瘀血，痰瘀阻塞經絡則半身不遂，語言不利，口眼歪斜，稱做「中經絡」，風火相煽還可以產生內閉外脫昏迷甚至殘廢的嚴重

後果。肝陽暴亢又可迫使氣血上逆，這種情況下，輕則出現頭痛、頭暈、噁心、嘔吐，重則昏迷、失語和二便失禁等為主要表現的便是中臟腑。

氣血虧損可使脾失健運而聚濕生痰，也可使血流不暢而形成瘀。痰蒙心竅，則語言不利，口眼歪斜；瘀阻經絡則半身不遂，也都屬中經絡範圍。

診治要點

1. 腦血管意外按中醫分型可有：肝陽暴亢型（見於腦出血、高血壓腦病、腦血管痙攣和蛛網膜下腔出血），痰瘀阻絡型（見於腦血栓形成、腦栓塞和腦出血後恢復期）。

2. 腦血管意外病證的主要表現應屬實證，但亦可虛實並見或突然轉虛證。虛實並見者可出現於腦出血後期或恢復期；突然轉虛證者是脫證的表現。

3. 急起病時不宜針灸，但病情穩定後，最好配用針灸或其他傳統療法，特別是口眼歪斜和半身不遂的病人。

4. 病初應先祛邪（如息風、瀉火、祛痰、通瘀），恢復階段則應逐步以調補治本（如益氣養血、滋補肝腎）。

5. 腦血管意外昏迷屬於風閉，應與其他閉證相鑑別，可參考「昏迷」。

6. 出現閉證可適當配以開竅藥，一經好轉便應停用，脫證則不適合開竅藥。

7. 昏迷時應以息風瀉火為主，半身不遂者應以祛瘀為主，祛瘀同時宜配用益氣藥，配用通絡藥以疏通經脈，增

加效應。

辨證施治

一、肝陽暴亢型

【主證】突然劇烈頭痛，噁心嘔吐，伴有眩暈視朦，顏面潮紅，或頸項強痛，肢麻筋抽，煩躁不寧，甚則不省人事，痰鳴，鼻鼾，口眼歪斜，舌質紅多有黃濁苔，脈弦滑。

【治法】平肝息風，涼血瀉火。

【方例】羚羊角湯加減：羚羊角粉（沖）1g、鉤藤30g、菊花12g、白芍15g、生地黃20g、石決明35g、黃芩15g、牡丹皮15g、牛膝12g。

加減法：嘔吐加代赭石35g、竹茹15g；痰多加天竺黃12g、人工牛黃末（沖）2g；大便秘結加大黃12g；昏迷者可加用槐花20g，三七末（沖服）3g。

本型嚴重病便可見人事不省，稱作「風閉」（屬陽閉的一種）。更嚴重者可由閉迅速轉為陽氣外脫，症見突然昏倒，不省人事，手撒肢涼，目合口開，二便自遺，脈微細欲絕。宜先回陽救脫，急用熟附子10g、吉林參10g、五味子10g，水煎鼻飼給藥，並及早送醫院，請西醫搶救。

二、痰瘀阻絡型

【主證】時有眩暈、腳麻、頭重腳輕，或見心悸或在安靜的時候（或中風之後）發生口眼歪斜，半身不遂，語言不清，甚至失語，舌質淡，舌苔濁，脈滑或細或澀。

【治法】益氣祛痰，除痰通絡。

【方例】補陽還五湯加減：黃蓍 35g、當歸 12g、川芎 10g、紅花 6g、地龍 12g、赤芍 12g、雞血藤 15g、牛膝 12g、殭蠶 6g。

加減法：失語或語言不利加遠志 6g、菖蒲 6g；口眼歪斜加全蠍 6g、膽南星 6g。

如果失語久不恢復，則與腎氣虛損有關，宜補腎開竅，可用地黃飲子加減：熟地黃 20g、肉蓯蓉 15g、五味子 6g、山萸肉 12g、熟附子 6g、菖蒲 6g、麥冬 10g、遠志 6g。

簡易方及其他療法

一、針灸療法

（一）中風急症

【主穴】人中、湧泉、內關、足三里。

【配穴】面赤，煩躁，脈洪數配十宣（刺出血），頭痛、抽搐配合谷、太衝，痰涎壅盛配豐隆、天突，四肢厥冷、脈微欲絕可針灸關元、氣海、足三里。

【治法】閉證宜用瀉法，脫證宜用平補平瀉法，並有艾灸。

（二）中風後遺症

1. 上肢癱瘓：肩髃、曲池、合谷透勞宮，外關透內關、八邪。

2. 下肢癱瘓：環跳、風市、足三里、陽陵泉、解谿、八風。

3. 口眼歪斜：太陽、風池、下關、頰車、迎香、地倉、合谷、足三里。

4. 語言不利：廉泉、啞門、通里、三陰交。

二、穴位注射療法

偏癱初期用維生素 B_1 100mg，每穴注入 0.5ml（取穴同針灸療法）。

三、耳針

【取穴】心、腎、神門、皮質下及有關患肢相應穴（高血壓者可取降壓溝）。每次選 2～3 個穴位，埋針 3～5 天。

四、頭皮針

偏癱取對側運動區、感覺區，失語取對側言語二區。

五、梅花針

配合體針，點刺背腰夾脊及患肢陽經循布區。

✳ 第二十四節　冠狀動脈硬化性心臟病

冠狀動脈硬化性心臟病，簡稱冠心病，屬於武當道教醫藥「真心痛」「厥心痛」「包絡之痛」「心痺」等證的範圍。以胸骨後發作性疼痛或壓榨感為主證。多見於 40 歲以上的中老年人。

中醫認為冠心病主要是心脈瘀滯。《內經》明確指出：「心痺者脈不通」。

引起心脈瘀滯的主要原因可以歸納為陰寒凝聚、痰濁閉阻、氣滯血瘀等。此外，長期情緒緊張、過食肥膩也可影響心脈的運行，造成心脈瘀滯，產生心痛、胸痺等證。

但心脈之所以瘀滯，主要還是由於年老體弱、臟腑失調造成的。

在臟腑失調方面，關係最密切有心、脾、肝、腎。心陽不振可以導致陰寒凝聚，脾不運可以引起痰濁內生，肝鬱可以發展成為氣滯血瘀，腎虛不足是人老體衰，臟腑功能失調的關鍵。

診治要點

1. 關於心痛的臨床特點，《內經》有這樣的描述：「心病者胸中痛，脅滿，肋下痛，膺背肩胛間痛，兩臂內痛」。明確指出心痛發生的部位，在胸中、胸下並放射到肩胛間以及兩臂內側。

疼痛的性質因人而異，多為悶痛、壓痛，也可為絞痛；勞累、激動、興奮、飽餐、受涼、天氣變化常可使心痛發作，休息之後可以使心痛緩解；心痛發作時每伴有恐懼、焦慮、不敢活動。

痛劇烈而持續伴有陽虛欲脫的，武當道教醫藥叫做「真心痛」，可以很快引起死亡，應立即搶救。

2. 本病臨床多見虛實夾雜，既有寒邪、痰濁、瘀血的實證，又有年老體弱、臟腑功能失調的虛證。一般說來是標實本虛，臨證時按「急則治其標，緩則治其本」的原則治療。

當心痛發作時先用針刺或用田七末 1.5g 沖服止痛，然後按具體情況分別採用溫通散寒或豁痰化濁或行氣活血等法治標。沒有心痛的病例或心痛控制後，治療應以補虛

固本為主。

3. 本病臨床可分寒凝心脈型、痰濁閉阻型、氣滯血瘀型，但以氣滯血瘀型較為常見。痰濁閉阻型中又以寒痰為多，熱痰較少。

辨證施治

一、發作期

（一）寒凝心脈型

【主證】心痛多發生在寒冷季節，遇冷即發，病者平素體質虛寒怕冷，臉色蒼白，神疲乏力，手足不溫，口淡不渴或吐清涎，大便稀薄，小便清長，舌質淡紅，舌苔白潤，脈沉緩無力。

【治法】溫通散寒。

【方例】吳茱萸丸加減：吳茱萸 6g、乾薑 10g、白朮 10g、黨參 12g、當歸 10g、赤芍 10g、熟附子 10g、炙甘草 6g、蜀椒 3g、肉桂 2g。

（二）痰濁閉阻型

【主證】心胸煩悶而痛或壓迫感、阻塞感，病人常虛胖多痰有咳嗽嘔惡，食慾不振，頭暈眼花，而且覺得頭重墜，舌厚濁質淡，苔或膩，脈弦滑或濡緩。

【治法】豁痰化濁通陽。

【方例】瓜蔞薤白半夏湯加減：瓜蔞仁 10g、薤白 10g、法半夏 10g、枳殼 10g、遠志 6g。

（三）氣滯血瘀型

【主證】病情日久，心胸刺痛，部位固定，或伴有精

神抑鬱，胸脅脹痛，舌質暗瘀，舌尖邊有瘀點，脈弦或沉澀。

【治法】行氣活血。

【方例】冠心Ⅱ號方：赤芍 15g、川芎 15g、紅花 15g、丹參 35g、降香 15g。每日 1 劑，分 3 次服，4 週為一療程。

血府逐瘀湯：當歸 10g、生地黃 12g、桃仁 10g、紅花 6g、枳殼 10g、赤芍 10g、柴胡 5g、甘草 3g、桔梗 6g、川芎 6g、牛膝 10g。

二、發作緩解期

冠心病人沒有心痛症狀，或心痛等症狀控制後，則應按發作緩解期處理。

（一）心陽不振型

【主證】畏寒懶動，自汗，臉色虛浮蒼白，心中空虛而悸動，口淡，小便清白，舌質淡白，舌苔白，脈虛弱或浮大。

【治法】補心陽。

【方例】人參湯：黨參 15g、乾薑 6g、白朮 10g、桂枝 10g、炙甘草 6g。

（二）心陰不足型

【主證】自覺心熱，臉紅，虛煩而心悸，失眠多夢，盜汗，口乾不渴，舌質紅或舌尖紅，少苔，脈細數。

【治法】補心陰，益心脾。

【方例】益心湯：黨參 15g、麥冬 10g、五味子 6g、製何首烏 15g、丹參 12g、山萸肉 10g、大棗 4 枚。

歸脾湯：白朮 10g、茯苓 15g、黃耆 12g、黨參 12g、龍眼肉 10g、酸棗仁 10g、木香 3g、炙甘草 3g、當歸 10g、遠志 6g，適用於心脾兩虛的病人。

（三）肝腎陰虛型

【主證】眩暈，頭痛，耳鳴，四肢麻木、震顫，腰膝痠軟，咽乾，盜汗，五心煩熱，大便秘結，舌質紅，少苔或無苔，脈弦細數。

【治法】滋補肝腎。

【方例】杞菊地黃湯：熟地黃 15g、山萸肉 10g、山藥 15g、茯苓 15g、牡丹皮 10g、澤瀉 10g、枸杞子 10g、菊花 10g。

（四）腎氣早衰

【主證】未老先衰，毛髮脫落，鬚髮早白，頭昏眼花，耳鳴，陽痿，小便頻數而清長，尿後餘瀝，甚或小便不禁，舌質淡，舌苔白，脈沉弱。

【治法】補益腎氣。

【方例】延壽丹：製首烏 15g、牛膝 12g、菟絲子 10g、女貞子 10g、桑葉 10g、菊花 10g、豨薟草 12g、旱蓮草 12g、杜仲 12g、桑葚子 12g、黑芝麻 10g。

倂發症的處理

一、高血壓

血壓偏高，一般不須單獨作降壓治療，血壓較高可以用天麻鉤藤飲：天麻 6g、鉤藤 10g、石決明（先煎）35g、桑寄生 15g、杜仲 15g、牛膝 12g、梔子 6g、黃芩

6g、益母草 12g、茯苓 12g、夜交藤 12g。晚期高血壓，則應配合西藥降壓治療。

二、高膽固醇症

血清膽固醇偏高，一般不須作單獨處理，如膽固醇特別高，可在原方基礎上加製何首烏 20g、山楂 12g 或草決明 20g。

三、心力衰竭

急性心力衰竭一般均須送醫院請西醫結合治療，武當道教醫藥一般參考「心力衰竭」的治療方法。

四、期前收縮

偶發的期前收縮，通常不須另處方藥。頻發或多發期前收縮，可用炙甘草湯（炙甘草 10g、大棗 5 枚、阿膠（溶）10g、黨參 15g、生薑 6g、桂枝 3g、生地黃 12g、麥冬 10g、麻仁 10g）。

五、陣發性心動過速

對於陣發性心動過速、心房纖顫、心室纖顫、二度三度房室傳導阻滯與嚴重心律失常，目前尚無成熟經驗，有試用苓桂朮甘湯加味（茯苓 12g、桂枝 6g、白朮 10g、炙甘草 10g、紫石英 20g、胡桃肉 10g、海蛤殼 15g、法半夏 10g、五味子 6g、龍齒 35g）。

※ 第二十五節　心力衰竭

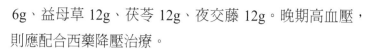

心力衰竭又稱「心功能不全」，是指心臟收縮力減弱，導致血液循環障礙所產生的一系列臨床表現。

根據本病的常見症狀，心悸、呼吸困難、水腫等以及

病程發展的不同階段，多屬於武當道教醫藥的「心悸」「喘證」「水腫」「脫證」等範圍。

病因病理

心力衰竭的主要病理變化在心，與脾、腎的關係也很密切。因為心主血脈，是全身氣血運行的中心，心氣虛弱，心陽不足則鼓動血脈運行的力量不夠，心陽虛弱每易形成氣滯血瘀；心陽不振又可累及脾、腎，使水液運化、排泄障礙；腎臟虛衰不能納氣則氣逆於上；脾虛不運則消化功能減退。

此外，脾虛氣血生化不足，溫熱病耗氣傷陰，導致心失血養、心氣失斂也是常見病因。

如本病發展到嚴重階段，心陽虛極就會出現心陽隨氣而脫的危重證候。

診治要點

1. 按心力衰竭的臨床表現，武當道教醫藥可分為心脾兩虛型（多見於早期心力衰竭），心腎陽虛型（多見於慢性充血性心力衰竭），心虛瘀阻型（多見於慢性充血性心力衰竭和心源性肝硬化），心氣不斂型（見於感染、中毒性心肌炎、風濕性心肌炎、甲狀腺機能亢進性心臟病等引起的心力衰竭），水氣上逆型（多見於急性肺水腫）和心陽氣脫型（見於心力衰竭晚期的心源性休克）等。

2. 由於本病所表現的病理特點是陽氣衰竭，治療應以補陽益氣為主，適當配合養血寧心、活血化瘀、溫陽利

水、降逆平喘和收澀固脫等法。

3. 水氣上逆和心陽氣脫兩型因病情危重，應請西醫配合搶救。

辨證施治

一、心脾兩虛型

【主證】勞則心悸，氣短，身倦無力，面色蒼白，容易出汗，飲食減少，睡眠不好，舌質淡紅，舌苔薄白，脈細弱或結代。

【治法】補脾氣，益心血。

【方例】歸脾湯加減：黨參 15g、茯苓 12g、當歸 10g、白芍 10g、黃耆 15g、龍眼肉 15g、遠志 6g。

炙甘草湯加減：炙甘草 10～15g、黨參 15g、生地黃 15g、麥冬 10g、桂枝 6g、丹參 15g、珍珠母 30g，更適用於心律失常的病人。

二、心腎陽虛型

【主證】心悸、喘息不能平臥，面目及肢體浮腫，面色蒼白，頭額汗出，腹脹尿少，手足不溫，舌體胖質淡，舌苔白，脈沉細無力或結代。

【治法】溫補陽氣，健脾利水。

【方例】濟生腎氣丸加減：熟附子 10g、肉桂 2g、熟地黃 20g、山萸肉 10g、茯苓 15g、黨參 15g、車前子 12g、牛膝 10g。

真武湯加減：熟附子 10g、白朮 12g、茯苓 15g、白芍 10g、桂枝 6g、澤瀉 10g。

三、心虛瘀阻型

【主證】心悸，氣促，面色晦暗，口唇紫紺，脅下結塊脹痛，下肢微腫，或咳痰帶血，小便短少，舌質紫暗或有藍色斑點，脈細澀或結代。

【治法】補陽益氣，活血散瘀。

【方例】益氣通瘀方：吉林參 6g、白朮 12g、丹參 15g、當歸 10g、赤芍 12g、紅花 6g、益母草 30g。

加減：浮腫明顯者可加馬鞭草 15g 或木通 10g，赤小豆 15g；咳痰帶血去紅花，加仙鶴草 10～15g 或茜草 15g，白及 10g。

四、心氣不斂型

【主證】熱病耗氣傷陰，心氣受損，心悸汗多，精神疲乏，短氣（呼吸短促而不相接續），心尖搏動明顯，或有低熱，煩渴，舌質紅，舌苔少而乾，脈細數無力。

【治法】益氣養陰，收斂心氣。

【方例】生脈散加味：黨參 20g、麥冬 15g、五味子 6g、山萸肉 12g、龍骨 12g、牡蠣 15g。

益心方：孩兒參 35g、玉竹 15g、生地黃 15g、珍珠母 35g。

五、水氣上逆型

【主證】氣急喘促，痰涎上湧，甚至大量泡沫樣痰從口鼻湧出，咳嗽，面色灰白，汗出肢冷，煩躁驚恐，唇紫，舌質暗淡，舌苔白膩，脈細。

【治法】溫腎納氣，化痰平喘。

【方例】苓甘五味薑辛湯加減：吉林參 10g、五味子

10g、細辛 3g、乾薑 6g、沉香末（沖）2g、葶藶子 10g、黑錫丹（沖）2～3g。

六、心陽氣脫型

【主證】心悸煩躁，呼吸淺表短促，額汗不止，精神萎靡，面色發紺，指甲青紫，四肢厥冷，舌質淡，舌苔白，脈微細欲絕。

【治法】回陽救脫。

【方例】參附龍牡湯加味：吉林參 10g、熟附子 12g、炙甘草 10g、龍骨 15g、牡蠣 15g、山萸肉 15g。

簡易方及其他療法

一、針灸療法

【主穴】內關、心俞、厥陰俞。

【配穴】氣促配膻中、肺俞；腹脹配足三里、中脘；尿少配腎俞、三陰交；食慾不振溫灸脾俞；煩躁、失眠配安眠 1（或安眠 2）。

【治法】用補法。刺心俞：厥陰俞針尖斜向胸椎，針感向胸部擴散最好。可針灸並施，按病情每日針 1～2 次。

二、耳針

【取穴】心、腎、脾、神門點。每次選 1～2 穴，埋針 3～5 天，配合體針。

三、穴位注射療法

取穴同針灸療法，每次選穴 2～3 個，每穴用 5%當歸液 0.5～1ml 或維生素 B_1 注射 0.5ml 注入，每日 1 次。

✳ 第二十六節　貧　血

貧血是一種症狀，而不是具體的疾病。但是許多原因的貧血常常有類似的特殊的臨床表現，如果用顯微鏡來觀察貧血病人的血液標本還可以發現其中紅細胞、血紅蛋白等等都比正常水平低，或者其中的一種明顯在正常以下。因此，現代醫學把貧血歸納為一種綜合病症。

從武當道教醫藥的角度來看，可以包括在「血虛」「虛損」病證裡。

病因病理

血的生成與心、肝、脾、腎等關係最為密切。血的原料，來自飲食營養的精華，這精華是脾運化的結果。而脾的運化，是靠脾（陽）的健運和腎陽的參與，因此脾的虛損或脾腎陽虛都可以引起貧血。

但是，血液形成後貯藏於肝（「肝藏血」），並起調配的作用，而血液能在體內循環運行，又由於心的功能活動和氣的推動，所以有「心主血脈」「氣為血帥」的說法，臨床上常常出現心肝血虛的貧血類型。

另外，氣既然是血的循行動力，如果氣虛、氣鬱、氣滯等氣的病變，血的動力便受影響，這樣，血流便不通暢甚至停滯，而形成血瘀。

血瘀的存在，新血生成便受影響，結果也造成貧血。當然，大量的失血（包括急性失血和慢性失血），新血生成不及，也是貧血的一種原因。

診治要點

1. 臨床常見的貧血有血虛型（可見於急性或慢性失血、鉤蟲病、萎黃病和某些慢性症狀性貧血、妊娠貧血等），脾胃虛型（可見於慢性腹瀉病、某些慢性感染性病症或妊娠所致的貧血），腎陽虛型（可見於再生障礙性貧血、慢性腎炎和某些地中海貧血等），血瘀型（可見於某些敗血症所致和某些骨髓瘤及溶血性貧血）等。

2. 從武當道教醫藥的角度來看，以上的各證型常可以同時存在一個病人身上。這時，就必須綜合考慮。

3. 因為「氣為血帥」，治療血虛型的貧血，應配用補氣藥。

4. 治療血瘀型的貧血在散瘀的同時，可適當配用補血藥。

5. 貧血多數是久病，因此使用丸劑治療更為合適。

辨證施治

一、血虛型

【主證】面唇淡白，頭暈，乏力，失眠，心悸心慌，四肢麻木，或月經過多，脈細或兼數。

【治法】補血兼以補氣。

【方例】四物湯加味：川芎 6g、地黃（熟）15g、當歸 15g、白芍 10g、北蓍 15g。

當歸補血湯：黃蓍 35g、當歸 6g（宜於急性出血性貧血）。

二、脾胃虛型

【主證】面色萎黃，疲倦無力，消瘦，氣短，食慾不振，大便稀或伴有不消化的食物殘渣，脈弱。

【治法】補脾健胃。

【方例】補氣湯加減：黨參 12g、白朮 10g、茯苓 10g、炙甘草 3g、炙黃耆 20g。

參苓白朮散加減：黨參 10g、白朮 10g、扁豆（炒）12g、茯苓 12g、甘草 3g、山藥 12g、蓮子 12g、桔梗 6g、薏苡仁 15g、砂仁 6g。

三、腎陽虛型

【主證】面色蒼白，浮腫，怕冷，身體疲倦，精神不振，脈沉細，尺脈弱。

【治法】溫補腎陽。

【方例】右歸飲：熟地黃 15g、山藥 15g、山萸肉 12g、枸杞子 10g、炙甘草 3g、肉桂 2g、熟附子 10g、杜仲 10g。

四、血瘀型

【主證】面色白而無光澤，身體疲倦，皮膚常出現瘀斑或出血點，可能有發熱或痞塊（脾腫大），舌質淡或見瘀點，脈細澀。

【治法】散瘀兼補血。

【方例】復元活血湯加減：當歸 10g、阿膠（烊化）10g、紅花 6g、穿山甲 15g、大黃（製）6g、蒲黃（炒）12g、雞血藤 15g。

血府逐瘀湯加減：生地黃 12g、赤芍 10g、當歸 10g、川芎 6g、茜草根 12g、丹參 12g、三七末（沖）3g。

簡易方及其他療法

一、簡易方

1. 熟地黃 10g、補骨脂 10g、淫羊藿 10g、鹿角膠（烊化）10g、熟附子 6g、肉桂 2g、黨參 12g、枸杞子 10g，適用於再生障礙性貧血。

2. 仙鶴草 90g，紅棗 10 枚，水煎，一日分二次服。

3. 製何首烏末，每天早晨服 15g，開水沖服。

二、針灸療法

【主穴】大椎、足三里、肝俞、脾俞、腎俞、膈俞。

【配穴】心悸氣促配膻中、內關，食慾不振配三陰交、胃俞，頭暈眼花配印堂、曲池。

【治法】用補法，宜針灸並施。

三、穴位注射療法

【取穴】同針灸療法。每次選 2～3 穴，每穴注入 5% 當歸注射液 0.5～1ml，每日 1 次。

四、耳針

【取穴】心、肝、脾、腎上腺。每次選 1～2 個穴位，埋針 3～5 天。

✳ 第二十七節　單純性甲狀腺腫

單純性甲狀腺腫是一種以缺碘為主的代償性甲狀腺腫大，它的發病可以是地區性的，特別是離海比較遠的地

區，但是，也可以無地區的限制性而散發地存在。

一般不伴有甲狀腺功能亢進症狀，屬於武當道教醫藥「癭病」範圍。

病因病理

「癭病」發病原因與居住生活的地區及飲水有關，也可以因為肝氣鬱結，以致脾的運化功能失調，而生濕痰，凝結在頸部所造成。

由於本病與肝氣鬱結有關，而肝與精神情緒關係十分密切，因此常常有急躁、容易發怒等症狀。

辨證施治

一、氣滯型

【主證】甲狀腺腫大，常因情緒而改變，遇喜則小，遇怒則大，脅痛腹脹，坤民尚有經來乳房作脹，少腹作痛等症狀，苔薄，脈弦。

【治法】疏肝理氣，化痰軟堅。

【方例】四海舒鬱丸加減：海帶 35g、海藻 35g、昆布 35g、陳皮 10g、海蛤粉 10g、柴胡 10g、浙貝 12g。

黃藥子湯：黃藥子 10g、昆布 10g、海藻 10g、牡蠣 35g、青皮 10g、法半夏 6g、枳殼 10g。

二、痰濕型

【主證】甲狀腺明顯腫大，胸悶，咳嗽痰多，舌苔白膩而厚，脈濡滑。

【方例】海藻玉壺湯加減：海藻 35g、昆布 35g、海

帶 35g、法半夏 6g、陳皮 6g、青皮 3g、連翹 10g、浙貝 10g、當歸 10g、川芎 6g、獨活 10g。

簡易方及其他療法

一、簡易方

1. 夏枯草 35g，射干 15g，水煎服。

2. 海帶 15～35g，水煎服。

3. 海蜇皮，涼拌吃。

4. 海藻、昆布各等份研細末，每日 1 次，每次 10g。

二、針灸療法

【主穴】合谷、腺體阿是穴、足三里。

【配穴】咽不適配天突、三陰交，心悸、手顫配內關、太衝。

【治法】用平補平瀉法，針刺腺體阿是穴時，針向前下方斜刺，穿過腺體中心，要防止刺傷動脈，可用捻針法，不宜提插，並可局部配合梅花針點刺，每週 2～3 次。

三、挑治法

【主穴】腺體阿是穴、瘰痣點（兩側胸骨柄上窩或鎖骨上窩灰白、淡紅或棕色點，壓之不退色）。

【治法】腺體阿是穴和瘰痣點可交替選用，每側挑一至二點，每週挑一次。

三、預防

爭取多吃如海帶、昆布、海藻等食物。對地方性甲狀腺腫地區的居民，須作集體預防，可服用含碘食鹽（或

水）。

✷第二十八節　甲狀腺機能亢進

甲狀腺機能亢進是內分泌疾病中的常見病，是甲狀腺分泌甲狀腺激素過多引起的。從甲狀腺機能亢進的臨床表現看，大致屬於武當道教醫藥「肝病」的範圍。

病因病理

從甲狀腺機能亢進的憂慮、煩躁、易怒和月經不調等證候來看，是因為肝氣鬱結引起的。因為肝具有升發透洩全身氣機的生理功能，如果肝有病便使它的這一功能受到影響，所以產生了以上的肝氣鬱結的症狀。

肝氣鬱結日久則可化火，火是傷陰的，因而可以導致肝陰不足，陰虛又可致肝陽上亢，出現性情急躁、心慌、失眠、雙手震顫等症狀。

辨證施治

一、肝氣鬱結型

【主證】頸部日見腫大，憂慮，煩躁，容易惱怒，月經不調，舌苔薄白，脈弦。

【治法】舒肝解鬱，軟堅散結。

【方例】四海舒鬱丸加減：海藻 10g、昆布 10g、海蛤殼 12g、柴胡 10g、麥芽 15g、黃藥子 10g、鬱金 10g。

逍遙散加減：柴胡 6g、白芍 12g、當歸 10g、海帶 12g、鬱金 10g、川貝母 10g。

二、陰虛陽亢型

【主證】頸部粗大，或眼球突出，頭暈眼花，面紅，多汗，急躁，心悸，失眠，消瘦，雙手震顫，舌質紅，舌苔薄黃，脈弦數。

【治法】育陰潛陽，軟堅散結。

【方例】鎮肝息風湯加減：生牡蠣 15g、生龜板 15g、白芍 15g、玄參 15g、麥芽 15g、海蛤殼 15g、夏枯草 10g。

簡易方及其他療法

一、簡易方

1. 黃藥子 10～15g，水煎服，每日 1 劑。

2. 海藻、昆布等份，研末用水調成丸，每天服 10g，分 2 次服，每療程 40 天，中間停 20 天。

針灸療法與挑治療法：見「單純性甲狀腺腫」。

二、耳針

【取穴】神門、內分泌、皮質下、肺、心點。每次選 1～2 個穴位，埋針 3～5 天。

✳ 第二十九節　糖尿病

糖尿病是一種常見的有遺傳傾向的內分泌和代謝性疾病，屬於武當道教醫藥「消渴病」的範圍。前人以症狀的不同，有把它分為上、中、下三消的，上消指多飲，中消指多食，下消指多尿。

按臨床治療一般沒有這樣劃分的必要。

病因病理

糖尿病在武當道教醫藥認為主要是腎陰虛損和胃火熾盛的一種腎虛胃實的病證。腎虛和胃實互為影響，病人體質陰虛，腎水不足，而病人過食油膩或嗜酒又可使胃腑積熱，損傷腎陰。這兩種原因可單一存在，也可同時存在。

臨床所見，糖尿病有腰酸、頭暈、多尿便是腎陰虛損所致，而多食易飢、口乾、口渴多飲、皮膚乾燥、大便秘結則為胃火熾盛傷了津液的結果。

不但如此，胃火過於旺盛，則「壯火食氣」，傷及脾氣，又可見疲乏、消瘦和氣短。

陰虛過久，使人體的陰陽失調，最後導致陽虛，這就是「陰損及陽」，在糖尿病進一步發展的較嚴重階段常是這樣一種情況。

診治要點

1. 根據臨床表現和辨證，糖尿病可以分為陰虛火盛型和陰陽兩虛型。陰虛火盛病情較輕，治療一般比較容易；陰陽兩虛病情較重，治療也比較困難。

2. 糖尿病人易患瘡癤，有這種情況時可在方藥中加入涼血解毒的藥物，如蒲公英、大青葉、紫花地丁等。

3. 糖尿病人如由多食、多尿突然轉為食慾減退，小便短少時，說明臟氣大損。食少是脾胃氣敗，尿少是腎氣大虧，宜密切注意病情惡化。

4. 如出現昏睡、昏迷，是糖尿病危重證候，應送醫

院，請西醫搶救。

辨證施治

一、陰虛火盛型

【主證】口渴，喝水也不能解渴，尿多，多食易飢，口苦，大便秘結，心煩，手足心熱，頭暈眼花，耳鳴腰酸，或疲乏，氣短，舌質紅，舌苔少，脈細數，或舌質淡紅，脈細弱。

【治法】養陰、瀉火、益氣。

【方例】消渴方加減：黃連 10g、生地黃 35g、花粉 35g、麥冬 15g、黨參 20g、山藥 30g。

加減法：火盛為主，有口苦，大便秘結，舌苔黃，脈滑數的加生石膏 35g、葛根 35g，口渴特別嚴重的加烏梅 10g。

陰虛為主，心煩，手足心熱，頭暈眼花，耳鳴腰酸，舌質紅無苔，脈細數明顯的加山萸肉 15g、枸杞子 12g、金櫻子 15g。

如見十分疲乏，氣短，舌質淡紅，脈細弱等氣虛症狀可加黃蓍 15～35g。

二、陰陽兩虛型

【主證】口渴，尿特別多，而且渾濁不清如脂膏樣，腰酸腿軟，消瘦疲乏，頭暈，耳鳴，陽痿，舌苔乾剝，脈沉弱。

【治法】調補陰陽。

【方例】附桂八味丸：熟附子 12g、肉桂 2g、熟地黃

15g、山萸肉 12g、山藥 12g、茯苓 15g、牡丹皮 10g、澤瀉 12g。

簡易方及其他療法

一、驗方

1. 玉液湯：山藥 35g、黃蓍 15g、知母 20g、雞內金 6g、葛根 6g、五味子 10g、天花粉 10g。

2. 仙姑增液飲：黃蓍 15g、生地黃 35g、山藥 35g、山萸肉 15g、鐵皮石斛 10g、天花粉 10g。

二、簡易方

1. 糖尿方：玉米鬚 35g、松針 30g，水煎服。

2. 北蓍 35g，水煎代茶。

3. 黃連丸：黃連 1 份，生地黃 10 份，研末為丸，每服 10～15g，每日服 2～3 次。對消除多食易飢，降低血糖有較好效果。亦可改黃連 3g、生地黃 9g，水煎服。

4. 黑豆 35g、天花粉 35g，水煎服。

5. 蠶繭、紅棗各 7 粒，水煎服。

6. 老松樹二層皮（乾）60g，燉豬骨服。

三、針灸療法

【主穴】腎俞、章門、三陰交、地機、胰穴（胸椎六至八椎旁陽性點）。

【配穴】煩渴配肺俞、大陵，易飢神倦配脾俞、曲池、陰陵泉，尿頻配命門、關元、太谿，心悸眩暈配印堂、內關，會陰瘙癢配中極、膀胱俞，下肢酸痺配足三里、陽陵泉。

【治法】用平補平瀉法，每次選主穴 1 個，配穴 1～2 個穴位，可針灸並施。需注意嚴格的皮膚消毒操作。

四、穴位注射療法

【取穴】同針灸療法。每次選 2～3 個穴位，每穴用 5%當歸注射液或維生素 B_1 0.5～1ml 注入，每日或隔日 1 次。

五、耳針

【取穴】腎、胰、肺、脾、內分泌點。每次選 1～2 個穴位，埋針 3～5 天。

六、梅花針

用梅花針輕點刺至第三至第八胸椎及第一至第三腰椎旁，一兩日一次。

七、飲食療法

1. 注意飲食的節制，避免油膩、烈性酒類以及辛燥食物。

2. 吃東西時多咀嚼，儘量使食物在口腔內停留長些，然後再嚥下。

3. 不用精製白米和麵粉為主食，改用麥麩及糙米。

4. 可用洋蔥作菜，每餐多吃新鮮菜、豆莢佐膳，亦可直接用鮮洋蔥 60g 煎湯服用。

5. 黃蓍 35g、山藥 60g，鮮豬胰一個熬湯，連渣及湯吃，每週 2～3 次。

✳ 第三十節　食物中毒

食物中毒是因誤食含毒食物引起，據食物中毒的原因

可分為細菌性、化學性和有毒植物中毒等三大類。其中化學性食物中毒包括了農藥中毒、金屬藥品中毒、腐蝕性藥中毒及其他常用西藥的中毒（如麻醉劑、鎮靜劑、興奮劑、驅蟲劑等等），本書只針對農藥中毒，其他的中毒便不涉及了。

在此，著重地敘述對細菌性食物中毒和有毒植物中毒處理時的注意事項、必要措施和一些武當道教醫藥土方、土法預防等，對一些中毒較重的嚴重病人，應在第一時間及時送醫院搶救。

診治要點

1. 食物中毒的原因雖然很多，而且臨床表現也很複雜，但是都有短時間內食同種食物的人同時或相繼發病、症狀相似的特點。而且在細菌性和有毒植物中毒的病人絕大部分有噁心、嘔吐。

2. 治療食物中毒消除毒物是重要一環，清除毒物的辦法有催吐、洗胃、導瀉洗腸等。另外，補液和現代醫學的一些特效的治療方法也是必要的。

3. 中醫簡易的催吐藥方有：

（1）食鹽 60g，炒焦後用開水沖泡儘量灌飲，並用雞毛探喉引吐，隨吐隨灌，吐盡為止。

（2）甜瓜蒂 3g，研成細末，開水沖服，再用雞毛探喉取吐，必要時隔 15 分鐘再灌一次。

（3）明礬 15g，開水沖服，並用雞毛探吐。

4. 食物中毒大多是非常危重的，一旦發生應迅速搶

救，否則容易造成死亡。

細菌性食物中毒

細菌性食物中毒是最常見的一種中毒，主要是因為食物在製作、儲存、出售過程中處理不當，被細菌污染，食後引起中毒，因細菌本身或細菌放出的大量外毒素而發病。

一、臨床表現

短時間內食同種食物的人同時或相繼出現噁心、嘔吐、腹痛、腹瀉，常有發熱。吐瀉嚴重者發生脫水、酸中毒甚至休克、昏迷。

二、治療

1. 一般輕型病人經催吐、導瀉、禁食、補液等處理即可恢復。重型及危重型病人應送醫院請西醫搶救。

2. 中草藥療法：

（1）山楂 15g、陳皮 10g、綠豆衣 15g、甘草 6g、大黃 6g，水煎服。適用於一般輕型的食物中毒。

（2）紫蘇葉 60g，煎濃汁加生薑汁十滴，溫服代茶。適用於魚蟹中毒。

（3）栗子殼 350g，水煎服，或加甘草末 10g 沖服。適用於吃腐敗羊肉中毒。

（4）仙鶴草 35g，水煎至 100ml，一日一次服，服藥後嘔吐者少量分次服，補足其劑量。對嗜鹽菌感染性食物中毒有效。

三、預防

1. 加強食物管理，注意飲食衛生。防止食物污染變質，剩飯菜時間不能過久，吃前必須加熱，變餿發酸的食物決不能再吃。

2. 病死牲畜肉要經獸醫和有關人員檢查決定能否食用。

3. 一切食品工作人員，如患有化膿性皮膚病時，應暫調工作。

果仁（含氰苷的）中毒

含氰苷的果仁有杏仁、桃仁、枇杷仁、李仁、楊梅仁、櫻桃仁、蘋果仁、亞麻仁等。它們都含有苦杏仁苷和苦杏仁苷酸。苦杏仁苷遇水，在苦杏仁苷酸的作用下分解為氫氰酸。服食過量便會發生氫氰酸中毒。苦的杏仁和桃仁比甜的毒性高 10 倍。

一、臨床表現

多在食後 2～6 小時內發生症狀，輕者噁心、嘔吐、頭痛、頭暈、四肢無力、精神不振或煩躁不安、脈搏增快。這些病狀可在 4～6 小時內消失。

嚴重者，體溫下降，脈搏減慢，血壓下降，四肢陣發性痙攣，呼吸困難，昏迷，瞳孔散大，對光反射消失。常因呼吸麻痺而死亡。

二、治療

1. 以 1：2000 高錳酸鉀或 5%硫代硫酸鈉 1%～3%過氧化氫洗胃。

2. 嚴重病人必須送醫院請西醫對症療法搶救，並給予特效解毒藥。

3. 中草藥療法：

（1）杏樹根皮或杏樹皮 60～90g，水煎服。

（2）綠豆 60g，砂糖適量，水煎服。

（3）甘草、黑豆各 120g，水煎服。

三、預防

向群眾尤其是兒童宣傳含氰苷果仁有毒，不要任意取食。特別是苦桃仁和苦杏仁，生食少量便可能中毒致死。

糕點、飲料以及藥用的含氰苷果仁，應嚴格加工，一般先用熱水浸泡至少半天，多換水，去皮和尖，並炒熟或煮熟，則毒性可減低。但也不宜吃得過多。

白果（銀杏）中毒

白果含有一種有機毒素，能溶於水，嬰幼兒取食過多或生食可中毒，一般兒童生吃 5～10 粒即可中毒。

一、臨床表現

多發生於兒童，食後幾小時即可發病。最輕者可出現呆滯、食慾不振等，隔日可癒。輕者則嘔吐、腹瀉、發熱、昏睡，在 1～2 日內清醒好轉。重者在暴發嘔吐之後出現陣發驚厥，瞳孔散大，對光反射消失，最後因循環和呼吸衰竭而死亡。

二、治療

1. 洗胃、灌腸、導滯。

2. 嚴重病人必須送往醫院請西醫對症治療，並輸液控

制脫水和酸中毒。

3.中草藥療法：

（1）白果殼 35g，水煎服。

（2）甘草 15g，水煎服。

三、預防

禁止嬰幼兒取食白果，較大兒童雖然食用熟白果也要限量。

植物日光性皮炎

有些植物被人吃了或接觸後，再經日光照射，則暴露的皮膚便可引起皮炎，所以叫做植物日光性皮炎。這些與發病有關的植物是灰灰菜、野莧菜、馬齒莧、洋槐花、槐花、紫雲英、榆葉、柳葉、臭椿、野苜蓿、棠梨葉、麥蒿等。看來中毒可能與個人體質和營養情況有關。有人觀察到月經來潮前幾天的婦女易於發病，因此，還可能與內分泌有關。

近年來證明灰灰菜中有類似卟啉類物質，因此認為這種物質對光線敏感，是發病的主要原因。

一、臨床表現

多在進食後 1～3 天內發病。首先是被日光照射的暴露部位如面部、手足有麻木感，皮膚出現浮腫，但不能壓凹，有灼痛、刺痛或脹痛及癢感。嚴重時皮膚可發生瘀斑、水疱、血疱甚至壞死。頭面部腫脹使兩眼裂成縫，口唇厚而外翻，口水外流，個別病人咽部水腫以致言語不清，嚼物不靈，甚至呼吸困難。部分病人有發熱，但沒有

其他明顯的全身症狀。

二、治療

1. 發病後要避免日光照射。

2. 嚴重的病人可使用現代醫學的抗過敏治療。

3. 如果患部皮膚破潰時要注意防止感染，可塗消炎軟膏，外加敷料。

4. 中草藥治療：

（1）防風 3g，荊芥、艾葉各 6g，甘草 3g，水煎服。

（2）銀花 120g，菊花 60g，蒲公英、地丁各 15g，天葵子 10g，水煎服。

（3）皮炎局部可用淡白礬水或蒲公英、馬齒莧煎水冷敷，有消腫止痛效果。

三、預防

1. 最好不要大量地食用野生植物。

2. 食用野生植物時，應先用冷水浸泡半天，要勤換水，然後加熱食用。

3. 勞動時，特別是月經前的婦女，儘可能不要接觸上述野生植物，不吃野菜。

毒蕈中毒

蕈是一般叫蘑菇、野菇、菌子、野草菇。我國各地山林平原均有生長，廣大人民群眾樂於採食，但蕈類品種繁多，其中毒蕈亦不少，不仔細鑑別選食，可引起中毒。

一、臨床表現

因所食毒蕈種類、所含毒蕈不同和中毒的輕重不同，

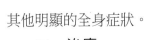

臨床表現也各不同。常見症狀是：

①胃腸症狀：噁心、嘔吐、腹瀉、腹痛的症狀輕重不同。輕者恢復快，重者可劇烈吐瀉、腹痛、糞便呈洗米水樣，引起嚴重水電解質紊亂、休克、昏迷、尿少、無尿或腎功能衰竭，病死率較高。

②肝臟損害：初期噁心、食慾不振，接著出現黃疸，肝臟腫大及壓痛，肝功能異常，可發生肝壞死、肝昏迷，廣泛出血而致死。

③溶血：可出現急性貧血、黃疸及血紅蛋白尿。

④中樞神經系統中毒症狀：幻覺、譫妄、昏迷、抽搐、精神錯亂。

⑤毒蕈鹼中毒症狀：流涎、多汗、瞳孔縮小、心動過緩、呼吸急促、急性肺水腫，死於呼吸道阻塞或呼吸中樞衰竭。

⑥類似阿托品毒質的症狀：瞳孔散大，心動過速，興奮，狂躁，昏迷，驚厥。

所以，毒蕈中毒應在第一時間送醫院搶救。

二、治療

1. 排除毒物，立即洗胃（用 1：5000 高錳酸鉀溶液、濃茶水），洗胃後即隨胃管灌入解毒劑（含活性炭 2 份、鞣酸 1 份、氧化鎂 1 份）20 g，並灌入硫酸鎂導瀉。

2. 最好靜脈輸液，以維持水電解質平衡，供給較高熱量。

3. 溶血者，出現毒蕈鹼中毒症狀、興奮狂躁者，昏迷或呼吸衰竭時應採用西醫治療。

4. 中草藥治療：

（1）銀花葉（鮮用一把，乾用 60g），搗汁或濃煎服。

（2）魚腥草根葉生用嚼吃。

（3）生石膏 60g，研末，開水沖服。

（4）白芷 6g、甘草 15g，水煎服。

（5）綠豆 60g、甘草 15g，水煎服。

（6）防風 10g，水煎服。

（7）甘草 35g，梨樹根（去粗皮）120g，水煎服。

（8）蘿蔔（生乾均可），紅糖適量，水煎服。

以上各方對毒蕈中毒有一定效果，可用於輕型中毒，較重病例應急送醫院治療。

三、預防

1. 加強宣傳教育，識別毒蕈。毒蕈大致有以下特點：如多色彩鮮豔，蕈蓋上有肉瘤、斑點，蕈柄基部有毒托，蕈質柔軟多乳狀汁液，或質緻密脆弱易縱裂，採集後容易變色，夜間發磷光等等。

2. 當一群人共食野蕈出現中毒時，除對中毒者積極治療外，對未發病者也應加以觀察，並可使用中藥或作其他相應的排毒、解毒處理，以防發病或減輕病情。

含亞硝酸鹽類植物中毒

含亞硝酸鹽類植物中毒又叫腸原性紫紺症，民間稱為「烏鴉痧」「烏嘴病」「烏痧症」。蔬菜（如白菜、韭菜、甜菜、菠菜）含有豐富的硝酸鹽，若腐敗變質，煮熟後放置過久或新鮮醃製時，硝酸鹽便在還原菌的作用下成為亞

硝酸鹽而食後引起中毒。此外，由於胃腸消化功能失調及胃酸過低等原因，使腸內硝酸鹽還原菌大量繁殖，食入含硝酸鹽的蔬菜後，在腸內有大量的硝酸鹽或亞硝酸鹽過多，也可引起中毒。

由於亞硝酸鹽進入血液後，與血紅蛋白作用形成高鐵血紅蛋白，使血紅蛋白失去攜氧作用而出現全身缺氧紫紺，所以叫腸原性紫紺。

一、臨床表現

食後 1～4 小時（最短 10～15 分鐘）可以發病，出現頭暈、頭痛、乏力、思睡、氣短、呼吸急促、噁心、心悸、脈速，但體溫正常，口唇指甲以及全身皮膚呈嚴重紫紺，抽出的血液也是紫黑色的，但在空氣中振搖後轉為鮮紅色。嚴重的有明顯呼吸困難、昏迷、驚厥、血壓下降、心律不整、呼吸衰竭而死亡。

因此，嚴重者應及早送醫院搶救。

二、治療

1. 及早洗胃、催吐、導瀉。

2. 紫紺嚴重者應吸氧。

3. 症狀嚴重者應請西醫搶救治療。

4. 中草藥療法：

（1）漢防己 30g，水煎服。

（2）黑豆 120g、甘草 60g、生薑 30g，水 8 碗，煮沸後即取少量服，邊煮邊服，分多次服。

（3）當歸 12g、川芎 6g、生地 10g、桂枝 10g，水煮服。

（4）空心菜 500g，加紅糖煎水服。

（5）崩大碗（積雪草）60g，加糖煎水服。

（6）濃茶大量飲用。

5. 針刺療法：

（1）三棱針刺十宣和雙肘窩與膕窩的靜脈使出血，或針內關、太淵。

（2）人中、承漿、迎香、地倉、印堂、神庭、少商，每次刺 3～5 穴。

三、預防

1. 新鮮醃製的蔬菜不宜大量食用，含亞硝酸鹽量大的蔬菜先水煮去湯後食用。

2. 不用苦水井的水煮食物。

發芽馬鈴薯中毒

馬鈴薯含有龍葵素，具有腐蝕和溶血性，如保管不當引起發芽，則龍葵素猛增食後便會中毒。

一、臨床表現

食後數十分鐘至數小時發病，先有咽喉部、口內瘙癢或燒灼感和上腹部疼痛或燒灼感，繼有噁心、嘔吐、腹痛、腹瀉。症狀一般輕微，病程也短暫，1～2 天內即可自癒。嚴重者除反覆吐瀉而致失水外，還可有體溫升高、昏迷、抽搐、呼吸困難，最後呼吸麻痺，因此嚴重者及早送醫院搶救。

二、治療

1. 洗胃（用 1：5000 高錳酸鉀、0.5%鞣酸或濃茶）。

2. 失水症狀較輕者多喝淡鹽水或糖水。嚴重者應予補液，請西醫治療。

3. 中草藥治療：

（1）蘿蔔 500g，搗汁服。

（2）綠豆、甘草各 6g，水煎服。

（3）馬鈴薯秧 150g，水煎服。

三、預防

1. 加強馬鈴薯保管，貯藏避免陽光照射，防止發芽。

2. 發芽過多及皮肉變紫的馬鈴薯不應食用。

3. 發芽不多的馬鈴薯應將芽連同芽眼周圍發紫的皮肉挖掉，水泡 1 小時，然後煮至熟透再吃，加醋可促進毒素破壞。

✳ 第三十一節　各種機能衰退症（虛損）

機能的衰退為多種慢性病引起，武當道教醫藥認為是臟腑虧損元氣虛弱所致，概括地叫做「虛損」「虛勞」或「虛損勞傷」。

病因病理

凡是先天不足，後天失調，積勞內傷，病久失養，都可以導致虛損。一般來說，虛損的病變過程都是由積漸而成。先天不足，可以影響各器官正常的功能，並且直接影響生長、發育和生殖能力；後天失調，可以導致營養不良或發育不良；過度勞累，可以損傷臟腑，以致元氣虛弱，積勞內傷；病久雖然病邪已處劣勢，但和它抗爭的正氣也

受到耗損，必須調養正氣才能恢復健康，如果失去調養，便成虛損。

儘管虛損純屬虛證，主要矛盾在於正虛，但也必須注意正虛過久，抵抗力長期低下，不斷地給病邪有可乘之機，而致正損邪生，呈現虛中有實的現象，如肺虛日久可成骨蒸勞熱；脾虛常會傷食積滯，濕熱鬱蒸致黃疸和生痰生濕，肝虛則氣鬱化火，肝腎虛則可致肝陽上亢，血虛而生風，並且還能致瘀等。

診治要點

虛損證候雖然繁雜，但總不離五臟，而五臟又不離陰陽、氣血，因此，在陰陽氣血的基礎上結合五臟見證進行診斷處理，是虛損辨證施治的總則。由於虛損既然屬於陰陽氣血的不足，所以治療上應當以「虛則補之」為大法。

五臟、氣血和陰陽之間有著十分密切的關係。它們經常互相影響，互相轉變，所以有「五臟相關」「氣血同源」和「陰陽互根」等說法。為此，臨床上必須根據疾病發展過程中的證候變化，進行治療。

在診治虛損過程中注意以下幾點：

1. 五臟雖然都有虛損的可能，但治療虛損，關鍵在於補脾腎。因為脾為「後天之本」，飲食的精華靠脾的消化吸收並輸送到臟腑和人體各個部分，使它們獲得營養，以保證它們的生理活動。而腎是「先天之本」，是發育、生殖之源。

2. 一般來說病程較短的，多傷在氣血，病程較長的便

涉及陰陽。所以陰虛可以包括血虛，陽虛可以包括氣虛。因此治療陰虛和陽虛時，經常配用補血或補氣藥。

3. 臨床實踐中治療陽虛較易見效，治療陰虛便較難見效，陰陽兩虛的多屬病的末期，治療時又應該全面兼顧。

4. 一般來說，治療氣虛側重於脾，血虛則重於肝，陰虛與陽虛則重於腎。

5. 治療血虛必須補血和補氣，且還要配用行氣理氣藥，因為「氣為血帥」「氣可生血」。血的運行動力和生長都和氣的關係密切，而治療氣虛則只需補氣而不必補血。

6. 腎陽虛必須補腎陽和腎陰，而腎陰虛時則只需補腎陰而不能補腎陽。

7. 氣虛、血虛、陽虛三者均屬純虛證，可用純補法，但是陰虛常常除陰虛外還有陽亢火旺的見證，這時應一方面滋陰，另一方面潛陽或瀉火。

8. 正損邪生，虛中有實時，治療固然要補虛，但在一定情況下也須祛邪以扶正。

辨證施治

一、陰虛

（一）陰虛肺燥

可見於肺結核病等。

【主證】咽喉乾咳，或見血痰，口渴，潮熱，午後兩顴出現紅暈，盜汗，聲音嘶啞，煩躁易怒，舌光少津，脈細數。

【治法】補陰潤燥。

【方例】百合固金湯：生地黃 12g、熟地黃 15g、麥冬 12g、川貝母（研末沖服）3g、百合 12g、當歸 6g、白芍 10g、甘草 3g、玄參 10g、桔梗 6g。

（二）心陰虛

可見於某些神經官能症、甲狀腺機能亢進等。

【主證】煩躁失眠，多夢，咽乾，舌痛，心跳，心胸煩熱，多汗，舌質紅少津，脈細數。

【治法】補陰寧神。

【方例】補心丸：黨參 10g、茯苓 15g、玄參 10g、桔梗 6g、遠志 6g、當歸 10g、五味子 10g、麥冬 10g、天冬 10g、丹參 10g、酸棗仁 10g、生地黃 12g、柏子仁 10g。

（三）陰虛胃燥

可見於內科急性感染性疾病的末期，甲狀腺機能亢進和糖尿病等。

【主證】口乾唇燥，飢不欲食，或多食易飢而消瘦，大便燥結，甚至乾嘔，呃逆，舌乾少津，脈細數。

【治法】養胃生津。

【方例】益胃湯：沙參 12g、麥冬 12g、生地黃 15g、玉竹 15g、冰糖 15g。

（四）肝虛火鬱

可見於某些神經官能症、更年期綜合徵及肝炎等病。

【主證】情緒急躁，頭痛頭暈，心煩口乾，胸脅痛，舌質紅，脈弦細。

【治法】養陰平肝。

【方例】一貫煎：沙參 12g、麥冬 12g、當歸 10g、生地黃 15g、枸杞子 12g、川楝子 10g。

（五）肝腎不足

可見於某些神經官能症、慢性前列腺炎等病。

【主證】頭暈、耳鳴，失眠多夢，脅部隱痛，腰酸腿軟，視力減退，脈弦細。

【治法】滋養肝腎。

【方例】左歸飲：熟地黃 15g、山藥 15g、枸杞子 12g、茯苓 15g、山茱肉 12g、炙甘草 3g。

（六）腎虛火旺

可見於神經官能症、某些肺結核等病。

【主證】潮熱，盜汗，煩躁失眠，咽乾口燥，耳鳴耳聾，腰酸，遺精，性慾亢進，舌質紅，脈沉細數。

【治法】滋陰降火。

【方例】大補陰丸：熟地黃 15g、知母 10g、黃柏 6g、龜板 35g。

（七）心腎不交

可見於神經官能症等病。

【主證】心煩失眠，心悸，記憶力差，咽乾，夜夢遺精，腰酸腿軟，夜尿多，舌質紅，脈細數。

【治法】寧心滋腎。

【方例】麥味地黃湯：麥冬 12g、五味子 10g、熟地黃 15g、山藥 15g、牡丹皮 10g、山茱肉 10g、茯苓 15g、澤瀉 10g。

（八）腎精虧損

可見於老年病、某些腦動脈硬化、腎上腺皮質機能減退症等。

【主證】髮白早衰，精神不足，腦力減退，記憶力差，牙齒鬆動，耳聾，腰酸腿軟，性慾減退，滑精陽痿，眼眶有黑暈，脈細弱。

【治法】補腎益精。

【方例】左歸丸加減：熟地黃 12g、山藥 15g、枸杞子 12g、山萸肉 10g、菟絲子 12g、鹿膠（烊化）12g、胎盤 15g。

（九）陰脫

可見於某些疾病危重期或末期。

【主證】發熱，失血或劇烈嘔吐後，見汗出不止，精神極度疲乏，不能起坐，聲音低微，面色潮紅，口渴思飲，但給水又不喝，四肢暖，舌質紅而乾，脈虛大數而無力。

【治法】救陰生津。

【方例】生脈散加味：西洋參 3～6g、麥冬 12g、五味子 10g、牡蠣 35g、山萸肉 12g、龍骨 35g。

二、陽虛

（一）脾陽虛

可見於慢性胃腸炎、胃腸功能紊亂等病。

【主證】食少、不受生冷，口淡，腹脹腸鳴，腹痛喜按喜溫，大便伴有未消化的食物，疲倦，氣短，怕冷，四肢不溫，舌質淡，舌體胖，脈沉細。

【治法】溫脾益氣，補中助陽。

【方例】附桂理中湯：熟附子 10g、肉桂 2g、白朮 10g、炙甘草 3g、炮薑 10g、黨參 10g。

（二）心陽虛

可見於各種心臟病的心功能不全等。

【主證】心慌氣短，尤其在勞累之後，甚至半夜喘醒，不能平臥，汗出，兩顴紅，或感胸中憋悶，心痛，舌質淡，舌苔薄白，脈虛大或結代。

【治法】益心氣，溫心陽。

【方例】人參四逆湯：熟附子 10g、乾薑 10g、炙甘草 3g、黨參 0.5g。

（三）腎陽虛

可見於某些慢性腸炎、支氣管哮喘、慢性腎炎、老年性肺氣腫等病。

【主證】怕冷，四肢厥涼，氣逆喘促，腰背痠痛，滑精陽痿，小便清長或不禁，或見黎明前腹瀉，舌質淡或舌形胖有齒痕，脈沉遲細弱。

【治法】溫補腎陽。

【方例】右歸丸：熟地黃 15g、山藥 15g、山萸肉 10g、枸杞子 10g、菟絲子 10g、鹿角膠（烊化）10g、杜仲 12g、肉桂 2g、當歸 10g、熟附子 10g。

四神丸：補骨脂 12g、五味子 10g、肉荳蔲 10g、吳茱萸 6g、生薑 10g、大棗 10g，水煎服，適宜黎明前腹瀉。

（四）陽脫

可見於各種休克或瀕死狀態。

【主證】病邪傷陽，大汗不止，四肢涼冷，呼吸微弱，面色淡白，眼神固定，神志呆滯，或昏厥，舌質淡，脈微弱幾乎摸不到。

【治法】回陽救逆。

【方例】參附龍牡湯：人參 6g、熟附子 10g、龍骨 35g、牡蠣 35g。

三、氣虛

（一）衛氣虛

可見於各種慢性疾病所致的體質虛弱。

【主證】汗出怕風，面白氣短，容易感冒，舌質淡，脈濡。

【治法】益氣固表。

【方例】玉屏風散：黃蓍 15g、白朮 12g、防風 6g。

（二）肺氣虛

可見於某些肺結核、肺氣腫等病。

【主證】氣短聲低，自汗乏力，易受涼咳嗽，舌質淡，脈弱。

【治法】補肺益氣。

【方例】補肺湯：黨參 12g、黃蓍 12g、熟地黃 15g、五味子 10g、紫菀 10g、桑白皮 10g。

（三）脾氣虛

可見於各種貧血、消化吸收不良綜合徵、慢性胃炎及某些慢性疾病等。

【主證】面色萎黃，精神疲倦，飲食減少，腹脹，大便稀，舌質淡，舌苔薄白，脈弱。

【治法】益氣健脾。

【方例】參苓白朮散：黨參 10g、扁豆（炒）15g、白朮 10g、茯苓 15g、山藥 15g、蓮子肉 12g、甘草 3g、桔梗 6g、薏苡仁 15g、砂仁 6g。

（四）中氣下陷

可見於胃腸功能低下、內臟下垂等病。

【主證】多汗怕風，氣短，四肢乏力，納食很少，排便無力，或腹瀉不止，或脫肛、子宮下垂，或小便失禁，小便不通，舌質淡，脈弱。

【治法】補中益氣。

【方例】補中益氣湯：黃蓍 15g、炙甘草 3g、黨參 10g、當歸 10g、陳皮 3g、升麻 2g、柴胡 6g、白朮 10g。

（五）氣不攝血

【主證】氣短，四肢無力，面色淡白，食慾不振，大便下血，或皮下出血，崩漏，舌質淡，脈細弱。

【治法】攝血健脾。

【方例】歸脾湯：白朮 10g、茯苓 15g、黃蓍 15g、龍眼肉 10g、酸棗仁 10g、黨參 10g、木香（後下）6g、炙甘草 3g、當歸 10g、遠志 3g。

（六）胃氣虛

可見於某些慢性病末期或胃腸神經官能症等。

【主證】見食物惡心乾嘔，食下則噯氣呃逆，消瘦無力，舌質淡而乾，脈弱。

【治法】補養胃氣。

【方例】麥門冬湯：麥冬 10g、法半夏 6g、黨參 10g、粳米一小撮、甘草 3g、大棗 3 枚。

（七）心氣虛

可見於某些神能官能症、精神病等。

【主證】心慌氣短，容易驚慌，睡覺多夢易醒，舌質淡紅，脈虛細或脈結代。

【治法】益氣斂神。

【方例】珍珠母丸加減：珍珠母 35g、當歸 10g、熟地黃 15g、黨參 10g、酸棗仁 12g、柏子仁 12g、炙甘草 6g、大棗 3 枚、茯苓 15g、龍骨 35g。

炙甘草湯：炙甘草 10g、大棗 5 枚、阿膠（烊化）10g、生薑 6g、黨參 10g、生地黃 15g、桂枝 6g、麥冬 12g、麻仁 12g，脈結代者適宜。

（八）腎氣不固

可見於老年衰弱性神經官能症、慢性前列腺炎等。

【主證】面色淡白，腰背痠軟，耳鳴耳聾，小便清長，甚至失禁，滑精早洩，舌質淡紅，舌苔白，脈細弱。

【治法】固攝腎氣。

【方例】大補元煎：黨參 10g、山藥 15g、熟地黃 15g、杜仲 15g、當歸 10g、山萸肉 10g、枸杞子 10g、炙甘草 3g。

（九）腎不納氣

可見於支氣管喘息、心功能不全等。

【主證】短氣喘促，呼多吸少，勞累後尤其明顯，甚

則痰鳴，面色蒼白浮腫，脈虛弱。

【治法】補腎納氣。

【方例】人參胡桃湯：黨參 10g、胡桃 12g、生薑 10g、人參 12g、茯苓 15g、川貝母末（沖）3g、桑白皮 10g、知母 10g。

四、血虛

（一）肝血虛

可見於慢性貧血、動脈硬化、更年期綜合徵等。

【主證】頭暈眼花，耳鳴，四肢麻木，面色淡白，容易疲勞，驚恐，月經量少或閉經，舌質淡紅，脈弦細或細澀。

【治法】補血養肝。

【方例】四物湯：熟地黃 15g、白芍 12g、當歸 10g、川芎 6g。

（二）心血虛

可見於神經官能症、慢性貧血等。

【主證】心悸，心慌，記憶力差，失眠，頭暈，面色蒼白，體倦，舌質淡，脈細弱。

【治法】養血安神。

【方例】歸脾湯：黃蓍 20g、當歸 12g、白朮 10g、茯苓 15g、龍眼肉 10g、酸棗仁 12g、黨參 12g、木香 30g、遠志 10g、炙甘草 3g。

五、胞宮虛（衝任虛損）

【主證】面色蒼白，疲乏，氣短、頭暈，四肢麻木，食慾不振，腰酸腿軟，怕冷，月經不調，經血淡少，或崩

漏，或帶下稀薄，或不孕，舌質淡，脈沉細。

【治法】補益衝任。

【方例】丹歸內補丸加減：丹參 10g、當歸 12g、肉桂 1g、熟附子 6g、菟絲子 10g、沙苑蒺藜 10g、桑螵蛸 6g、肉蓯蓉 15g、鹿角霜 10g、黃蓍 15g。

簡 易 方

1. 盤龍參 6～10g（乾），水煎服。補脾、清肺。

2. 鮮花生葉 90g，水煎服。治失眠。

3. 棉花根 35g（乾用），水煎服。補氣血。

4. 紅棗 10 個，生薑 6g，水煎服。治脾氣虛弱，食慾不振。

5. 二至丸：旱蓮草 20g，女貞子 15g，水煎服。治陰虛頭暈眼花，耳鳴，腰酸。

6. 千斤拔 35g，水煎服。能舒筋活絡，強腰壯骨。

7. 牛大力 35g，水煎服。能補虛潤肺。

8. 雞血藤 35g，水煎服。能補血強筋。

第三篇

養生袪病篇

武當道醫 內科臨證靈方妙法

第一章

陸地仙經

淡食能多補

肥濃能滑人腸，令人生痰。早飯淡而早，午飯厚而飽，晚飯須要少，若能常如此，無病直到老。

五味之嗜，在負重辛苦之人自不可缺，而修養者當漸減之，則穀氣壯而真氣長，並無疾之為害。

搓塗自助顏

面不離手，金漿玉液常塗面，顏色如童永不變。

先以唾津塗面，次搓手掌極熱，向臉上搓之數遍，或睡時、或醒時、或清晨行之，俱無不可。城中云：馬家顏色好，恰似正開蓮。

運睛除眼翳

閉目轉睛，左右各七次，忽然大睜忽視，自覺眼內熱氣出，即是妙境，有金花恍惚者更佳。轉睛時口鼻閉氣，睜眼時盡力用口呵出濁氣，吸入清氣，各七次。東坡云：清醒後清晨午行之，可消宿疾。

每清晨或臨睡時，搓兩耳令熱，以手急掩住，左右扭頸回顧，各七次，又盡力點頭如鳥啄食之狀，七次，呵出濁氣七口，永無頭旋之疾。

叩齒牙無病（齒宜頻叩）

睡醒時叩齒三十六通，永無蟲牙之患。周蓮峰云：勸

君閒時莫挑牙。朱丹溪云：勸君切莫偏冷熱。趙復陽云：於大小便時急咬牙關，緊唇嚴密，則無齒疾。

兜囊治傷寒（兜外腎者，固精除寒也）

偶覺身上寒不均，頭痛口苦，類傷寒之狀，即舒兩腿，兩手兜外腎囊，閉氣低頭，至氣足，張口呵之，如此者七次，則盤膝而坐，鼻納清氣，或行猿臂熊經之法亦可。余家不拘男婦俱行此法，遂少此病。

鼓呵消積聚

晨起，兩手抱肩，閉氣鼓腹，澄心下視臍輪，待氣足，緩緩呵之，如此九次。又緊抱其肩左右扭之，各七次，名曰攪轆。腹中自然快利，能消積聚，亦治心疼、腹疼、泄瀉諸疾，甚驗。

膝風靡湧泉

膝疼有三種：曰風痛，曰冷痛，有精血虛而氣不通，注於下部，名曰脛痛。

臨睡時，摩擦左右足心各七遍，令極熱，抱膝而眠，足趾常常自撓之，使血氣能通，而痛自止矣。人年四五十多感此疾。

鄭年史常患此疾，吳老師教以川椒煮湯，臨睡時將兩足溫泡湯內三四時辰，又令人於足趾間稍按捏之，至大腿處，不記遍數，未及一月，膝氣盡除。

猿臂和血脈

左手伸直，以右手探左手心，頭卻右顧，右手亦然。此法當於食後行二三次，能消食。孕婦行之，臨產最易，亦無胎產之患。

熊經免痰涎

臨睡時，兩手拘定兩足，直舒其腰，頭卻回顧後視，如此七次，自無痰涎之患。此法可夜間常行不間斷。

愛惜精與氣

精氣乃人之根本，不可妄施，雖不當絕，亦須愛惜。余年三十五歲無子，荊妻勸余娶妾，余此後常獨宿，每月見妾面一二次，亦未嘗通宵宿處也。余六子三女，並無胎癇疹毒之患。

余八十九歲矣，尚能夜書細字，行步如幼，說者謂有奇術，余自以為愛惜精氣所致也。

子午固關元

關元乃人氣海也，修養家名曰丹田，在臍下一寸三分，乃元氣所蓄。人每心意一動則耗元氣。子午二時洗心靜坐，鼻息調勻，反觀內顧於關元之所，則一時有元氣復長之機矣。年友鄭公曰：子乃陽長之候，屬腎；午乃血生之時，屬心。年六十以上者宜守此穴，則大便秘而小便少，且能耐老。

托踏應無病

兩手上托如舉千斤之重，兩腳踏地如豎石柱之直，盡力上托，閉氣不出，待氣足，徐徐呵之。每清晨或食後，不拘何時常常行之，百病皆除。

三眠魂自安

病龍眠，拳屈其膝也；寒猿眠，抱其膝也；龜息眠，踵其膝也，手足曲則心自定。大凡臨睡時，萬念俱絕，閉口瞑目，勻息側身而臥，甚妙。蓋人自寅而中，應事接物

精神已倦，惟一睡乃心神歇息之頃，如有事，可卻之度外。如有掛心事，必著衣端坐，秉燭應之，不可枕上懸思，大耗元氣。

飲食必節制（飲食有節，脾土不洩）

道經三世上有四百種病，惟有宿食為根本。晚飯少吃，自無宿食之患矣。城中人語曰：莫問馬家食，十人餓得九人死，蓋以此也。

起居要慎焉

君子四不出，謂大風、大雨、大暑、大寒。周子云：切記寅時怒，損肺又傷肝，夏月宜早起，冬天要早眠，春綿漸漸減，秋夾徐徐添。

多行陰騭事

陰騭不在修寺設醮、看經唸佛，只在身上打點，若當惻隱之處，勉力行之，如魏徵嫁女，而有結草之報；宋郊救蟻，而有及第之樣；馮高善德，而有三元之嗣；燕山賢人，而得五子之榮。

但行陰騭之事，不可有望報之心。

莫作身後冤

作惡事則身後冤也。周蓮峰云：惟世宦世豪之家多作此冤，寒微之人何由而作？

遵行勿間斷

自「淡食」至「莫作」一十六條，遵而行之，不可忽焉。

可為陸地仙

縱不能飛升，亦能延壽十紀，真陸地仙矣。

（附一）治眼九法

梳：將兩手之指搤開梳，自眉際至眼下，九次。

擂：屈兩大指骨，自人眼角橫搽至小眼角外，九次。

勒：併手指，橫勒眼皮，九次。

撮：搤五指，撮眼皮上，如撮物之狀，九次。一撮一摔，撮時閉目，摔時開目。

攀：左手從項後攀右眼，右手從項後攀左眼，各九次。

揉：屈兩大指骨，蘸少津唾，揉大小眼角，各九次。

運：搓熱兩手心，摩眼上，九次，如勒狀。

轉：閉目轉睛各九次。

閉：閉目良久，忽大睜開。

第二章

揉積論

夫微之顯者，積也。人身皮裡膜內必有津液滋潤其間，乃氣血之所生也。及氣血因感而停滯，則津液變涎沫以凝結，氣血可以復通，凝結不能再解，潛孳暗長，無減有增，此積之所由成也。若銅鐵遇潮生鏽，非括磨不能去，正如積之非揉不消，同一理生，壯年所血更旺，嗜欲開，難免積，隨長隨消。

中年並生並育，氣血旺則伏，否則為患。中年以後積漸大，佔地闊，同是氣血也，積有餘而人反不足，賓奪主食矣。皮緊、面鼓、項粗、腮縮、耳反、唇掀、結喉、露齒，此形之不足於外者也。

再當要害害之地，手足則麻木、癱瘓；頸項則瘰癧、噎嗝；口舌則瘖啞、糊塗，此急不待時者也。

倘不甚重，尚可苟延，逮至晚年，頭尖、項壅、背駝、肩聳、腿胯直強、手足痿痺、四肢塞滿，空隙毫無，生意隔絕，而人積偕亡矣。

此無他法，惟揉以去之，倘得消多長少，或是一條生路也。或者曰：所言皆病之內症，古有醫案方藥，安見所謂積？安見揉有效？自古無此治病法也。

予以之曰：子遵古而言內症是也，獨不見生於外之瘿瘤乎？附體成形，耗其氣血，日長月大，竟以致命，雖有

武當道醫 內科臨證靈方妙法

筋脂膿血石肉之別，要皆氣血凝結之積，古方皆以藥內消，然歷見消去者，十不獲一。緣病在皮裡膜內，藥力不能到也，在外揉之，竟可消散，今之所謂積者，即如瘰瘤使之反生於內，得不統謂氣血之積乎？獨可專仗藥力消之乎？總之，凡百病症，皆以氣血為主，通則無積，不通則痛，新則積小，久則積大。不論大小內外病症，果能揉之，使經絡氣血通暢，則病無不癒者，不必先爭此揉積之名分今古也。

再以淺近申之，如頭痛揉提太陽及眉心，立見輕爽；喉痛重提項前，亦見效驗；小有腫痛瘡癤，揉之立時解散。揉之為法，有益無損，且可窒病之源，拔病之根，思患預防之道，無過是者，豈反不及臨渴掘井之醫藥耶？且也，病遇良醫實是罕逢，而遠鄉僻野，更無有力延醫市藥者，尤堪憐憫也。

俗語云有病靠天，此無法如何之詞也。然則何如盡自己之心，竭自己之力，用日月之功，保百年之命，上可對天地，中可對父母，下可對自身。

今有揉曬二法，既不借人之力，又不費己之財，矢以誠，行以勤，用以各，守以恆，凡百病症，概可立癒，健旺精神，延遲益壽，此即所謂可以贊天地之化育也，然垂名千古而心法無傳，徒留醫案方藥，後人則效無從。今茲之道，若大路然，人人能為，時時可行，惟患人之不求，不患法之不傳也。集說既成，弁以揉積論，願先覽焉。

　　丁亥年回蘇省親，時年五十二歲，因指麻唇吊，頸項堅硬，筋多瘰癧，肩背有癬，腰作蟲行，雖飲食起居尚是照常，惟於陽事不健而已。親命就名醫診視，云氣血兩虧，難期脫體，非重用附桂大補氣血不可，立方而散。予以向服熱藥牙必出血，置之。因思氣血無不由頸上下，不論所以然，且揉頸項以圖目前，不知所謂經絡也。幸無甚病，而頸中間亦鬆軟，惟恐天下不亂無法淨去耳。又每逢行走急促，胸膈作木石碰聲，左脅牽痛而喘，逢冬咳嗽吐痰、耳足凍瘡，腰腿間作痠痛，此皆積久蔓延而然，彼時實不知也。

　　一切尚能支持者，未必非亂揉之力也。後以腰腿痠痛，有人傳以曬法，伏天赤身於烈日中曬之，汗如水流，風來涼爽，不覺其熱也。惟初曬必脫皮，厚薄則隨其病，甚至起水匯，其癒極憶，無過二日者，真化工也。自是每伏必曬，諸積病悉不為患，而潮濕拘牽則截然而止，不乞靈於草木者，風二十年矣。今則無分冬夏，晴日必曬，間有微汗，無病故也。

　　曬之功力，可云大矣，壯先天之元陽，滋後天之真陰，神光洞徹，表裏不遺，陰翳潛消，營衛無間，即使周身大積，能令伏不為患，非氣血充足能若足乎？當積伏

也，血足以養之；司而為之，若有鬼神通之者。遂將六十餘年之積期月盡消，內外諸病一掃而清，此正藉氣血之充足也。非數年曬功，能苦斯之速乎？

所謂自天祐之，吉無不利也。倘得再假歲月，揉以通氣血，而瘕去痕消；曬以分陰陽，而清升濁降，皮骨筋肉更換一番，庶不負此生矣。茲以揉說既集，更以曬法經驗附焉。同是君子，求已這易事，實為治病第一之良法。凡男婦頭風、腦漏、牙疼、耳腫、腳氣、臁瘡、手足腰背筋骨疼痛、風寒濕熱虛弱軟症狀於三伏日巳午未時，赤身於烈日中曬之，不論新舊大小病症，概能痊癒除根，即婦女月事，亦可曬，通天地化育神工，難以殫述。第不可遮蓋著衣，及致受熱也。月之未申，歲之伏也；時之未申，日之伏也。急病則隨日可曬，亦見奇效。統而論之，增長人之精神氣血者，曬也。

積雖並育而不害，感傷能散，積解未形，於以見生成之大。除刈積之根本枝蔓者，揉也。人得復元而無贅，中外更新，人須益健。亦以知補助之能並行不怠，互相資益，可以證陽生陰長、循環無端之理矣。此以至小者言大，則萬物無日不生，言豈有盡耶？或曰：農人終日曝曬何亦有病？曰：是先有內傷，再受外感所致，與曬何尤？設使曬後壯實，風寒且不侵，何有於病耶？自修乾曷一試焉？無負此人野人負暄獻曝之忱也。

註：清：道光丙午年七月天休子著。

第四章

養生秘旨

第一節　孫真人衛生歌

天地之間人為貴，頭象天兮足象地，父母遺體宜寶之，「洪範」五福壽為最。衛生且要知三戒，大怒大欲並大醉，三者若還有一焉，須防損失真元氣。欲求長生須戒性，火不發兮心自定，木能去火不成灰，人能戒性還延命。貪慾無窮忘卻精，用心不已失元神，勞形散卻中和氣，更伏何因保此身。心若太費費則竭，形若太勞勞則怯，神若太傷傷則虛，氣若太損損則絕。

世人欲識衛生道，喜樂有常嗔怒少，心態意正思慮除，順理修身去煩惱。春噓明目夏呵心，秋四冬吹肺腎寧，四季常呼脾化食，三焦嘻出熱給停。髮宜多梳氣宜練，齒宜數叩津宜咽，子欲不死修崑崙，雙手揩摩常在面。春月少酸宜食甘，冬月宜苦不宜鹹，夏日增辛宜減苦，秋來辛減略加酸，季月少鹹甘略戒，自然五臟保平安，若能全減身康健，滋味能調無病難。

春寒莫放綿衣薄，夏月汗多宜換著，秋冬覺冷便加添，莫待病生才服藥。唯有夏月難調理，伏陰在內忌冰寒，瓜桃生冷宜少餐，免至秋來成瘧痢。心旺腎衰色宜避，養腎固精當節制，常令腎實不虛空，自然強健無憂

慮。大飲傷脾飢傷胃，太渴傷血多傷氣，飢餐渴飲莫太過，免致膨脹傷心肺。

醉後強飲飽強食，未有此身不生疾，人資飲食以養生，去其甚者自安適，食後徐行百步多，平摩臍腹食消磨。夜半靈根灌清水，丹田濁氣切須呵。飲酒可以陶情性，劇飲過多百病生。下焦虛冷令人瘦，傷腎傷脾防病加。坐臥傷風來腦後，腦後受風人不壽，更兼醉飽臥風中，風入五內成災咎。

雁有序兮犬有義，黑鯉朝北知臣禮，人無禮義反食之，天地神明終不喜。養體須當節五辛，五辛不節反傷身，莫教引動虛陽發，精竭榮枯病漸侵。不問在家並在外，若遇迅雷風雨大，急宜端肅畏天威，靜坐澄心須謹戒。恩受牽纏不自由，利名縈絆幾時休，放寬給子留餘福，免致中年早白頭。

頂天立地非容易，飲食暖衣寧不愧，思量難報罔極恩，晨夕焚香頻懺悔，身安壽永福如何，胸次平互積善多，惜命惜身兼惜氣，請君熟玩衛生歌。

✳ 第二節　可惜歌

可惜許，可惜許，可惜元陽宮裡生，一點既出顏色枯，百神泣送真陽去。三魂喜，七魄無，血敗氣衰將何補，弄元真物屬他人，赤宅元君誰做主？勸世人，須慕道，休慕色，慕色貪淫有何益？不念形骸積漸枯，逢人強說丹砂力。

丹砂方，人不識，誰人肯向身中覓，靈源經裡號真

鉛，丹華訣內名金液，三茅真君喚作一，子得一時萬事畢，聖人秘一不能傳，不曉分明暗如漆。

一神去，百神離，百神去後人不知，幾度欲說不欲說，臨時一點洩天機。一神離，百神悲，日後形悴卻如痴，我今唸唸說向汝，說時又恐洩天機。男子修成不漏精，女子修成不漏經，精不漏兮身不配，經不漏兮可長生。若曉此玄玄外法，便是長生物外人。

✳ 第三節　長生歌

與君直說長生理，世人能有幾人知。爭名逐利心如火，那個回頭問道機。哀哉忙忙世上人，個個不醒似夢裡，夜眠晝走豈知老，貪戀榮華秋復春。秋復春兮去如飛，水害長生待幾時，長生有路無人走，只在眼前人不知。君不知兮為君指，還丹大要在神水。

真人煉歸號還丹，萬神靈兮三屍滅。三屍滅兮壽數多，把定靈關降龍虎。三千功行自能靈，返老還童還洞府。運匹配，逆順取，坎男離女喜同歸。

自古神仙訣盡同，人人認取本來宗。朝朝只在君家舍，何勞外覓走西東。勸君急急早須修，莫待紅顏變白頭。忽然至寶離身去，永劫千生何處求。

✳ 第四節　青天歌

青天莫起浮雲障，去起青天遮萬象，萬象森羅鎮百邪，光明不顯邪魔旺。

我初開廓天地清，萬戶千門歌太平，有時一片黑雲

起，九竅百骸俱不寧。

是以長教慧風烈，三界十方飄蕩徹，雲散虛空體自真，自然現出家家月。

月下方堪把身吹，一聲響亮振華夷，驚起東方玉童子，倒騎白鹿如星馳。

逡巡別轉一般樂，也非笙兮也非角，三尺雲墩十二徽，歷劫年中混元聽。

玉韻琅琅絕鄭音，輕清偏貫達人心，我從一得鬼神輔，入地上天超古今。

縱橫自在無拘束，心不貪榮身不辱，閒唱壺中白雪歌，靜調世處陽春曲。我家此曲皆自然，管無孔琴無弦，得來驚覺浮生夢，晝夜清音漏洞天。

✳ 第五節　養生銘

怒甚偏傷氣，思多太損神。神疲心易役，氣弱病來侵。勿使非歡極，常令飲食均。

再三防夜醉，第一戒晨嗔。亥寢鳴雲鼓，晨興漱玉津。妖神難犯己，精氣全自身。

若要無諸病，常當節五辛。安神宜悅樂，惜氣保和純。壽夭休論命，修行在本人。若能遵此理，平地可朝真。

✳ 第六節　祛病十法

靜坐觀空，覺四大原從假合，一也。

煩惱現前，以死譬之，二也。

常將不如吾者強自寬解，三也。

造物勞我以形，遇病稍閒反生慶幸，四也。

宿業現逢不可光避，歡喜領受，五也。

家室和睦，無交謫之方，六也。

眾生各有病根，常自觀察克治，七也。

風露謹防，嗜欲淡泊，八也。

飲食寧節毋多，起居務適毋強，九也。

覓高明親朋，開懷了世之談，十也。

✸ 第七節　病有十不治

操欲狂淫，不自珍重，一也。窘苦拘囚，無瀟灑之趣，二也。犯天尤人，廣生煩惱，三也。今日預愁明日，一年常計百年，四也。室人噪聒，耳目盡成荊棘，五也。聽信巫師禱賽，廣行殺戮，六也。寢興不適，飲食無度，七也。諱疾忌醫，使虛實寒熱妄投，八也。多服湯藥而滌腸胃，元氣漸耗，九也。以死為苦，與六親眷屬常生難割捨之想，十也。

眾生諸苦，病居第一。愚者以苦生苦，如蠶作繭；智者於苦滅苦，如鳥脫籠。余悲眾生障深，難即解脫，書之以作方便法門耳。

✸ 第八節　長生在惜精論

鍾離權師曰：長生不死由人做。長生亦有道乎？昔箕子序六極曰：凶短折。則知人之不能永年者，亦自戕其生也。譬諸草木方長，從而折之，鮮有能暢茂者矣。

蓋人身三寶曰精氣神者，人謂修丹須斷淫慾，養生者當以此為第一義也。或曰：煉精者，煉元精，非交感之精，豈在淫慾之斷乎？不知元精與淫佚之精本非二物，凡人未交感時，身中無處有精，《內經》云：腎為精府，又云：五臟各有臟精，並無停泊之所。蓋此時精皆涵於元氣之中，未成形質，唯男女交感，此氣化而為精，而曰交感之精矣。是其生於真一之中，則為元精；漏於交感之中，則為淫慾。其為元氣則一也。是以修仙家只留得精住，則根本壯盛，生氣日茂。若欲心不息，靈根不固，此精日耗，元氣日少，漸漸竭盡而死矣。乃世人於交感時，手按尾閭，閉其淫佚之精，謂之留精不洩。不知留粗乾，當留於未成形質之先，若俟其成質而後止之，則此精已離腎府，而神氣已去，使敗穢之物積於腰腎之間，致釀成奇癖之疾，何共愚哉？而盲師又誑之曰：宜引此精自尾閭夾脊雙關而止，乃為返精補腦，名泥水金丹。

噫！是殺人而不操刃者也，能逃天譴乎？然則人之慾留精乾，必於平時清心純念上做工夫始得。

✳ 第九節　前修格言

《太上玄鏡》曰：純陽上升者謂之氣，純陰下降者謂之液，氣液相交於骨脈之間謂之髓，相交於膀胱之外謂之精。心氣在肝，肝精不固，目眩無光；心氣在肺，肺精不固，肌肉瘦弱，心氣在腎，腎精不固，神氣減少；心氣在脾，脾精不固，齒髮脫落。五臟之中，腎為精樞，心為氣管，真精在腎，餘精自還。下曰：真氣在心，餘氣自歸元

府。

呂祖師曰：精養靈根氣養神，此真真外更無真，祖仙不肯分明說，迷了千千萬萬人。又曰：二八佳人體似酥，腰間佩劍斬愚夫，雖然不見人頭落，暗裡教君骨髓枯。

彭祖曰：可惜可惜真可惜，自家有寶人不識，將來送於粉骷髏，卻向人間買秋石。又仙真曰：尾閭不禁滄海竭，九轉神丹都謾說，總有斑龍頂上珠，難補玉堂關下闕。

廖陽師曰：夫人身中元氣，日日發生，只為不知保養，故被二邪侵削。何為二邪？風寒暑濕之邪，喜怒哀樂之邪，日夜攻伐，所以元氣耗竭，遂至於亡。真人知道保命，在留得元氣住，故教人升元精、保元氣，合做一處，至堅至固，不耗不散，禁得二邪侵伐，然後能長生久視。

施肩吾曰：氣是添年藥，心為使氣神，能知行氣主，便可作仙人。

譚紫霄曰：神猶母也，氣猶子也，以神及氣，如以母召於，孰也不至？

劉赤腳曰：神氣自然，如子母相愛，只為塵情相隔，不能相見，若去了一分塵情，即有一分升降。

李清闇曰：心歸虛寂，身入無為，動靜俱忘，到這裡精自化氣，氣自然化神，神自然還虛。

丘長春曰：修行須要三全。戒思慮，神全；戒言語，氣全；戒色慾，精全。又要三滿：不思睡，氣滿；不思食，精滿；不思欲，髓滿。

或問：前修格言既聞命矣，下手之工夫若何？

曰：顧人之用力何如耳。吾之所以諄諄於惜精乾，蓋以色心易動，慾火難禁，情念一興，精離腎府，或隨溺而出，或流溢於外，豈必交感而後洩哉？故曰：有感於中，必搖其精。此古人避色如避仇之說也。是當於欲動之時，急轉念頭，即行調息之法，呼接天根，吸接地根，內有所事，則欲亦可回。始雖強制，久則自然。如縱其淫洩，則百媚紅顏，斷送萬萬千千少年性命；一堆黃土，埋藏多多少少蓋世英雄。興言及此，寧不寒心？是以聖專為後嗣計，自有天然之節制，何也？男子十六而精通，二十以前兩日復，三十以後十日復，四十以後月復，五十以後三月復，六十以後七月復，故曰六十閉戶，乃時加愛養，以為壽命之本也。否則，雖勤吐納導引餌藥石何益哉？唯心保守此精，則氣壯神全，長生可漸至矣。

或曰：人有一飲而傾四坐，日擁俠邪二八以為樂，乃年老而未艾，有疏儀狄，屏驪姬，以二戒為競，競未艾而艾，此曷以故？

曰：是繫於人之所稟不同耳，然鮮在不傷於所恃者，唯能愛生可延生也。

✳ 第十節　修行始事

初學修行，當先認爐鼎。《九真玉書》曰：修丹者，先正其爐，爐者鼎之外垣，身是也。爐分八門，曰耳目口鼻，是為窗，闔闢之戶既認明的，須理會安爐立鼎。慎起居，節飲食，調寒暑，少眠睡，收拾身心，懲忿窒慾，惜精、惜氣、惜神，使四大安和，神完氣足，則此身方成爐

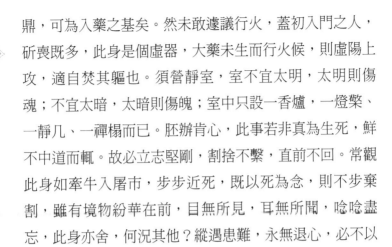

鼎，可為入藥之基矣。然未敢遽議行火，蓋初入門之人，斫喪既多，此身是個虛器，大藥未生而行火候，則虛陽上攻，適自焚其軀也。須營靜室，室不宜太明，太明則傷魂；不宜太暗，太暗則傷魄；室中只設一香爐，一燈檠、一靜几、一禪榻而已。胚辦肯心，此事若非真為生死，鮮不中道而輟。故必立志堅剛，割捨不繫，直前不回。常觀此身如牽牛入屠市，步步近死，既以死為念，則不步棄割，雖有境物紛華在前，目無所見，耳無所聞，唸唸盡忘，此身亦舍，何況其他？縱遇患難，永無退心，必不以緣分淺、根氣薄而自暴自棄也。

須屏眾緣，蓋學道之人，第一要斷緣簡事，如內接家務，外綜世事，不唯勞形役心，新緣莫結也。次學打坐，須厚鋪茵褥，使身不苦，解寬衣帶，使氣不滯，塞充垂簾，正身端坐，耳對肩，眼對鼻，鼻對臍，坐毋傾側，毋倚靠，要安舒，要自然。息不可粗，不可促，不可閉，不可抑，出入往來，務令綿綿。不可著意，念起即覺，覺之即無，所謂不怕念起，只怕覺遲。若能如此，自然四大輕爽，即安樂法門也。然打坐最是難事，若內無靜定工夫，不免束心太急，致生狂疾，如何坐得安穩？

昔有武人慕道，禮師以求打坐，師不許上蒲團，令供薪水之役。如是歲餘，乞容一坐。師曰：此蒲團一上便不可下了，汝自思之。因其固求，乃使之坐。坐未半時，求下甚急，師令抬大石壓其兩腿，疼不可忍。大聲曰：我以殺人為事！舊性復發。師叱而逐之。其人去而復返曰：事題久矣，幸賜一訣。師曰：我適以石壓汝足，汝覺疼乎？

曰：疼處就有道。其人遂大司，安坐而成道。

今之學者，只捨不得這疼，倘真為生死事大，若父子天親如何可割？則思一日無常，子亦難代，身中自有真種子在也。夫婦恩情如何可割？則曰：夫妻本是同林鳥，大限來時各一天。身中配偶何樂如之？一切家中所有所用如何捨得？則曰：來時空手，去亦空著手，無常買得不來否也。參透此間，忍得此疼，一刀兩段，何道之不可成哉！

✳ 第十一節　產藥川源論

元精生於腎，仙家借腎府為發生之地，不是用腎，乃向腎中作用。此髓為產藥川源地。人或不知，即謂兩腎中間別有一穴，真陽伏藏於內，修丹但用真火，逼出這點真陽以為用耳。豈知身中所有，皆後天渣滓之物，仙家不用。若果有元氣伏於一穴內，亦是渣滓矣。故經曰：水者，大丹之根源地也。天一生水，其位在北，其卦為坎，乃吾身藥物所產之處也。

夫元精生於腎，使非靜翕則不能生，故作丹必心氣下交於腎，腎含受而翕聚之，然後能成變化而生元精也。心氣下交，只量凝神入氣穴耳。凝者凝聚也，夫神至靈至妙，潛天潛地，如何凝聚得？但息念而返神，神返於心而不外馳，則氣亦返於身，漸漸沉入於氣穴矣。

氣果有穴乎？葆真子曰：人之元陽真氣，散於四肢百骸之間，為視聽言動之用，豈有區區藏伏一穴之理？若反映一處而注想之。終必成疾，修丹者不可泥於凝神入氣穴之言也。此金丹大道，唯借腎為發生這地，以其為氣之

會，故曰氣海；以期深而在下，故曰氣穴；以其為金華所生，故早華也。作丹只要氣沉到此處，非用魂注想之謂也。元太虛曰：凝神入氣穴之法無他，只是收視返聽、回光內照而已。夫回光內照，非執著所在而用意觀照之也，不壹胸虛以返神於內。

其實觀無所觀，照無所照，而亦未嘗不觀照也。下手之功何如？訣曰：專處致柔，在乎忘情識。忘情識之捷，在乎心息相依。心息相依。則情識不期忘而自忘矣。是息也，出入有聲謂之縱，出入不盡謂之滯，往來頻促謂之喘，不縱不滯不喘，綿綿若存，用之不勤，庶乎心息相依自然矣。然舍「調」之一字，其奚以？或上機之士，但覺念起，即用調息，略照一照，無念即止，不可太著意也。如以意照之，則累照者多矣，又須加一忘字。蓋忘與照一而二，二而一者也。當忘之時，其心湛然，未嘗不照；當照之時，纖塵不染，未嘗不忘，其忘乃真照也。或者隨照而昏散者，因平時千思萬慮，紛擾之甚，宅無一主，一旦驟然收拾，把持不定，故隨照隨亂也。治之如何？才覺妄動，即融妄歸真，歸之豈處於忘照這些工夫耶？此正動靜之機，神一出即收回之說盡矣。

使照之而不勝，不可強制，且去應事以遺之，亦不可隨亂而流，俟其平的，即忘之照之也。夫修練至此，又豈有他術哉？只是採取先天之氣，以為金丹之丹也。張紫陽曰：採者，採真鉛於腎府；取者，取真汞於心田。鍾離權曰：腎中藏伏父母之真氣，所謂鉛也，鉛中有真一之水，曰鉛中銀。腎氣傳肝氣，肝氣傳心氣，心氣自涵而為液，

所謂砂也。液中有正陽之氣，曰砂裡汞，傳行之時，以法制之，使腎氣不走失，氣中採取真一之水，心液不耗散，液中採取正陽之氣。蓋不採而採，採而不採，不取而取，取而不取。陳虛白所謂身心不動為採藥也。至如火候、藥物，真火本無候，大藥不計斤。

白玉蟾師曰：心者，神也，神即火也，氣即藥也，以火煉藥而成丹，即是以神馭而成道也。夫修練而至於成道，則神氣渾融，嬰兒顯像。嬰兒者，即我一靈真性，純陽不雜耳。

白玉蟾師又曰：人但心中無心，念中無念，純精純氣謂之純陽。仙家只是教人養神，因人迷溺嗜欲，不能一刀兩斷，故設為長生之說以誘之。人貪長生乃肯去做，一心修練養氣，其實借煉精煉氣以繫此心，養得元神靈妙，非是元神之，精氣別結一個嬰兒也。然必靜虛之極，無我之至，始得脫胎神化。

李清闇曰：身外有身，未為奇特，虛空粉碎，方是全真。旨哉！旨哉！

第五章

精氣神論

　　或問：紫陽師曰：煉氣者，煉元氣，非呼吸之氣，然則元氣惡乎在耶？曰：元者混於杳冥恍惚之中，而實不離於呼吸之氣者也。朱紫陽曰：天地只是一氣，自今年冬至到明年冬至，唯這一個呼吸，呼是陽，吸是陰。玄同子曰：呼乃氣之出，故屬冬至之後，大則為天地一歲之呼吸，是以仙家千緒萬端，譬喻不過呼吸二字而已。

　　問：人身一呼一吸謂之一息，百經言調真息，又言胎息，果呼吸之息？曰：人身一日，一萬三千五百呼，一萬三千五百吸，一呼一吸，謂之一息。《丹經》曰：天地呼吸於內，故長久。人能效天地呼吸於內，亦可與天地同其長久。但常人之息以喉，則元氣亦隨之而出耳。且以調息之法言之，蓋調久則神愈凝，氣愈微，久之又久，則鼻息全無呼吸，止有微息在臍上往來，與嬰兒在母腹中一般，所以謂之胎息。乃神氣大定，自然而然，非有作為也。然此要在忘機絕念做工夫。故曰：心定則息自調，坐久則息自定。修練至於胎息，而後氣歸元海，氣歸元海而壽無窮矣。世人教人抑息者，抑則勉強以制之，非自然之妙也。《丹經》曰：服氣不伏氣，伏氣非服氣，服氣不長生，長生須伏氣。蓋服者如魚吞水，入者即出，不能存也；伏者如貓捕鼠，使氣不走洩，結而成丹即含光，所謂內氣不

出，外氣不入也。

　　或又問：紫陽師云煉神者，煉元神，非思慮之神。二者果有異乎？曰：心也，性也，神也，一也。以其稟受於天，一點靈明謂之元神；後來為情識所移，則此汩沒於其中，遂成思慮之神。其實元神渾渾淪淪，不虧不欠。人能迴光返照，去其情識，則此思慮者，莫非元神之妙用矣。或曰：精氣神之在人也，均謂之寶，均所當重也。然紫陽師以神為君，以精為主。夫人之有身，動靜語默，皆此氣為之運用，是故氣聚成形，氣散則絕命，氣獨非人之本乎？曰：精神固非二物，神氣原不相離，三者一以貫之者也。而元精、元氣、元神主宰於其間，自然相生而窮耳。故紫陽師云：元神見則元氣生，元氣生則元精產。是以元精煉交感精，以元氣煉呼吸氣，以元神煉思慮神，二物混成，與道合真，自然元精固而交感之精不漏，元氣住而呼吸之氣不出，元神全而思慮之神不起。修丹者，修此三者，故全也。

第六章
仙師六字治病訣

　　此訣治五臟六腑之病，即呵、呼、四、吹、嘻、噓也。呼字，以呼而出臟腑之毒氣，為瀉。吸字，以吸而探天地之清氣，為補。凡入室跙坐，扣齒，咽津，先念呵字治心，念畢即徐徐吸之，入多出少，俱勿令聞聲。蓋聞則氣粗，反傷氣也。如此六度，倘口內有液，嚥下一口亦可。次念呼字治脾，次念四字治肺，次念噓字治肝，次念嘻字治三焦，次念吹字治腎，悉如歌字法，各六度，是為三十六小周天也。

　　又看何臟腑受病，如目病，即念噓嘻二字，如前法各十八遍，總之為三十六，連前為七十二，謂之中周也。

　　又依前法，念六次，各六度，是為三次三十六，合前共計一百單八，為大周，曰百八口訣也。

　　凡遇各臟之病，即依各訣行之，不拘時候，大約陽時，不拘以數限。總之三百六十以應周天之數，尤為神妙。然修養家又謂腎無瀉法，故曰四時常用嘻，八節不須吹也。又考《四時常攝論》，春，肝氣盛者，調噓氣以利之；夏，心氣盛者，調呵氣以疏之；秋，肺氣盛者，調四氣以洩之；冬，腎氣盛者，調吹氣以呼之。此治於未病之意，不在區區藥石間也。

第七章

神水滋養法

　　呂祖曰：舌上之水，可以活人，但要知天機潮候，每日依時下上。面東靜坐，舌抵上齶，自然舌上二竅神水逆流，心液滋合，一如潮湧，充滿口頰，上潤頂門，中注五嶽，分作三咽，送下丹田。行之十日，肌膚瑩潤，面色光澤，百日功成，永照心經諸疾矣。

第八章

丹陽祖師回陽固本十六錠金訣

一升便提，氣氣歸臍，一降便咽，水火相見。

凡修養家，以鼻為天門，以口為地戶，地戶常閉，天門常開，故此法只以鼻息為候。遇鼻入息曰吸，即便升氣，將下部前後著力一提，氣氣歸臍也。遇鼻出息曰降，即便放身自在，徐徐出氣，咽津一口，然汨有聲，亦以意存送於臍中，乃是一降便咽，水火相見也。

蓋臍中乃真元所聚之處，真氣悉藏於此，原胎息之所也，凡咽納之際，若有津液，尤為妙也。

一升一降，使氣相會，心腎相合，水火相見，所以謂煉成離女液，咽盡坎男精也。如此行之，不計度數，不拘時候，要行即行，要止即止，一身之後，臍輪火熾，兩腎湯煎，腹中氣轉，如雷之鳴，小便漸減，久而百病皆除，延年益壽矣。

第九章
積氣生精

　　積氣生精，不外神氣相守之功，雖功同而用則異也。凡精不足者，與欲開關者，俱宜用積氣生精之功。凡神氣不足者，與開關後者，俱宜用神氣相守之功。若人於酒色財氣，思慮過度，耗其精神者，丹田空虛，下元虛冷無力，入房易敗，精子不結不射，宜於玄關行真息升降。於子後午前，或食少腹虛之際，運機用息，行內呼吸，每於此玄關升呼降吸，為一息，俱會於命蒂之處。行真息即生真氣，有真氣即生真精，是積息正所謂積氣也。積氣正所謂生精也，何也？真息乃氣之闔闢，真氣乃精之父母，故煉士欲積氣生精，須於積息中求之，每節積三十息，咽津一口，共積至十二節，以合周天一年三百六十日數，數完自覺氣滿精生矣。

　　行旬日功，禁慾節勞，保守精氣，自有靈驗。久久行之，則精氣生旺，諸病不生，開關之功全賴於此。凡一節三十息完，生華池神水一滿兌，是驗也。若津液不生，功夫不到，必須另生。

第十章

煉精化氣

夫煉精化氣，乃逆行法也。欲知仙凡之隔，當知順逆之分，經曰：順則成人，逆則成仙是也。順行則致一身之氣化而為精，是以陽變陰，乃成人之道也。

凡人有所感觸而興起者，或交感忍而不洩，或夢覺交而未遺，犯此者，精雖未洩勁，然念頭馳動，而流珠便欲去，其精已離各臟腑，厝出於腎，凝聚於陰蹻、會陰等處矣。由是其精有從溺出者，有致遺精不禁者，有凝結為痔漏者，有積久不洩，遂致一潰傾命者，種種遺患，難以盡舉。

仙翁所以憐憫世人，立此煉精化氣之法，以卻其病，以延其年，非大有福緣者，不能遇此，須要知其聚精當為何時，及其煉精為何功耳。

如前云感觸興起、交媾不洩、夢交未遺者，非所謂聚精悉化為氣，又何有疾患哉？久久行時，則能使精元完固而可無漏矣。

此煉精化氣之法，人實難明其義。譬精猶水澤也，能以法運精使升，不猶地氣騰其水澤為雲霧乎？氣升作甘津降下中黃，不猶雲騰化作甘津以敷九野乎？精出於腎，止聚於一處，到此復上泥丸，降下中黃，則散於一身四大穎，《易》所謂黃中通理是也。

訣曰：平氣定其息，以手握龍身，鼻息用力提，龍神往上厝，神龍歸大海，陰蹻上暫停，自南轉北去，須臾到命門，駕起我白駒，挽著轆轤行，夾脊三關過。曹溪上太清，興雲布甘雨，陣陣落黃庭，行此運氣法，百病不來侵。煉士請細玩之，乃有得也。

第十一章

仙師口訣

　　凡視聽言動，皆我神也，欲行動，須先以意收回所散之神，次聚內外兩腎中意之氣，常兜二子向上。一遇陽生，即以左手中指掩馬口，右手雙指緊的陰蹻穴，隨怒目咬牙，吸鼻，嚥氣一口，駝腰憋腹，著力提撮入泓池水內，瞑目端坐，習靜調息，息息歸根，務令純熟。又加導引按摩，吹呈呼吸，如有津液，漱嚥下丹田。此乃築基煉巳之法也。

　　凡行坐動，須從緩緩，若存若忘，不可急忙取效，所謂急則反受其敵也。迨夫調弄習慣，則放去收來多由得我矣。每泓池中水火相見了，鼻中重吸一吸，嚥氣一日，則津液心火都下入丹田，咽時即撮外腎，便津氣汩汩有聲，然後徐徐稍放出氣，如此謂之一次，少停再行。或略睡便起，不必拘於時候，要在次第行之。初次行一九，次七加之二九，至三九四九，數多為妙。然亦不可執定數目，恐勞神耳。

　　於上法行之一年，則下田自實，第二年方可運用河車法。若神氣充溢於四肢，津液流通於上下，謂之水火既濟。使陰陽交媾於丹田之內後行河車轉運，使真氣循環於一身之間。必須寧神定息靜坐，先攪左關二十四，後攪右關二十四，次攪雙關二十四。左右兩膊，一前一後，更換

相扇，共四十八。左右歪肩，共四十八。左右手屈伸二十四。正立起，以手扶物，左腳屈伸二十四，右腳屈伸二十四。鞠躬，左右手舞足蹈二十四。將身向前凹脊，兩手握固，大攪雙關二十四。行畢少坐，方可起身。蓋凡漱煉津液，為生心汞。汞為神水，煉至華池皆化為鉛，一意常照泓池水中，乃兩腎中間。腎生精，精化氣。氣者，大也。為降火燒田，每於子午酉卯四正時，可常叩齒集神煉之。液在下田則化為氣。

一見金精發現時，便當肘後飛煉，一撞三關，逆流直上，氣沖泥丸，如屙水相似。凡定中藥生，急急採之，肘後飛過，先過尾閭為第一關，次夾脊為中關，玉枕為三關。要閉塞兩耳，耳乃腎之門戶，勿使走洩。頭頂緊縮，著力提，過尾閭，有九竅，上有四十二骨節，直透泥丸，猶日月之飛騰黃道也。

第二關，如前法提起，飛過玉枕，有九竅。然此關頗難開，須閉息令緊，以大白牛車力如禮打之狀，亦不能放。頭頂氣從腎中生，從夾脊直透上腦，其時藥物都從頂門過，須臾覺腦門如火熱且重，即緩緩抬身，徐徐放氣，自明堂兩眉間飛下，即吞入腹中，解化為水，經洞房，入黃庭，漸漸變成黃芽矣。

近有修真之士，不得真訣，未能聚火，未能煉鉛，丹田無藥，下手便行搬運周天火候，豈不深或惜哉？正所謂腹內若無真種，猶將水火煮空鐺耳。

訣云：按巽骨，攀心竅，此中消息誰知道，牙關咬定是猶傳，從此元神入懷抱，此蓋不用心，而以手行火候，

正無為之工夫也。

如斗柄之指二十辰，而心不動，至祖中不知身之為我，我之有身，真液下嚥。汩汩有聲，每滴有一銖，以二十四銖為進一兩，水應刊策也。此只是八口，紫陽師云：口八八刀，蓋指每灌漱津液，一口分三咽，咽之有聲，止八口也。定中胎息自動，情極而噓，如春池龜息，動三十六為進一兩，火應乾策也。一抽一添，一進一退，乃為周天火候，正所謂周天息數微微數，玉漏寒聲滴滴符。如此行持，不記年月，直待脫胎神化，方為了當。

第十二章
養生諸訣

✳ 第一節　日月經

　　飲食有節，脾土不洩。調息寡言，肺金自金。動靜以敬，心炎自定。寵辱不驚，肝木以寧。恬然無慾，腎水自足。

✳ 第二節　固精法

　　人生之精，每生於子時。此時盤膝正坐，手齒俱固，先提玉莖如忍小便狀，鼻即收氣有聲，直至丹田始滿，口始微微放氣，一放一收，要想臍中出入，每行七次。

　　或陽舉，亦以此法行，自倒矣。收氣宜長而洪，放氣宜微而緩。

✳ 第三節　運氣法

　　凡運氣，必先提穀道如忍大便狀，鼻即收氣，存想從背脊逆上泥丸，注意頃之，鼻方放氣，好想下歸丹田。

✳ 第四節　健脾胃法

　　《內經》云：人身背項下七節之旁，內有小心。小心者，命門也，男子藏精，女子繫胞，常借胃土之功，胃弱

則不能振精。精者，五穀之華，凡不寐、多思、手心熱耳鳴、目眩諸火症，皆相火也。治之之法，一搓一兜，左右換手，九九數足，真精自足。一日之內，辰戌丑未四時，食後淨室端坐，鼻收氣閉住，左手將外腎囊向上緊兜，右手在臍之上，心之下，用力橫搓，默數三十遍，氣急，口作嘻字吐出，調息再行，如此九次。卻換右手兜，左手搓，亦九次。久行脾胃大健，精力強壯，飲食多進。

✳ 第五節　翻江倒海法

昔人謂大飽則臟氣不流通，因生眾疾，故中年人以節飲食為本。又云食取補氣，不飢則已，過飽而以藥物消化，尤傷和氣。只須閉口，用臍下轉氣，左七右八，名為翻江倒海，如此不計遍數，自然噯氣，而飽者寬矣。又直下一口氣，名為鑿開山道，用之大驗。東坡云：脾胃惡濕，水飲宜少；脾胃惡寒，生冷宜節。

✳ 第六節　瀉命門大法

戌亥二時，上床仰臥，枕高四指，四肢宜伸，以鼻收氣於右腎，火從口中嘻出，默數百次。卻以右肋著席臥，躡兩足，鉤兩腿，一手掩臍，一手掩外腎。古人云：三焦須是臥嘻行。又云：睡如貓，精不逃；睡如狗，精不走，是為養元之法也。

✳ 第七節　擦肩腧治頻詎法

老年夜起頻詎，亦一病也。昔林某頻詎，一道人教以

擦腎法。每臥時坐床垂足，解衣閉氣，舌柱上齶，目視頂，提穀道，以手擦兩腎腧穴各三十六，少息，至四十九，至四十，多多益善，行之旬日，果稱奇妙。

✳ 第八節　擦湧泉穴令腰足輕快法

每日趺坐，兩足相向，閉目握固，縮穀道，一手扳足趾，一手擦摩足心，至極妙，少息，再行，日五六度，能令步履輕捷。

昔歐文忠晚年患足瘡，痛不可忍，得此法，用之三日而癒。蓋此穴在足心，濕氣皆從此入也。

✳ 第九節　睡訣

臥時必須蹺足、側睡，以斂其形，若仰臥則神蕩矣。

✳ 第十節　固手指訣

手不固，則心血不生。若行功時，必須將大拇指捏在四指根間，握固而定。

✳ 第十一節　固齒訣

齒不固，同經絡不通。若行功時，必須口緊閉，牙齒著實咬定，而不可放也。

✳ 第十二節　舌訣

行功時必要舌抵上齶，則舌下玄膺穴開矣。此穴開，真氣可流通於周身百節，若閉無益。

✳ 第十三節　坐訣

身必正，頭必直，背脊如鐵柱，盤膝端坐，以眼垂簾，觀鼻、觀臍。

如身屈曲、頭縮，氣即不能通矣。

✳ 第十四節　眼訣

坐時開眼，則神不聚，須宜閉之。或想上下左右，則將瞳神向之便是，倘修大道眼要垂簾，養病必要閉目藏神，方為有益。

✳ 第十五節　漱唾訣

行功時將舌抵上齶，舐久則生津，津生則漱之，漱之則嚥下四分，留下六分，以俟火炎而潤下，如平常時，漱津滿口，分為三咽，汩然有聲而下，不必存留。

✳ 第十六節　撫摩訣

身不撫摩，則氣不通暢，於清晨將兩手搓熱，將頭面並夾脊、腎腧擦極熱便止。

自然周身暢快而多益矣。

✳ 第十七節　擺身訣

飲食後，將兩手搓熱，於脾胃間撫摩。再將兩手握拳，絞固於胸前，橫擺腰間七次，左右轉腹亦各七次，須臾胃運而食消矣。

✳ 第十八節　運手訣

手不運，則手肢不遂，每朝將左右手把手前骱絞扭，不計遍數，或在熱面水內把手骱絞扭更妙，使老年再不手抖。日日為之，不可間斷。

✳ 第十九節　運足訣

足不遠，則足力不健。行走時須將腳丟如踢球狀，如此時常行百數步，則足力永健旺矣。

✳ 第二十節　去汗訣

客汗不發，其邪氣不得出，正氣不能扶，而疾難奏功。倘遇病，如瘋迸蠱脹癰嗝等症，必須發大汗三日為妙。

✳ 第二十一節　暖丹田訣

治小腸虛冷疼痛，端坐，兩手摩丹田，閉息行功，運氣四十九口。

✳ 第二十二節　三不動訣

腎不動，精全；身不動，氣全；心不動，神全。三圓三全，自然成仙。

✳ 第二十三節　三滿訣

精滿不思色，氣滿不思食，神滿不思睡。

✳第二十四節　四大忌

一年之忌，不可過勞、大怒；一月之忌，不可大醉；一日之忌，不可過飽；終身之忌，不可清晨時常受氣。

✳第二十五節　四少訣

口中要言少，心頭要事少，肚裡要食少，晚間要睡少。

運動精進叢書

定價200元

定價180元

定價180元

定價180元

定價220元

定價220元

定價230元

定價230元

定價230元

定價220元

定價230元

定價220元

定價220元

定價300元

定價280元

定價330元

定價230元

定價300元

定價230元

定價280元

定價350元

定價280元

定價280元

定價250元

定價220元

太極武術教學光碟

太極功夫扇
五十二式太極扇
演示：李德印 等
(2VCD)中國

夕陽美太極功夫扇
五十六式太極扇
演示：李德印 等
(2VCD)中國

陳氏太極拳及其技擊法
演示：馬虹(10VCD)中國
陳氏太極拳勁道釋秘
拆拳講勁
演示：馬虹(8DVD)中國
推手技巧及功力訓練
演示：馬虹(4VCD)中國

陳氏太極拳新架一路
演示：陳正雷(1DVD)中國
陳氏太極拳新架二路
演示：陳正雷(1DVD)中國
陳氏太極拳老架一路
演示：陳正雷(1DVD)中國
陳氏太極拳老架二路
演示：陳正雷(1DVD)中國
陳氏太極推手
演示：陳正雷(1DVD)中國
陳氏太極單刀・雙刀
演示：陳正雷(1DVD)中國

郭林新氣功
(8DVD)中國

本公司還有其他武術光碟
歡迎來電詢問或至網站查詢
電話：02-28236031
網址：www.dah-jaan.com.tw

原版教學光碟

歡迎至本公司購買書籍

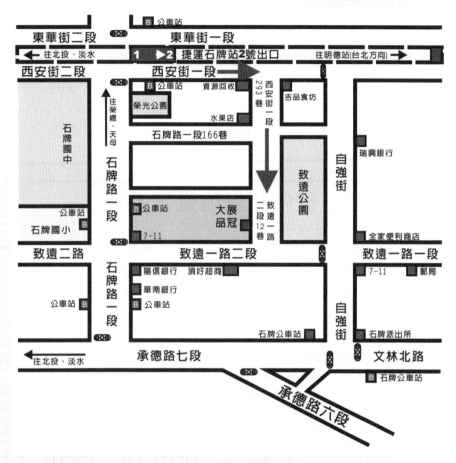

建議路線

1. 搭乘捷運‧公車

　　淡水線石牌站下車，由石牌捷運站2號出口出站(出站後靠右邊)，沿著捷運高架往台北方向走(往明德站方向)，其街名為西安街，約走100公尺(勿超過紅綠燈)，由西安街一段293巷進來(巷口有一公車站牌，站名為自強街口)，本公司位於致遠公園對面。搭公車者請於石牌站(石牌派出所)下車，走進自強街，遇致遠路口左轉，右手邊第一條巷子即為本社位置。

2. 自行開車或騎車

　　由承德路接石牌路，看到陽信銀行右轉，此條即為致遠一路二段，在遇到自強街(紅綠燈)前的巷子(致遠公園)左轉，即可看到本公司招牌。

國家圖書館出版品預行編目資料

武當道醫內科臨證靈方妙法 / 尚儒彪編著.
一初版，一臺北市，品冠文化，2015 [民 104.02]
面；21公分一（武當道教醫藥；01）
ISBN　978-986-5734-19-0（平裝）

1. 道教修鍊　2. 臨床內科

235　　　　　　　　　　　　　　　103025317

武當道醫內科臨證靈方妙法

編　　著/尚　儒　彪
責任編輯/郝　志　崗
發 行 人/蔡　孟　甫
出 版 者/品冠文化出版社
社　　址/臺北市北投區（石牌）致遠一路 2 段 12 巷 1 號
電　　話/（02）28233123，28236031，28236033
傳　　真/（02）28272069
郵政劃撥/19346241
網　　址/www.dah-jaan.com.tw
E-mail/service@dah-jann.com.tw
登 記 證/北市建一字第 227242 號
承 印 者/傳興印刷有限公司
裝　　訂/承安裝訂有限公司
排 版 者/菩薩蠻數位文化有限公司
授 權 者/山西科學技術出版社
初版 1 刷/2015 年（民 104 年）2 月

定價/380元

大展好書　好書大展
品嘗好書　冠群可期

大展好書　好書大展

品嘗好書　冠群可期